Susanne Härtel · Magdalena Köster (Hrsg.)
Die Reisen der Frauen

Susanne Härtel · Magdalena Köster (Hrsg.)

Die Reisen der Frauen

Lebensgeschichten von
Frauen aus drei Jahrhunderten

Susanne Härtel lebte mehrere Jahre in den USA, in Algerien und England, bevor sie sich in München niederließ. Dort arbeitet sie als freie Lektorin, Herausgeberin und Übersetzerin. Sie reist selbst viel und gern, am liebsten auch auf abenteuerliche Weise.

Magdalena Köster hat die Deutsche Journalistenschule in München absolviert, lebt dort mit ihrer Familie und ist als freie Journalistin für Zeitschriften, Zeitungen und Hörfunk tätig.

Ebenfalls von Susanne Härtel und Magdalena Köster herausgegeben, erschienen bei Beltz & Gelberg die beiden Anthologien »*Sei mutig und hab Spaß dabei*« (Bd. 1) und »*Ich werde niemand zu Füßen liegen*« (Bd. 2) über jeweils acht Künstlerinnen und ihre Lebensgeschichte.

Die Reisen der Frauen. Lebensgeschichten von Frauen aus drei Jahrhunderten wurde nominiert für den Deutschen Jugendliteraturpreis.

www.beltz.de
© 1994, 2003 Beltz & Gelberg
in der Verlagsgruppe Beltz · Weinheim Basel Berlin
Alle Rechte vorbehalten
Einband von Dorothea Göbel
Bildnachweis im Anhang
Neue Rechtschreibung
Gesamtherstellung: Druckhaus Beltz, Hemsbach
Printed in Germany
ISBN 3 407 80915 8
01 02 03 04 05   07 06 05 04 03

Inhalt

Vorwort 7

»Die Schönheit Fatimas«
Lady Mary Montagu (1689–1762)
Von Christine von dem Knesebeck 12

»Ich reiste wie der ärmste Araber«
Ida Pfeiffer (1797–1858)
Von Hiltgund Jehle 41

»Das Unschicklichste
mit der größten Schicklichkeit tun«
Isabella Bird (1831–1904)
Von Magdalena Köster 78

»Von Sultan zu Sultan«
Mary French Sheldon (1848–1936)
Von Petra Heilingbrunner 119

»Ja, ein Mann zu sein, das wäre Freiheit«
Lina Bögli (1858–1941)
Von Doris Stump 152

»Lieber sterben als umkehren«
Kate Marsden (1859–1931)
Von Susanne Broos 185

»Was ist das Leben ohne ein Handtuch!«
Mary Kingsley (1862–1900)
Von Magdalena Köster 216

»Allein, auf immer allein«
Isabelle Eberhardt (1877–1904)
Von Christina Bylow 254

»Die Welt verändern«
Maria Leitner (1892–1942?)
Von Gislinde Schwarz 290

»Die Weite des Horizontes muss in uns sein«
Ella Maillart (1903–1997)
Von Luzia Stettler 327

Quellenverzeichnis 361
Autorinnenverzeichnis 375

Vorwort

»Eine Frau als Entdeckerin? Eine Reisende in Röcken?« Für manche Herren war das »der Horror des 19. Jahrhunderts«. Doch das Reisen übt seit jeher eine viel zu große Faszination auf die Menschen aus, als dass sich Frauen aus dieser Domäne hätten ausschließen lassen. Für sie war es auch oft die einzige Möglichkeit, dem eng gesteckten Rahmen ihrer gesellschaftlichen Rolle als Hausfrau und Mutter, Gouvernante oder Krankenschwester zu entfliehen.

Was diese Frauen im Einzelnen bewog, dieses Abenteuer zu wählen, was sie unterwegs erlebten und welche Probleme sie bewältigen mussten, haben einige von ihnen in spannenden Aufzeichnungen festgehalten. Dabei fällt auf, dass reisende Frauen – in welcher Zeit sie auch lebten – deutlich andere Schwerpunkte setzen als Männer. Selten geht es ihnen um das Ziel, weniger um das »Schneller, Weiter, Höher«, eher um das sinnliche Erleben, um die Menschen und ihr soziales Umfeld in anderen Kulturen. Eine Freundin Lady Montagus behauptete schon 1724, dass »die Welt mit Männerreisen bis zum Ekel überladen und mit denselben Kleinigkeiten angefüllt« sei, während »die

Damen weit besseren Nutzen aus ihren Reisen zu ziehen wissen und mit einer Mannigfaltigkeit von neuen und zierlichen Bemerkungen verschönern können«.

Wir stellen in dieser Anthologie zehn Globetrotterinnen der letzten drei Jahrhunderte vor, die durch ihre originelle Sprache, ihren besonderen Mut und ihr Durchhaltevermögen beeindrucken. Es sind Frauen aus verschiedenen Ländern, mit unterschiedlichen Charakteren und Motiven, Töchter aus »gutem Haus« ebenso wie solche, die mittellos und ohne Empfehlungen reisen, die sich je nach Möglichkeit zu Fuß, auf dem Pferd, mit dem Schlitten oder der Sänfte auf den Weg in die entlegensten Gebiete der Welt machten.

Die meisten von ihnen haben es nicht gewagt, nur um des eigenen Vergnügens willen Heim und Herd hinter sich zu lassen. Viele übernahmen eine Aufgabe, reisten in christlicher Mission, als Anthropologin, Ethnologin oder Botanikerin. Manche erkannten spätestens nach der Rückkehr ihr besonderes Talent zum Schreiben und verschafften sich über ihre Bücher die Legitimation und das nötige Geld, um bald wieder die Koffer packen zu können. Bezeichnenderweise sind es die drei »Jüngsten«, die nicht mehr danach fragten, welches Rollenverhalten von ihnen erwartet wurde. Isabelle Eberhardt verkleidete sich kurzerhand als Mann, um unbehelligt durch die Wüste Algeriens reiten zu können. Sie setzte sich rigoros über bürgerliche Wertmaßstäbe hinweg und war bereit, einen hohen

Preis für ihr exzessives Leben zu zahlen. Maria Leitner folgte ihrer politischen Vision, fand sich weder während ihres Aufenthaltes in den USA noch als Verfolgte der Nazis jemals mit den ungerecht verteilten Lebensbedingungen unter den Menschen ab. Die ›jüngste‹ Reisende, Ella Maillart, die das Umherziehen in erster Linie als einen Weg zu sich selbst definierte, ist mit ihrem ganzheitlichen Denken wohl unserer Zeit am nächsten.

Die Aufzeichnungen der Reisefrauen führen uns ein Stück in die Geschichte zurück, ihre mitunter boshaften Anmerkungen sind ein Spiegel ihrer jeweiligen Gesellschaft. Lady Montagu etwa, die entgegen jeder Gepflogenheit des frühen 18. Jahrhunderts darauf bestand, ihren Mann auf seiner Dienstreise nach Konstantinopel mit Kind und Kegel zu begleiten, sah sich vor allem auf der Fahrt durch Deutschland unvorstellbar primitiven Bedingungen ausgesetzt. Bissig wurde sie in ihren brillant geschriebenen *Briefen aus dem Orient*, um die Prunksucht des französischen Königs lächerlich zu machen. Gleichzeitig berichtete sie über die Lebensbedingungen der Türkinnen und die Fremdheit der Harems mit Faszination und großer Toleranz. Wenn es darum ging, was denn nun weiblich oder schicklich sei, benutzten manche Frauen kräftige Worte, um ja keinen Zweifel an ihrer Tugendhaftigkeit aufkommen zu lassen. Emanzipiert, wie Mary Kingsley war, grenzte sie sich doch strikt gegen die »schrillen Feministinnen« ab und wollte »lieber auf dem Schafott enden«, als lange Hosen zu tragen. Isabella Bird drohte einem Redakteur Prügel an, der ihr unterstellte, genau dies getan zu haben. Andererseits leistete sie sich in den Rocky Mountains eine Liebesgeschichte mit einem Desperado – sie hatte eine Schwäche für »starke Männer«. Die Schweizerin Lina Bögli schrieb nach ihrer Weltumrundung zwar begeistert über die Berufstätigkeit der Frauen in Neuseeland und das selbstbewusste Auftreten amerikanischer Mädchen, mochte aber »der Frauenfrage keinerlei Aufmerksamkeit schenken«. 50 Jahre vor ihr verstieg sich die Österreicherin Ida Pfeiffer zu der moralischen Einschätzung, das offene Verhalten junger tahitischer Mädchen gleiche dem von »Wüstlingen«.

Auf der anderen Seite rettete sich ebendiese Ida Pfeiffer mit Humor und Selbstironie aus einer besonders bedrohlichen Situation im Urwald von Borneo – Eigenschaften, die auch für Mary Kingsley ein Stück Überlebenshilfe in Westafrika waren. Die Amerikanerin Mary Sheldon dachte sich eine andere Art von Vergnügen aus. Sie verkleidete sich mitten im afrikanischen Busch mit Ballkleid und blonder Perücke, um einen Sultan ordentlich zu beeindrucken.

Schrullige Seiten hatten die meisten dieser Frauen, einige waren auch rassistisch und nicht frei vom gesellschaftlichen Dünkel ihrer Zeit. Jede aber hat auf ihre Weise ein außergewöhnliches Leben geführt. Ihr

Mut zum Anderssein, ihre kreative Unruhe und die Lust am Abenteuer waren ihre Antriebskraft, um lang gehegte Träume zu verwirklichen. Sie können auch heute Vorbild für ein selbstbestimmtes, unabhängiges Leben sein.

Deshalb ist es besonders bedauerlich, wie wenig Aufmerksamkeit Globetrotterinnen und Forscherinnen bisher bei uns erhalten haben. Dies ist in englischsprachigen Ländern ganz anders. Dort haben Berichte und Biographien über reisende Frauen schon lange ihren festen Platz in der Literatur. So findet sich auch in den Annalen der legendären »Royal Geographical Society« die Anekdote um Kate Marsden, die vor 100 Jahren mit der Begründung aus dem elitären Club geekelt werden sollte, dass sie dort als einziges weibliches Wesen unter 800 rauchenden Männern um ihre Gesundheit fürchten müsse. Ausgerechnet die couragierte Kate Marsden, die 30000 Kilometer weit nach Sibirien reiste, um ein Heilkraut gegen die Lepra zu suchen ...

Magdalena Köster und Susanne Härtel

»Die Schönheit Fatimas«
Lady Mary Montagu (1689–1762)

Von Christine von dem Knesebeck

»Ich bin, ich bekenne es, boshaft genug, zu wünschen, dass es die Welt sehen möge, wie die Damen weit besseren Nutzen aus ihren Reisen zu ziehen wissen als die Herren; dass, da die Welt mit Männerreisen bis zum Ekel überladen worden ist, die alle in dem nämlichen Ton geschrieben und mit denselben Kleinigkeiten angefüllt sind, eine Dame die Fähigkeit hat, sich eine neue Bahn zu eröffnen, und einen abgenutzten Stoff mit einer Mannigfaltigkeit von neuen und zierlichen Bemerkungen zu verschönern.«[1]

Mary Astell, 1724

London, 1. August 1716.

Eine schöne junge Frau, ein stattlicher Mann und ein dreijähriger Knabe besteigen eine komfortable Reisekutsche. 20 Bedienstete begleiten sie – Diener, Zofen, Hausmädchen, ein Kindermädchen und sogar ein Arzt.

Dies war der Beginn der beeindruckenden Orientreise der Lady Mary Montagu, einer Frau, die mit wachen Augen und kritischem Verstand die fremde Welt entdeckte und sie in zahllosen amüsanten und intelligenten Briefen ihren Freunden in der Heimat schilderte.

Mary Pierrepont, 1689 geboren, stammte aus altem Adel, ihr Vater war der Herzog von Kingston. Ihre Kindheit verbrachte sie in der Nähe von Salisbury auf dem Landsitz ihrer Familie. Eine ihrer frühesten Erinnerungen war diese für Marys Charakter bezeichnende Episode: Als kleines Kind wünschte sie sich nichts sehnlicher, als die untergehende Sonne zu fangen. So schnell sie konnte, rannte sie im Garten hinter der leuchtenden Kugel her – vergeblich. Immer wieder versuchte sie es, bis sie langsam begreifen lernte, dass es Dinge gibt, die unerfüllbar sind. Doch der Wunsch, das Wunderbare und scheinbar Unerreichbare zu erlangen, blieb ein Leitmotiv in ihrem Leben.

Als Mary fünf Jahre alt war, starb ihre Mutter. Um die Erziehung von Mary und die ihrer jüngeren Schwestern Frances und Evelyn und ihres Bruders William kümmerte sich nun Lord Kingstons Mutter, eine energische und kluge Frau. Der Lord, der am liebsten seinen Vergnügungen nachging, war ein eher nachlässiger Vater – zum Vorteil von Mary, die auf diese Weise große Freiheiten besaß. Wissbegierig las sie in der hervorragenden Bibliothek alles, was sie zwischen die Finger bekam – sentimentale Romane, in denen Schäferinnen und Ritter romantische Schicksale erlitten, klassische Dramen der Zeit und anspruchsvolle philosophische Literatur. Ungewöhnlich war, dass ihr Vater die wache und intelligente Mary zusammen mit ihrem Bruder von einem Hauslehrer unterrichten ließ. Mary erhielt so eine für Mädchen der damaligen Zeit außergewöhnlich gute Ausbildung: Sie sprach perfekt Französisch und Italienisch, lernte Geschichte und Literatur und brachte sich sogar selbst Latein bei.

Ihr Vater war offensichtlich sehr stolz auf seine Tochter. Als in seinem Londoner »Kit-Cat Club« eine Schönheit zum »Toast of the Year« ernannt werden sollte, schlug er die damals gerade acht Jahre alte Mary vor. Niemand im Club kannte seine Tochter und so ließ er sie herausgeputzt in einer Kutsche herbeiholen. Sie wurde mit Komplimenten überhäuft und unter großem Jubel einstimmig gewählt. Dies sei der glücklichste Tag ihres Lebens gewesen, erzählte Mary später. Nichts liebte sie mehr, als im Mittelpunkt zu stehen und bewundert zu werden.

Lady Mary lebte in der Zeit der Aufklärung. Mit Neugier wurde damals die Welt ergründet, im Kleinen wie im Großen. Seefahrer entdeckten fremde Kontinente, Wissenschaftler erforschten die Zusammenhänge der Natur. Die ersten Zeitungen erschienen und kommentierten leidenschaftlich politische und kulturelle Ereignisse. Dennoch – der freie Geist hatte noch nicht alles durchdrungen: 1712 fand in England die letzte Hexenverbrennung statt. Kleidung und Sitten pressten die Menschen in strenge Formen: Die Frauen trugen Reifröcke und Korsetts, die Männer Haarbeutel und gepuderte Perücken. Bei Hofe und in der Gesellschaft herrschte ein strenges Zeremoniell. In den europäischen Ländern regierten mit mehr oder weniger Willkür absolutistische Herrscher.

Dank ihrer weltoffenen Erziehung wuchs Lady Mary zu einer selbstbewussten und gebildeten jungen Frau heran. Aus ihrem schmalen Gesicht schauten große, kluge Augen, der Mund war fein geschwungen. Ihre besondere Stärke war das Wort. Sie formulierte geschliffen und voller Witz und begann schon früh, ihre Gedanken und Beobachtungen niederzuschreiben. Von den politischen und literarischen Freunden ihres Vaters bekam sie vielfältige Anregungen. So verfasste sie Gedichte, Theaterstücke und Essays und genoss schon in jungen Jahren die Rolle der intelligenten Salonliteratin.

Zum Freundeskreis der Familie gehörte auch Mary Astell, eine Verfechterin der Frauenrechte, die später das Vorwort zu Marys Briefen aus dem Orient schrieb. Eine ihrer Forderungen war, ein College für Frauen einzurichten, in dem diese nicht Nähen und Sticken, sondern den Umgang mit »Feder, Kompass, Quadrant, Büchern, Griechisch und Latein« erlernen sollten. Mary Montagu war von diesen Ideen stark beeinflusst und schrieb schon mit 15 eine Abhandlung darüber, dass Liebe und Ehe unvereinbar seien. Sie wollte ihr Leben mit Lernen und Studieren zubringen und verspürte keinerlei Lust, später in einer konventionellen, langweiligen Ehe dahinzukümmern.

Doch es kam anders. Edward Wortley Montagu, Bruder ihrer besten Freundin Anne, verliebte sich in Mary, begeistert von den unterhaltsamen Briefen, die sie an seine Schwester schrieb. Als Anne zu Marys großem Kummer starb, setzten Edward und Mary die Korrespondenz fort – drei Jahre lang und natürlich geheim. Mary steigerte sich in eine romantische Liebe zu Edward hinein. Mit ihm, glaubte sie, sei ein anregendes gemeinsames Leben möglich. Aber als er bei Marys Vater um ihre Hand anhielt, wurde er wegen Uneinigkeit über den Ehevertrag abgewiesen. Damit wäre in der damaligen Zeit eine Liebesgeschichte eigentlich zu Ende gewesen. Doch Mary, wütend und enttäuscht, fügte sich nicht in dieses Schicksal. Ohne Wissen des Vaters traf sie Edward weiter; sie weigerte sich, einen anderen zu heiraten, und entschloss sich, mit Edward durchzubrennen. Die beiden versteckten sich in London und ließen sich heimlich trauen, ein Schritt, der für Mary ein – allerdings später wieder beigelegtes – Zerwürfnis mit ihrem Vater, für Edward eine Ehe ohne Mitgift bedeutete.

Doch das Glück war nur kurz, die Ehe brachte nicht die erhoffte Erfüllung. Nun stellte sich doch ein, was Mary in ihrer Mädchenzeit befürchtet hatte: ein eintöniger Ehealltag. Ihr Mann war durch seinen Beruf als Abgeordneter viel von ihr getrennt und kümmerte sich mehr um Geschäfte und Politik als um seine junge, bald schwangere Frau. Das Leben auf dem Land – sie hatten sich in der Nähe von York ein Haus gekauft – wurde ihr schnell langweilig und sie fühlte sich von ihrem Ehemann vernachlässigt. Für die junge Frau, die mit so hohem Einsatz um ihren Geliebten gekämpft hatte, eine bittere Enttäuschung. Doch, auch das typisch für Mary: Sie bemühte sich, trotzdem eine gute Ehe zu führen.

Das Jahr 1713 brachte einschneidende Ereignisse: ein freudiges – die Geburt ihres Sohnes Edward – und auch schmerzliche. Marys geliebter Bruder starb an den Pocken, sie selbst hatte sich bei ihm angesteckt. Die Krankheit ertrug sie mit erstaunlicher Haltung, doch die Pocken hinterließen Spuren in ihrem Gesicht. Mary litt unter dem Verlust ihrer Schönheit und versuchte nun umso mehr, intellektuell zu glänzen.

Als Edward Montagu 1715 an den Hof nach London gerufen wurde, hatte Lady Mary die Bühne für ihre Talente gefunden. Mit Charme und Intelligenz eroberte sie die Londoner Gesellschaft und ging bei Hofe wie auch in literarischen Salons ein und aus. Ihre bemerkenswerte Bildung und ihr scharfer Verstand wurden bewundert, ihr schlagfertiger Witz gefürchtet. Und wieder schrieb sie, Stoff fand sich genug. Schon nach einem Jahr in London wurden anonym ihre *Court Poems*, entlarvende, satirische Gedichte über das Leben bei Hofe, herausgebracht. Eine literarische Karriere war ihr jedoch versagt. Eine Frau jener Zeit, noch dazu eine Aristokratin, konnte ihre Werke nicht unter eigenem Namen veröffentlichen oder etwa gar für Geld schreiben.

Wenn das Leben in London auch viele ihrer Wünsche befriedigte, so war Lady Montagu doch sofort bereit, es für etwas Neues, Interessanteres aufzugeben: ein Leben im fernen Konstantinopel, dem heutigen Istanbul, wo sie an der Seite ihres Mannes die aufregendste Zeit ihres Lebens verbringen sollte. König Georg I. hatte Edward Montagu als Gesandten in den Orient beordert, um im Türkenkrieg zwischen Österreich und dem Osmanischen Reich zu vermitteln. England, damals die führende Handelsmacht Europas, hatte größtes Interesse an einer Schlichtung, denn der einträgliche Handel mit den reichen Ländern des Nahen und Fernen Ostens war durch den Krieg auf dem Balkan nachhaltig gestört.

Lady Montagu hätte ihren Ehemann auf dieser mühseligen Fahrt quer durch Europa nicht begleiten müssen, schon gar nicht mit einem kleinen Kind. Sie hätte während seiner Abwesenheit in London weiter ihr glänzendes gesellschaftliches Leben führen oder auf ihrem Landsitz ruhige Tage verbringen können. Lady Mary ging mit auf die Reise, weil sie die fremde Welt lockte, deren Schilderung sie aus der Reiseliteratur kannte. Was war dagegen ein konventionelles Leben in London! Es drängte sie, auszubrechen und selbst zu erleben, was sie sich in ihrer Phantasie vorstellte. Als ehrgeizige Schreiberin witterte sie zudem die Möglichkeit, ihre Erlebnisse und Eindrücke literarisch zu verarbeiten.

Lady Montagu hatte die Reise gut vorbereitet. Einer der wichtigsten Ausrüstungsgegenstände war ein zusammenklappbarer Schreibtisch mit vielen Fächern für Papier und Tinte, Feder und Löschsand. Auf ihm schrieb sie ihre zahlreichen Briefe, in denen sie die Reise lebendig werden ließ, die deutschen Städte, den Aufenthalt in Wien, die Fahrt durch den Balkan und das Leben im fernen Osmanischen Reich. Ihre Briefe sind voll von treffenden Beobachtungen und kritischen Betrachtungen. Je nach Sujet und Adressat sind sie unterhaltend, amüsant, reportagenhaft, poetisch oder philosophisch geschrieben oder stecken auch voller Klatsch. Sie wurden in London mit Ungeduld erwartet und kursierten in Abschriften in den Salons. Lady Mary schrieb an ihre Schwester Frances – die Gräfin Mar – und an verschiedene Freundinnen – alles Damen der Gesellschaft –, korrespondierte aber auch mit geistigen Größen der Zeit, wie dem italienischen Gelehrten Abbé Conti und dem damals berühmtesten englischen Schriftsteller Alexander Pope, mit dem sie eine enge literarische Freundschaft verband.

Lady Montagu war eine der ersten westlichen Frauen, die den europäischen Kontinent durchquerten, um den mythenumwobenen Orient zu besuchen. Was sie von ihrer Reise nach Hause berichtete, war für ihre Leser damals sensationell und ist es auch heute noch. Reisen war Anfang des 18. Jahrhunderts ein Abenteuer. Gerade erst war ein »bequemer« Reisewagen, der Landauer, entwickelt worden, wenig später die Wagenfederung erfunden. Kurze Zeit erst gab es Poststationen, wo die müden Pferde gegen frische ausgetauscht werden konnten und die Reisenden im jeweiligen »Gasthaus zur Post« Unterkunft fanden. Nicht selten stürzten auf den holprigen Wegen die Kutschen um oder die Achsen brachen. Die Straßen waren morastig und die Gebirgspässe eng und abschüssig, die Wälder einsam und die Ebenen unendlich und leer. Im Hinterhalt lauerten Wegelagerer und auf dem Balkan drohten kriegerische Überfälle.

Lady Montagu bewältigte alle Mühsal couragiert und mit Humor. Auf der Überfahrt über den Ärmelkanal war sie eine der wenigen, die im Sturm, der sogar den Matrosen die Beine wegriss, keine Angst bekam und nicht seekrank wurde. Als kurz vor Köln die erschöpften Kutschpferde zusammenbrachen, musste sie frierend in Kleidern in einer »jämmerlichen Herberge ... wo der Wind durch tausend Öffnungen eindrang«, übernachten. Trotzdem war sie am nächsten Tag wieder voll Unternehmungslust. Sie ließ sich in der Domstadt von einem »hübschen jungen Jesuiten« die prachtvolle Kirche seines Ordens zeigen und ärgerte sich über die Gebräuche des Katholizismus. »Ich murrte insgeheim über die Verschwendung von Perlen, Diamanten und Rubinen, die auf die Verzierung vermoderter Zähne und schmutziger Lumpen verwandt wurden.«[2] Reliquienverehrung und Pomp waren der kritischen Anglikanerin fremd und zuwider.

Lady Montagu beobachtete scharf, kommentierte und kritisierte ohne Zurückhaltung. Treffend schilderte sie den Unterschied zwischen den freien Reichsstädten und den Residenzen der Fürsten: »In den Ersteren sieht man beim ersten Blick Handel und Überfluss. Die Straßen sind wohlangelegt, voller Menschen, alle nett und einfach gekleidet ... In den anderen sieht man eine Art lumpigen Flitterstaats, eine Menge bunter, schmutziger Vornehmer, enge, kotige Straßen ... die einfachen Leute über die Hälfte Gassenbettler.«[3]

Erste längere Station der Reise war Wien. Lord Montagu führte Verhandlungen am kaiserlichen Hof, und Lady Montagu hatte ausgiebig Gelegenheit, die Sitten der Gesellschaft zu beobachten. Der Lebenswandel der Wienerinnen erstaunte sie nicht wenig: »Es ist für jede Dame eine eingeführte Gewohnheit, zwei Männer zu haben, einen, der den Namen führt, und einen anderen, der dessen Pflichten verrichtet.«[4] Diese leichtlebige Lebensweise kommentierte Lady Montagu, an strengere britische Sitten gewöhnt, mit weltoffener Großzügigkeit. Sie maßte sich nicht an, ein moralisches Urteil darüber zu fällen: »Galanterie und gute Lebensart sind unter verschiedenen Himmelsrichtungen ebenso verschieden wie Moralität und Religion. Wer von beiden die richtigen Begriffe hat, wird uns erst am Gerichtstage kund werden.«[5]

Aber sie konnte auch anders. Lady Montagus Toleranz hatte Grenzen. Unvernunft und Unnatürlichkeit kritisierte sie mit Schärfe. Mit unerbittlicher Ironie machte sie sich über die Mode und das Aussehen der Frauen an den europäischen Höfen lustig: Die »ungeheuere« Kleidung der Wienerinnen widerspreche »allem gesunden Menschenverstand«, schrieb sie an ihre Schwester. »Sie bauen gewisse Gebäude aus Gaze auf den Kopf, ungefähr eine Brabanter Elle hoch, die drei bis vier Stockwerke haben und mit unzähligen Ellen schwerer Bänder befestigt werden.« Das Gebäude ruhe auf einem Ring, wie es »Milchmädchen« benutzen, um ihre schweren Eimer zu tragen, höhnte die englische Lady. »Diese Maschine überdecken sie mit ihren eigenen Haaren, unter die sehr viele falsche gemengt sind, weil man es hier für eine besondere Schönheit hält, einen so großen und dicken Kopfputz zu tragen, dass er in keine mäßige Tonne geht. Nun wird eine ungeheure Menge Puder darauf geworfen, um die Vermischung der Haare zu verbergen ... Ihre Reifröcke haben im Umfang einige Ellen mehr als die unsrigen und bedecken einige Morgen Landes. Sie können sich leicht vorstellen, wie diese wunderliche

Kleidung ihre natürliche Hässlichkeit ins Licht setzt und vermehrt, mit der es Gott dem Allmächtigen gefallen hat, die Wienerinnen im Allgemeinen zu begaben.«[6]

Auch als die Montagus später in Leipzig Station machten, fand Lady Mary Anlass, mit spitzer Zunge über ihre Schwestern am Hofe zu lästern. Der manierierte Putz und das gespreizte Benehmen der Leipziger Damen, der »größten Zierpuppen«, waren für sie unerträglich. »Ungezwungen und natürlich zu reden oder sich zu bewegen, halten sie für eine Todsünde wider die feine Lebensart. Sie tragen alle ein kleines, sanftes Lispeln zur Schau und einen zierlichen, hüpfenden Schritt.«[7]

Der Aufenthalt in Leipzig hatte sich ergeben, als Lord Montagu überraschend nach Hannover beordert worden war, wo sich Georg I. damals aufhielt. Also reiste die Familie, bevor sie nach Konstantinopel weiterzog, zunächst über Prag und Dresden in den Norden – ein langer und mühseliger Umweg. Aus Prag schilderte Lady Mary ihrer Schwester die Zustände in den böhmischen Dörfern, durch die sie gekommen war. Sie »sind so arm und die Posthäuser so elend, dass sauberes Stroh und reines Wasser Glückseligkeiten sind, die man nicht allemal erhoffen darf. Ich führe mein eigenes Bett mit und konnte oft keinen Platz finden, es aufzustellen. Lieber war es mir, so kalt es auch ist, mich in meinen Pelz einzuwickeln und die ganze

Nacht durchzufahren, als in den gewöhnlichen Stuben zu bleiben, die mit aller Art schlimmer Gerüche erfüllt sind«[8].

Ein lebensgefährliches Abenteuer war die nächtliche Durchquerung des Elbsandsteingebirges auf dem Weg nach Dresden. »Wir kamen bei Mondlicht durch die fürchterlichen Gebirge mit ihren Abgründen, die Böhmen von Sachsen trennen und an deren Füßen die Elbe fließt … An vielen Orten ist der Weg so schmal, dass ich keinen Zoll Zwischenraum von den Rädern bis zu dem Sturz in den Abgrund bemerken konnte. Doch ich war ein so gutes Weib, Herrn Wortley, der fest an meiner Seite schlief, nicht aufzuwecken … weil die Gefahr ja doch unvermeidlich war, bis ich bei hellem Mondschein unsere Postillons auf den Pferden einnicken sah, gerade als sie in vollem Galopp waren.« Erst durch ihr Schreien schreckten die Kutscher auf und auch der schlummernde Gatte wurde wach und war noch weit erschrockener als seine Frau. Die Angst war wohl begründet, denn in Leipzig erfuhr Lady Mary dann später, dass es »ganz gewöhnlich sei, Körper der Reisenden in der Elbe zu finden«[9].

Es wurde Winter, bevor die Montagus – wieder zurück in Wien – nach Osten weiterreisen konnten. »In der Tat ist das Wetter so, dass wenige auf die Reise gehen werden«, schrieb Lady Mary an ihren Schriftstellerfreund Alexander Pope. »Man droht mir zu gleicher Zeit mit Erfrieren und im Schnee begraben zu werden oder mit den Tartaren, die den Teil von Ungarn, durch den ich reisen muss, verwüsten.« Es sei nicht unwahrscheinlich, dass sie in eine Schlacht geraten könne, doch wolle sie »das Ende ihrer Abenteuer der Vorsehung überlassen«[10]. Am 26. Januar 1717 überquerte die Reisegesellschaft die gefrorene Donau. Eine harte Etappe stand bevor, »denn die Wälder sind sehr gefährlich und wegen der vielen Wölfe, die in Rudeln darin herumstreifen, kaum zu durchreisen«[11].

Der Weg führte sie über Peterwardein bei Nausatz an der Donau, wo erst wenige Monate vorher der österreichische Prinz Eugen eine entscheidende Schlacht gegen die Türken geschlagen hatte. Die Spuren des Krieges waren noch frisch. In einem Brief an Alexander Pope reflektierte Lady Mary ihre Beobachtungen: »Ohne Schauder konnte ich eine solche Menge zerstümmelter menschlicher Körper nicht ansehen und dachte dabei an die Ungerechtigkeit des Krieges, der das Morden nicht allein notwendig, sondern auch verdienstlich macht. Nichts scheint mir ein deutlicherer Beweis für die Unvernunft der Menschen zu sein als die Wut, mit welcher sie um einen kleinen Flecken Landes streiten.«[12]

Lady Montagu wehrte sich gegen die Sinnlosigkeit und Rohheit kriegerischer Gewalt, die ihr »eine unvermeidliche Gewohnheit« zu sein schien. Es verstoße gegen den gesunden Menschenverstand, wenn die

Menschen immer und überall Krieg führten. Resigniert schloss sie, dass die menschliche Natur nicht »vernünftig« sein könne, und ihr, der Aufklärerin, fiel es schwer, sich mit diesem Zustand abzufinden. Ihr freier Geist unterschied in ihrer Verurteilung des Krieges nicht zwischen Rechtgläubigen und Ungläubigen. Ganz deutlich verurteilte sie Kaiser Leopold: »Er handelte grausamer und verräterischer gegen seine armen ungarischen Untertanen als der Türke jemals gegen die Christen.« In einem grausamen Bürgerkrieg, »der die barbarische Verfolgung der protestantischen Religion unter Kaiser Leopold veranlasste«[13], habe er das Land weit mehr verheert als die Türken.

Die erste Berührung mit der islamischen Welt hatten Lady Montagu und ihr Ehemann in Belgrad, das damals zum Osmanischen Reich gehörte. Sie wohnten im Haus des reichen und gebildeten Pascha Achmed Bei, und Lady Montagu fand großes Vergnügen daran, sich mit ihrem Hausherrn zu unterhalten, der »höflicher und gesitteter ist als mancher vornehme Christ«[14].

Auch der Pascha genoss es offensichtlich sehr, sich mit der charmanten und interessierten Lady über Gott und die Welt, über Kunst und Literatur gedanklich auszutauschen. Während ihr islamischer Freund sich den Wein schmecken ließ, pries er den Koran als reinste Sittenlehre, an dem auch Lady Montagu ihr

Vergnügen finden würde. Sie philosophierten über die geistige Nähe des Christentums und des Islams und entdeckten die Verwandtschaft der europäischen und arabischen Dichtkunst. Lady Mary begeisterte sich an der Schönheit der arabischen Poesie, besonders »die Liebesausdrücke voll Feuer und Leben«[15] entzückten sie.

Weniger angetan war sie zunächst von der Stellung der islamischen Frau, die in abgeschlossenen Räumen leben und verschleiert gehen musste. Pascha Achmed Bei wies sie mit Witz auf die Vorteile der Verhüllung hin, »dass, wenn ihre Weiber sie betrügen, es niemand weiß«[16]. Diese Ansicht fand Lady Montagu auf ihrer Reise durch das islamische Land durch eigene Beobachtung bestätigt. »Keinem Frauenzimmer, von welchem Range sie auch sei, ist erlaubt, ohne zwei Musselinschleier über die Gassen zu gehen ...« Mit neidvollem Staunen entdeckte sie die Möglichkeiten, die diese orientalische Sitte den Frauen bringt: »Die Frauen sind durch ihre Verschleierung so gut versteckt, dass eine vornehme Dame nicht mehr von ihrer Sklavin zu unterscheiden ist. Selbst dem Ehemann ist es nicht möglich, seine Frau auf der Straße zu erkennen, wenn er sie trifft. Und da es den Sitten nach verboten ist, Frauen öffentlich anzusprechen oder gar anzufassen, oder nur ihr zu folgen, haben die Frauen eine ungeahnte Freiheit, sich mit ihren Liebhabern zu treffen.«[17] Keine gesellschaftliche Schande, kein moralischer Druck laste, so sah es die englische Lady, auf den orientalischen Frauen, wenn sie ihren Liebschaften nachgingen. Sie seien nicht unterdrückt, sondern besäßen mehr Freiheiten als ihre Schwestern in der europäischen Gesellschaft.

Lady Montagu wusste, dass sie ihre Leser daheim mit solchen Schilderungen provozierte. Sie kannte die üblichen, von ihr immer wieder heftig angegriffenen Vorurteile der Engländer, was den Orient betraf. Diese seien geprägt von den »unwissenden Reiseschilderungen, die insgeheim so weit von der Wahrheit entfernt und so voller Ungereimtheiten sind, dass sie mich recht belustigen. Die Verfasser verfehlen nie, Ihnen Nachricht von dem weiblichen Geschlecht zu geben, wovon sie gewiss kein Einziges gesehen haben, und sehr weise von dem Geist der Mannspersonen zu schwatzen, in deren Gesellschaft sie nie zugelassen worden sind, und beschreiben sehr oft Moscheen, in die sie nicht hineinblicken durften«[18]. Die »Herren Reisebeschreiber«, meinte die Lady, seien dumm und anmaßend. Sie schilderten die islamische Kultur mit abwertender Überheblichkeit als eine Mischung aus Exotik und Barbarei.

Die europäische Sicht des Orients war seit dem Mittelalter – und ist es heute noch – von unterschiedlichsten Vorurteilen geprägt. Das Wort »Orient« allein rief eine Kette von Assoziationen hervor: Märchen aus 1001 Nacht, Harem und Serail, Bauchtanz und

Sinnlichkeit gehörten zur faszinierenden Seite, Unterdrückung und Grausamkeit zur abstoßenden Seite. Lady Montagu hütete sich davor, diese Klischees wieder aufzuwärmen. Was sie schilderte, war eine andere Welt: eine hohe Kultur, ein toleranter Glauben und freie Sitten. Ihre geistige Offenheit ging so weit, dass sie die eigene Kultur in Frage stellte. Ihre Vergleiche fielen für die europäische Welt durchaus nicht schmeichelhaft aus. Sie war fasziniert von dem leichteren, sinnlicheren Leben des Orients, in dem Lebenslust und Vergnügen nicht moralisch abgewertet werden. »Fast bin ich der Meinung, dass sie einen richtigeren Begriff vom Leben haben. Sie verbringen es im Garten, bei Musik, Wein und Leckerbissen, indes wir unser Gehirn mit politischen Entwürfen martern oder einer Wissenschaft nachgrübeln, die wir nie erfassen können ... Wenn man darüber nachdenkt, was für kurzlebige, schwache Geschöpfe die Menschen sind, gibt es dann für sie ein wohltätigeres Studium als das des gegenwärtigen Vergnügens?«[19]

Lady Montagus Briefe zeigen, dass auch sie nicht ganz frei von den überlieferten Vorstellungen über den Orient war. Nur kehrte sie diese ins Positive – sie begann, die islamische Welt, die sie bewunderte und von der sie sich innerlich bereichert fühlte, zu idealisieren. Dazu kommt, dass sie sich bei aller ehrlichen Begeisterung in der Rolle der weltoffenen Kritikerin zu gefallen schien. Bewusst wollte sie sich in ihren Berichten von der damaligen Reiseliteratur abheben und eine neue Sicht und Bewertung des Orients liefern.

Um dies zu erreichen, setzte sich sich von Anfang an ernsthaft mit der orientalischen Kultur auseinander. Schon in Belgrad nahm sie Türkischunterricht und hätte am liebsten auch noch Arabisch gelernt. Später, während ihres Aufenthalts in Konstantinopel, schloss sie viele Freundschaften mit türkischen Männern und Frauen aus den verschiedensten Schichten und pflegte mit ihnen einen regen Gedankenaustausch. Sie ging verschleiert und unerkannt durch die Bazare und konnte so die Menschen und das Leben in den Straßen ungehindert studieren.

Als die Familie sich auf ihrem Weg nach Konstantinopel wegen diplomatischer Verhandlungen einige Zeit in Adrianopel, dem heutigen Edirne, aufhalten musste, war Lady Montagu von den ersten Eindrücken des orientalischen Lebens überwältigt. Sie setzte mit Hartnäckigkeit einen Besuch in der dortigen Moschee durch, den sie als Frau und Christin nur mit einer Sondererlaubnis gestattet bekam. Um unerkannt zu bleiben, legte sie türkische Kleidung an und konnte so das Bauwerk in aller Ruhe bewundern. Sie bewunderte die ebenmäßigen Proportionen, die filigranen Minaretts und die würdevolle Pracht des Innenraums mit den persischen Teppichen und den schlanken Säulen. Das Bauwerk erschien ihr ästhetischer als die christlichen Kirchen, die mit »Sesseln und Bänken voll gestopft« und dazu »von buntscheckigen Bildsäulen und Malereien entstellt sind, die den römisch-katholischen Kirchen das Ansehen von Spielzeugbuden gibt«[20].

Voll Neugier besuchte Mary Montagu in Adrianopel ein türkisches Bad. Die Lady, die aus einer Welt kam, in der es selbst im Palast von Versailles – Inbegriff der europäischen Kultur – kein einziges Badezimmer gab, hatte schon in den Wohnhäusern der Stadt das fließende warme und kalte Wasser genossen. Das luxuriöse Bad faszinierte sie: In dem marmorgepflasterten, hohen Kuppelraum umgab sie eine Atmosphäre von gepflegter Muße. In den Brunnen sprudelte klares Wasser, die Frauen ruhten »mutternackend« auf rundum laufenden Sofas mit dicken Kissen und reichen Teppichen.

Lady Mary fühlte sich unwohl in ihrem Reisekleid, das den Frauen »höchst verwunderlich« erscheinen musste, und war erstaunt über die große Höflichkeit, mit der sie von den türkischen Frauen empfangen wurde. »Ich kenne keinen europäischen Hof, wo die Damen sich gegen eine solche Fremde so höflich und gesittet betragen haben würden ... Ich sah nichts von jenem höhnischen Lächeln und durchhechelnden Geflüster, das in unseren Gesellschaften nie ausbleibt, wenn jemand erscheint, der nicht nach der Mode gekleidet ist. Sie wiederholten ein über das andere Mal mir gegenüber: guzél, pek guzél, das nichts heißt als: reizend, sehr reizend.«[21]

Lady Montagu war bezaubert von der Anmut und der Würde der Frauen, die sich in diesem »Kaffeehaus der Frauenzimmer« einmal in der Woche trafen, um sich zu baden und zu pflegen und bei Kaffee und Sorbet den neuesten Klatsch auszutauschen. Doch getraute sie sich nicht, der Bitte der Frauen nachzukommen und sich ebenfalls auszuziehen. Entschuldigend zeigte sie den Frauen die enge Schnürbrust ihres Kleides. »Ich bemerkte, sie glaubten, ich wäre in diese Maschine eingeschlossen und es wäre nicht in meiner Gewalt, sie zu öffnen, welch listige Erfindung sie meinem Gemahl zuschrieben.«[22]

Angesichts der weiten, fließenden Gewänder der orientalischen Frauen kam sie sich in ihre eigene »Maschine« offensichtlich eingesperrt vor und empfand es als Befreiung, sich, so oft es möglich war, türkisch zu kleiden. »Das Hauptstück meiner Kleidung sind ein paar sehr weite Hosen, die bis auf meine Schuhe reichen und die Schenkel auf eine sittsamere Art verbergen als unsere Weiberröcke … Darüber hängt ein Hemd aus schöner, weißseidener Gaze mit gestickten Säumen. Dieses Hemd hat weite Ärmel, die bis über die Ellenbogen reichen, am Hals schließt es ein diamantener Knopf, aber die Gestalt und Farbe des Busens lassen sich sehr wohl darunter erkennen. Darüber trägt man eine Art Kamisol, eng anliegend, aus weißem, mit Gold durchwirkten Damast mit sehr langen, zurückfallenden Ärmeln ... Der Kopfputz besteht aus einer Kappe ... im Winter ist sie aus schönem Samt, im Sommer aus leichtem, glänzendem Silberstoff.«[23]

Wie weit sie sich dem Orient innerlich genähert hatte, zeigte sich nicht nur an ihrer türkischen Kleidung. In den Briefen an ihren fernen Verehrer Alexander Pope zitierte sie orientalische Verse voller Erotik und Sinnlichkeit. In London hatte sie ihn auf freundschaftliche Distanz gehalten. Ihre Beziehung war – zumindest auf ihrer Seite – eher literarisch und intellektuell. Nun, aus der Ferne, wagte sie sich mit eindeutigen Bildern hervor. In lieblichsten Worten übersetzte sie ihm türkische Verse, in denen die Nachtigall die Schönheit einer Rose besingt. Der sensible Schriftsteller, der diese islamischen Metaphern für die Liebe kannte, war entzückt über ihre Worte. Für ihn war es eine Ermutigung, ihr nun ebenfalls mit erotischen Anspielungen zu antworten. Er wolle ihr in den Orient folgen, schrieb er, und malte eine Szene aus, in der Lady Mary die Rolle der verführerischen Geliebten spielte: »In dieser Stadt, so wird es einmal heißen, pflegte sie auf dem Sofa zu sitzen; in jener Stadt lernte sie, den Turban zu binden, hier nahm sie ein Bad und ließ sich mit Ölen einreiben ... Schließlich werde ich erfahren, wie Sie in der ersten Nacht ... einen Traum vom Paradies Mohammeds hatten und glücklich ohne Seele aufwachten. Von jenem gesegneten Augenblick an war der schöne Körper vollkommen frei, all die angenehmen Dinge zu tun, für die er erschaffen wurde.«[24]

Der sinnliche Reiz der Orientalinnen hatte für die englische Lady etwas äußerst Anziehendes. Überschwänglich schilderte sie die Schönheit Fatimas, der Gemahlin des Großwesirs von Adrianopel. Nie habe sie in ihrem Leben etwas »Herrlichschöneres« gesehen als diese junge Frau, die alles in den Schatten stellte, was die weit gereiste Lady in Europa je erlebt hatte. »Welch erstaunliche Harmonie der Züge! Welch genaues Ebenmaß des Körpers! Welch liebliche Blüte einer durch keine Kunst entstellten Gesichtsfarbe! Welch unaussprechlicher Zauber in ihrem Lächeln! Aber erst die Augen! Groß und schwarz, mit allem sanft schmachtenden Ausdruck der blauen.« Fatima könnte den vornehmsten europäischen Thron schmücken, »ungeachtet sie ihre Erziehung in einem Lande genossen hat, das wir barbarisch nennen«[25].

Während ihrer Zeit in Konstantinopel war Lady Montagu schwanger geworden und brachte Anfang Februar 1718 ihre Tochter Mary zur Welt. Mit Freude erlebte sie, wie selbstverständlich die Türkinnen die Geburt eines Kindes nahmen.

»Höchst wunderbar ist, dass sie hier von dem Fluche befreit zu sein scheinen, der dem weiblichen Geschlecht auferlegt ist.«[26]

Alle Frauen empfingen bereits am Tag der Geburt die Besuche ihrer Verwandten und Freunde und machten schon zwei Wochen später aufs Schönste herausgeputzt einen Gegenbesuch. Als Lady Mary entbunden hatte, erschien es ihr, als sei es hier »nicht halb so hart« wie in England. »Der Unterschied ist wie zwischen einem kleinen Schnupfen, den man auch hier zuweilen bekommt, und jenem schwindsüchtigen Husten, der in London so allgemein ist.«[27]

Lady Montagu hatte noch einen weiteren Grund, die Segnungen der Medizin im Orient zu bewundern. Und bei ihrer Rückkehr würde sie ihrer Heimat ein wertvolles Geschenk machen können: die Pockenimpfung. »Die Blattern, die bei uns so gefährlich und verbreitet sind, werden hier mittels der Pfropfung, wie sie es nennen, ganz unschädlich.« Lady Montagu beschrieb genau, wie die Impfung verlief: Im Herbst, nach der großen Hitze, impften die alten Frauen die Kinder mit einer »Nussschale von Blatternmaterial«, Lebendimpfstoff, der in die Haut geritzt wurde – ein Verfahren, das in England bis dahin unbekannt war. Acht Tage blieben die Kinder völlig gesund, dann »überfällt sie ein Fieber und sie hüten zwei, drei Tage das Bett«[28]. Ihren fünfjährigen Sohn ließ Lady Montagu in der Türkei impfen.

Schon im Sommer 1718, früher als erwartet, wurde Lord Montagu nach England zurückbeordert. Seine diplomatische Mission hatte sich wegen des Friedensschlusses mit den Türken erübrigt. Lady Montagu nahm nur schwer Abschied von ihrem orientalischen Palast und dem südlichen Leben, das ihr so sehr lag. Auf einem englischen Segler, beschützt von fünf Kanonen und 240 Mann Besatzung, trat die Gesandtenfamilie die Rückreise an.

Die Fahrt durch das Mittelmeer entwickelte sich zu einer Bildungsreise. Die Montagus besichtigten Troja und Malta und erkundeten die verschiedensten antiken Stätten. Im westlichen Mittelmeer verschlug sie ein Sturm nach Tunesien. Lady Mary bestand darauf, trotz der gewaltigen Hitze die Ruinen von Karthago zu besuchen, eine für sie sehr beeindruckende Exkursion. Die Menschen Nordafrikas aber fand sie abstoßend: »Sie sind nicht ganz schwarz, doch lauter Mulatten und die abscheulichsten Geschöpfe, die in menschlicher Gestalt erscheinen können. Sie gehen fast nackend, wickeln sich nur in ein Stück sehr groben Tuches. Die Weiber haben die Arme, den Hals und das Gesicht mit Blumen, Sternen und verschiedenen Figuren geziert, die mit Schießpulver eingerieben werden, ein beträchtlicher Beitrag zu ihrer natürlichen Hässlichkeit.«[29] Von Lady Montagus Weltoffenheit ist hier nichts mehr zu spüren.

In Genua gingen Lord und Lady Montagu an Land, um den schnellen Landweg nach Norden einzuschlagen. Erstaunlich ist, dass sie die Kinder allein mit

Dienstboten auf dem Schiff nach England zurückließen. Warum Lady Montagu nicht bei den Kindern blieb, da doch nur ihr Ehemann auf dem schnellsten Weg nach London zurückkehren musste, ist nicht überliefert. Sicherlich war im 18. Jahrhundert das Verhältnis Mutter-Kind gerade in der Oberschicht in vieler Beziehung distanzierter als heute, doch erklärt das die Entscheidung Lady Marys nicht ganz. Angeblich wollte sie den Kindern den noch strapaziöseren Landweg ersparen.

Die halsbrecherische Überquerung der Alpen gestaltete sich wahrhaftig anstrengend. »Wir wurden auf kleinen Sesseln aus geflochtenen Weiden, die auf Stäben befestigt waren, von Männern auf den Schultern getragen. Unsere Wagen aber wurden auseinander genommen und auf Maulesel verpackt.«[30]

Auch die Reise durch Frankreich war alles andere als angenehm. Es schien Lady Montagu, als herrschten hier überall Hunger und Not. »Alle Dörfer Frankreichs haben nichts als Elend aufzuweisen. Während man die Postpferde wechselt, kommt die ganze Bevölkerung heraus zum Betteln, mit so elenden, verhungerten Gesichtern, dass sie keine andere Beredtsamkeit nötig hat, einen von dem Jammer ihres Zustandes zu überzeugen. Dies ist die ganze französische Herrlichkeit, bis man nach Fontainebleau kommt, wo man einem in des Königs Jagdschloss tausendfünfhundert Zimmer zeigt.«[31] In keiner Hinsicht ein schmeichelhaftes Bild Frankreichs, das Lady Montagu hier aufzeichnete. Aus der Türkei hatte sie nie Derartiges berichtet.

Im Oktober 1718 war das Ehepaar wieder zurück in London, das Schiff mit den Kindern erreichte England erst ganze drei Monate später. Zwei Jahre und vier Monate waren die Montagus von der Heimat entfernt gewesen – eine entscheidende Wende im Leben Marys, die sich im kühlen Norden nie wieder zu Hause fühlen sollte.

Eine erste Enttäuschung war der erhebliche Widerstand gegen die Pockenimpfung, die Lady Montagu voll Energie in England einzuführen versuchte. Die Mediziner und erst recht die Nichtmediziner standen dem Verfahren äußerst skeptisch gegenüber. Um zu beweisen, wie überzeugt sie von der Sicherheit der Impfung war, ließ sie in London vor den Augen einer neugierigen Zuschauerschar ihre kleine Tochter impfen. Sie löste damit eine heftige öffentliche Diskussion aus, die sich über Jahre hinzog. Pamphlete wurden gegen sie verfasst, in denen sich Bigotterie mit Vorurteilen gegen Frauen und die fremde, »unzivilisierte« Kultur mischte. Schließlich setzten sich die aufgeschlossenen Ärzte durch, die Pockenimpfung wurde in England offiziell eingeführt. Sie rettete noch zu den Lebzeiten Lady Montagus unzähligen Menschen das Leben. Aber erst in der Inschrift auf ihrem Grabstein wird diese Leistung gebührend gewürdigt.

Auch sonst ließ der Ruhm der Lady auf sich warten. Erst ein Jahr nach ihrem Tod wurden ihre Briefe veröffentlicht. Viele ihrer schriftstellerischen Arbeiten – Gedichte, Essays, journalistische Beiträge – gingen für immer verloren. Lady Mary war ihrer Zeit voraus, war zu kritisch, zu radikal und zu emanzipiert. Im konventionellen England konnte sie nicht glücklich werden.

Die Sehnsucht, wieder in den Süden zu entfliehen, ließ sie nicht los. »Nachdem ich einen Teil von Afrika und Asien gesehen und beinahe ganz Europa durchreist habe, halte ich doch den ehrlichen englischen Landedelmann für glücklicher, der wahrhaft glaubt, dass griechischer Wein bei weitem nicht dem Märzenbier gleichkommt und dass afrikanisches Obst keinen so guten Geruch und Geschmack hat wie seine Goldrenetten, dass italienische Bekassinen nicht so köstlich sind wie ein Rinderrücken, und kurz, dass kein vollkommener Genuss des Lebens außerhalb Altenglands zu finden ist. Gebe Gott, dass ich so die übrige Zeit meines Lebens denke und, da ich nun einmal mit unserem stiefmütterlichen Anteil vom Tageslicht zufrieden sein muss, dass ich die erquickende Sonne von Konstantinopel vergessen möge!«[32]

Diese selbstgenügsame Ruhe konnte Lady Montagu nicht finden. England, die nebelige Heimat, war ihr fremd geworden. Ihre schriftstellerischen und journalistischen Ambitionen scheiterten; ihre offene, scharfe Kritik hatte ihr zu viele Feinde gemacht. Die enge literarische Freundschaft mit Alexander Pope zerbrach. Über die Hintergründe dazu gibt es verschiedene Vermutungen, die aber letztlich alle darauf hinauslaufen, dass Lady Mary Popes Liebe nicht erwiderte. Tief verletzt, verfolgte er sie von nun an mit bitterem Hass.

Auch die familiären Beziehungen verliefen enttäuschend: Ihre Ehe bestand nur noch aus Konventionen, Sohn Edward entwickelte sich zu einem oberflächlichen Taugenichts, Tochter Mary zu einer angepassten Dame der Gesellschaft, ihre geliebte Schwester Gräfin Mar verfiel dem Wahnsinn. Ein letztes Aufbäumen ihres Gefühls, die späte Leidenschaft der fast 50-Jährigen zu einem 24-jährigen Italiener, endete in Ernüchterung.

Immerhin war aber dieser junge Liebhaber der Anstoß für sie, 1739 England zu verlassen und nach Italien zu ziehen. Für den Rest ihres Lebens blieb sie im Süden, nur zum Sterben kehrte sie im Jahr 1762 mit 73 Jahren nach England zurück. Das Unerreichbare hatte sie nicht erlangen können, aber sie war doch der Sonne etwas näher gekommen, die sie schon als Kind am liebsten für immer festgehalten hätte.

»Ich reiste wie der ärmste Araber«
Ida Pfeiffer (1797–1858)

Von Hiltgund Jehle

»Wie es den Maler drängt, ein Bild zu malen, den Dichter, seine Gedanken auszusprechen, so drängt es mich, die Welt zu sehen. – Reisen war der Traum meiner Jugend, Erinnerung des Gesehenen ist nun das Labsal meines Alters.«[1] So begründet vor fast 150 Jahren die 53-jährige Ida Pfeiffer ihre viel bestaunte »Frauenfahrt um die Welt«.

Als die Biedermeierdame dies niederschreibt, ahnt sie nicht, dass sie ihre aufregendsten Jahre noch vor sich hat. Ihre Welterkundung ist noch lange nicht beendet. Sie wird bald Länder betreten, in die bisher kein Europäer seinen Fuß gesetzt hat.

Die Radikalität, mit der Ida Pfeiffer im Alter von fast 45 Jahren ihr Leben grundlegend verändert, versetzt uns in Staunen. Denn bis ihre zwei Söhne erwachsen sind, lebt sie das konventionelle Leben einer Wiener Bürgerin. Zu einer Zeit, in der gleichaltrige Frauen häufig schon den Großmutterstatus erreicht haben und von ihrem Leben kaum mehr Veränderungen erwarten, macht Ida Pfeiffer sich auf, die Welt zu sehen.

Die kleine Ida Laura kommt 1797 als drittes Kind

der Familie Reyer in Wien zur Welt. Sie wächst zunächst unter fünf Brüdern in einem großbürgerlichen Haus in der heutigen Wiener Mariahilferstraße auf. Als sie neun Jahre alt ist, bekommt sie noch eine Schwester, Marie. Ihr Vater ist Textilkaufmann und hat sich mit großem Fleiß selbstständig ein gut gehendes Unternehmen aufgebaut. Die gleiche Disziplin, die ihm zu seinem beruflichen Erfolg verholfen hat, verlangt er seinen Kindern ab: Sie sollen sich früh an Entbehrungen gewöhnen. Obwohl sich die Familie Besseres leisten könnte, werden für die Kinder nur die einfachsten Mahlzeiten aufgetischt. Sonderwünsche gibt es nicht! Das Mädchen Ida wird in Jungenkleidung gesteckt und spielt statt mit Puppen mit Säbel und Gewehr. Der kleine Wildfang weiß sich recht gut gegen die Brüder durchzusetzen! Vielleicht ist es diese harte Schule der Kindheit, die es Ida später ermöglicht, ihre entbehrungsreichen Reisen und die größten körperlichen Strapazen durchzustehen.

1806 stirbt der Vater, der bisher so großen Einfluss auf die Erziehung der Kinder genommen hat. Ein Onkel, Francesco, wird zu ihrem Vormund bestimmt. Er besitzt ein Importunternehmen für Kolonialwaren mit Niederlassungen auf der ganzen Welt. Vermutlich hört Ida von ihm zum ersten Mal so seltsam fremd klingende Namen wie »Celebes« und »Makassar«, »Hongkong« und »Tahiti«.

Idas Leben sollte sich nach dem Tod des Vaters

grundlegend ändern, denn Mutter Reyer will nun ihre Vorstellungen von Mädchenerziehung in die Tat umsetzen. Von jetzt an hat Ida Mädchenkleidung zu tragen. Die plötzliche Erziehungsreform und der Verlust des Vaters scheinen das Kind sehr zu verwirren, denn Ida wird schwer krank und erholt sich erst, als man ihr die vertraute Knabenkleidung zurückgibt.

Hartnäckig sträubt sich Ida gegen alles, was sich für eine Wiener Bürgerstochter schickt. Das Klavierspiel zum Beispiel ist fester Bestandteil der höheren Töchterbildung, für Ida ist es ein Gräuel. »... so schnitt sie sich häufig in die Finger oder brannte Letztere mit Siegellack, um nur den verhassten Übungen zu entgehen.«[2] Sie will lieber Violine lernen, ein Instrument, das zu ihrer Zeit für Mädchen als unpassend gilt. Doch die wilden Jungenjahre sind vorbei, Ida wird bald 13 Jahre – die Pubertät naht –, und nun muss sie sich endgültig damit abfinden, Mädchenkleidung zu tragen.

Bald gibt es eine weitere einschneidende Veränderung in ihrem Leben. Ein in der Nachbarschaft lebender Staatsbeamter wird als Hauslehrer engagiert, denn öffentliche höhere Schulen gibt es erst seit Beginn des 19. Jahrhunderts und nur für Knaben. Mit viel Verständnis und pädagogischem Geschick gelingt es Emil Trimmel, Idas Vertrauen zu gewinnen. Die Zuneigung zu ihm hilft ihr, sich an die neue Mädchenrolle zu gewöhnen. Tugend, Sittsamkeit und Häuslichkeit sind die Ideale, denen der temperamentvolle Teenager folgen soll. Ida beschreibt diesen Lebensabschnitt im Nachhinein: »Da ich meine Eltern mehr fürchten als lieben gelernt hatte und er, sozusagen, das erste Wesen war, das mir mit Freundlichkeit und Teilnahme entgegenkam, so hing ich mit schwärmerischer Liebe an ihm ... Er leitete meine ganze Erziehung, und obgleich es mich gar manche Träne kostete, meinen jugendlichen Träumereien zu entsagen und mich mit Dingen zu befassen, die ich früher mit der tiefsten Verachtung betrachtet hatte, so tat ich es doch – ihm zuliebe ... Ihm verdanke ich es, dass ich im Verlaufe von drei bis vier Jahren vollkommen zu der Einsicht der Pflichten meines Geschlechtes gelangte, dass aus dem wilden Jungen eine bescheidene Jungfrau wurde.«[3]

Die sehr ausgeprägten geographischen Interessen des geliebten Lehrers, der leidenschaftlich gern reist, beeinflussen Ida sehr. Sie entwickelt eine Vorliebe für Reiseliteratur und beneidet jeden Weltumsegler und Naturforscher. Sie verschlingt einen Reisebericht nach dem anderen. Auf ihren Phantasiereisen entflieht Ida der Wirklichkeit und der häuslichen Enge.

1814 erhält die 17-jährige Ida ihren ersten offiziellen Heiratsantrag von einem reichen Griechen. Doch der Bewerber wird von der Mutter abgelehnt, denn er ist nicht katholisch, und überhaupt ist sie der Meinung, dass Ida noch zu jung zum Heiraten ist. »Bei dieser Gelegenheit ging in meinem Inneren eine große Umwandlung vor ... als ich erfuhr, dass es in meiner Bestimmung läge, einen Mann zu lieben ... wurde mir klar, ich könne niemand andern lieben als T...., den Führer meiner Jugend.«[4]

Trimmels Lehrtätigkeit im Hause Reyer ist längst beendet, doch er ist ein lieber Freund und häufiger Gast der Familie geworden. Ida und der um elf Jahre ältere Mann gestehen sich nun gegenseitig ihre große Zuneigung. Trimmel beschließt, bei der Mutter um Idas Hand anzuhalten. Aber auch gegen diese Verbindung steht das Wort der Mutter – aus Standesgründen. Ida ist zutiefst verzweifelt und verkündet trotzig, sie werde niemals einen anderen Mann heiraten. Bei der Mutter bewirkt diese Drohung aber nur, dass sie jeden weiteren Umgang der beiden Verliebten strikt verbietet.

Nach drei Jahren begegnen sich Ida Reyer und Emil Trimmel zufällig auf einem Spaziergang. Diese unerwartete Begegnung verstört die junge Frau, die noch immer unter der erzwungenen Trennung leidet, so sehr, dass sie in eine schwere Depression verfällt. Doch auch dieser Protest bleibt bei der Mutter wirkungslos. Ida, die in Wien als gute Partie gilt, weist ihrerseits standhaft alle Männer ab, die um sie werben.

Die Stimmung im Hause Reyer ist gereizt; die Mutter dringt nun immer vehementer darauf, die Tochter solle sich für einen Gatten entscheiden. Nach langen, quälenden Überlegungen ringt sich Ida Reyer dazu durch, in die Heirat mit dem verwitweten und um 24 Jahre älteren Rechtsanwalt Dr. Mark Anton Pfeiffer einzuwilligen. Keine Liebesheirat, wie sie betont. Durch den Altersunterschied zu ihrem zukünftigen Mann – er ist mehr als doppelt so alt wie sie – scheint ihr der Treuebruch gegenüber Trimmel weniger verwerflich, als wenn sie sich für einen jungen, attraktiven Mann entschieden hätte. Außerdem wohnt Pfeiffer in Lemberg, das fast 800 Kilometer von Wien entfernt jenseits der Waldkarpaten an der östlichen Grenze des alten Europas liegt. So gibt ihr diese Ehe die Möglichkeit, endlich die Stadt ihrer Kindheit und Jugend zu verlassen. Weit entfernt vom Einfluss der bestimmenden Mutter, aber auch weit weg von dem Wohnort der ersten großen Liebe will sie ihr Leben fortsetzen.

Dass Ida jedoch bis ins hohe Alter mit Trimmel Kontakt haben wird, bleibt ihr streng gehütetes Geheimnis. Er hält der Verehrten den Treueschwur und bleibt unverheiratet.

Die Vernunftehe mit Dr. Pfeiffer steht unter keinem guten Stern. Der rechtschaffene Anwalt deckt in einem Gerichtsprozess auf, dass viele der Beamten seiner Heimatregion bestechlich sind. Einige der Beschuldigten werden daraufhin entlassen oder versetzt. Die Ehrlichkeit Dr. Pfeiffers wird nicht belohnt. Fast die gesamte Beamtenschaft hat er nun gegen sich. Als sich zeigt, dass sein Ruf seinen Klienten eher schadet, sieht Pfeiffer sich gezwungen, seine Arbeit niederzulegen.

Unruhige Jahre folgen. Das Ehepaar wechselt ständig den Wohnsitz, lebt mal in Wien und dann wieder in Lemberg, denn Idas Ehemann versucht verzweifelt, an beiden Orten und sogar im Ausland eine neue Stellung zu finden. Alle Bemühungen sind ohne Erfolg.

Ida Pfeiffer bringt in dieser Zeit drei Kinder zur Welt, von denen nur die zwei Söhne, Alfred und Oscar, am Leben bleiben. Dr. Pfeiffer, durch die erfolglose Stellensuche entmutigt, wird schwer depressiv. Die finanzielle Lage spitzt sich zu. Ida Pfeiffer ist jedoch zu stolz, Verwandte um Hilfe zu bitten. Der Schein muss gewahrt bleiben. In ihrer Verzweiflung unternimmt sie etwas für wohlhabende Bürgerstöchter Unvorstellbares: Sie beginnt für Geld zu arbeiten – heimlich, versteht sich. Auf diese schweren Jahre zurückblickend, schreibt sie: »Gott allein weiß, was ich durch achtzehn Jahre meiner Ehe litt! … Ich stammte aus einem wohlhabenden Hause, war von frühester Jugend an Ordnung und Bequemlichkeit gewöhnt, und nun wusste ich oft kaum, wo ich mein Haupt niederlegen, wo das bisschen Geld hernehmen sollte, um mir nur das Höchstnötige anzuschaffen. Ich verrichtete alle Hausarbeiten, ich fror und hungerte, ich arbeitete im Geheimen für Geld, ich erteilte Unterricht in Zeichnen und Musik, und doch trotz aller Anstrengungen gab es oft Tage, an welchen ich meinen armen Kindern kaum etwas mehr als trockenes Brot zum Mittagessen vorzusetzen hatte!«⁵

Nach 1833 lebt der schwermütige Ehemann überwiegend bei seinem Sohn aus erster Ehe in Lemberg und kommt nur gelegentlich nach Wien. Seine Frau hingegen wohnt mit den Kindern in ihrer Heimatstadt und kümmert sich allein um deren Erziehung. Da die Ausbildungsbedingungen für die Söhne in Wien weitaus besser sind als in der Provinz, kann sie diese Entscheidung gut rechtfertigen. Insbesondere fördert sie die musische Begabung ihres Sohnes Oscar, der später zu einem begabten Komponisten und Pianisten heranwächst.

1836 reist Ida Pfeiffer mit dem knapp zwölf Jahre alten Jungen nach Triest, wo die Familie ihres Onkels Francesco lebt. Oscar soll dort Seebäder nehmen. Zum ersten Mal in ihrem Leben sieht die 39-Jährige hier das Meer. Dieser Anblick muss ein prägendes Erlebnis für sie gewesen sein, bei dem »eine kaum zu bewältigende Reiselust«⁶ in ihr erwacht und die alten Jugendträume von großen, weltumspannenden Fahrten wieder auftauchen.

Noch steht die Erziehung der Kinder im Vordergrund, die eigenen Bedürfnisse werden zurückgestellt. Doch der Wunsch, auf Reisen zu gehen, lässt sie von nun an nicht mehr los. 1842 endlich sieht sie ihre Zeit gekommen. Von Anfang an steht für Ida Pfeiffer fest, dass sie die Fahrten allein unternehmen wird: Ihr Ehemann ist zu alt, um die Strapazen eines längeren Auslandsaufenthaltes auf sich zu nehmen; zudem lebt das Ehepaar seit fast zehn Jahren mehr oder weniger getrennt. Vor allem aber ist Ida Pfeiffer fest davon überzeugt, ihre Unternehmung allein durchführen zu können. Ihr war klar, »… dass ich als Frau allein in die Welt hinauswollte, so verließ ich mich auf meine Jahre … auf meinen Mut und auf die Selbstständigkeit, die ich in harter Schule des Lebens erlangt hatte, als ich nicht nur für mich und meine Kinder, sondern auch mitunter für meinen Mann sorgen musste«[7].

Im März 1842 tritt die 44-jährige Ida Pfeiffer – ausgestattet mit einer mäßigen Summe privater Ersparnisse – allein ihre erste größere Reise nach Palästina an. Alle ihre Angelegenheiten sind geordnet, das Testament ist gemacht, denn sie hält ihren Tod für wahrscheinlicher als eine glückliche Rückkehr.

Um den großen Schritt in die Welt tun zu können, sagt sie nur die halbe Wahrheit. Sie gibt vor, eine Freundin in Konstantinopel, dem heutigen Istanbul, zu besuchen. Das eigentliche Ziel ihrer Fahrt verheimlicht sie, denn als sie im Freundeskreis von ihrem Wunsch, ins »Heilige Land« zu reisen, spricht, hält man sie für überspannt. Aber so ganz ungewöhnlich für eine Frau war ihr Reiseziel Mitte des 19. Jahrhunderts doch nicht. Pilgerreisen zu den großen Wallfahrtsorten wie Rom, Santiago de Compostela oder

Jerusalem wurden schon im Mittelalter immer auch von Frauen unternommen.

Auf der Donau und durch das Schwarze Meer fährt Ida Pfeiffer nach Konstantinopel, wo sie sich erlebnishungrig gleich nach allen Sehenswürdigkeiten erkundigt. Und dann wird sie vor die erste große Herausforderung gestellt: Um an einem Ausflug teilnehmen zu können, gibt sie vor, reiten zu können, obwohl sie noch nie zuvor auf einem Pferd saß. Die drei Männer der Reisegruppe, der sie sich anschließt, legen ein schnelles Tempo vor: »... als der Trab anfing, wurde mir ganz kurios zumute, ich konnte mit den Steigbügeln nicht zurechtkommen, bald saßen sie mir auf der Ferse, bald verlor ich sie ganz und kam dadurch in Gefahr, das Gleichgewicht zu verlieren ... Ich blieb daher vorsätzlich die Letzte, unter dem Vorwand, dass mein Pferd stützig sei und nur dann gut gehe, wenn es die andern vor sich habe; die eigentliche Ursache aber war, dass die Herren meine Manöver nicht sähen, denn alle Augenblicke glaubte ich herabzustürzen.«[8] Ohne Unfall gelangt sie ans Ziel und hat die Feuerprobe bestanden.

Nun schifft sich Ida Pfeiffer nach Beirut ein. Alle Warnungen vor der im Libanon wütenden Pest und vor den dort herrschenden politischen Unruhen schlägt sie in den Wind. Auch von dem Rat, doch wenigstens Männerkleidung zu tragen, hält sie nichts, »... indem meine kleine, magere Gestalt wohl für einen Jüngling, mein ältliches Gesicht aber für einen Mann gepasst hätte. Da mir aber der Bart fehlte, so würde man die Verkleidung gleich geahndet und ich mich dadurch mancher Unannehmlichkeit ausgesetzt haben ... In der Folge wurde ich immer mehr überzeugt, wie gut ich getan, mein Geschlecht nicht zu verleugnen. Man begegnete mir überall mit Achtung und hatte oft Nachsicht und Güte für mich, gerade weil man auf mein Geschlecht einige Rücksicht nahm«[9].

Auf dem Schiff nach Beirut lernt sie einen Engländer kennen, mit dem sie von nun an gemeinsam weiter nach Jerusalem reist. Hier ist sie am Ziel ihrer Träume »... und eilte in die Kirche, um mein Herz durch ein inniges Gebet zu erleichtern«[10]. Sie unternimmt Ausflüge zu all den biblischen Stätten: nach Bethlehem, ans Tote Meer, zum Jordan und ins Tal von Jericho. Es macht sie glücklich, »da zu gehen, wo Christus ging ... Vielleicht, dachte ich, betrete ich dieselbe Stelle, dasselbe Haus, das einst von Jesus besucht wurde«[11].

Zehn Tage dauert die strapaziöse Rückreise zu Pferde von Jerusalem nach Beirut, die sie in Begleitung einer kleinen Gruppe von böhmischen Grafen zurücklegt. Es ist tagsüber unerträglich heiß und nachts eisig kalt. Wenn es überhaupt Wasser gibt, ist es lauwarm »und von den ledernen Schläuchen, in welchen man es bei sich führt, übel riechend«[12]. »Ich bekam unterwegs heftige Kopfschmerzen, wiederholtes Erbrechen und starken Fieberschauer ... Das Traurigste bei der Sache war, dass ich meine Unpässlichkeit ... verbergen musste, aus Furcht, zurückgelassen zu werden ... Als wir zu Tisch gingen, erregte mir der Geruch der Speisen einen solchen Ekel und solche Übelkeit, dass ich mir schnell das Sacktuch vor die Nase hielt und ein plötzliches Nasenbluten vorgab, um hinauseilen zu können.«[13] So übersteht sie auch diese Tour. Es scheint, als ob diese ersten, überaus anstrengenden Unternehmungen ihre Willenskraft und ihr Selbstvertrauen so stärkten, dass sie sich nun auch weitere Unternehmungen bedenkenlos zutraut.

Ihr Herzenswunsch, Jerusalem zu sehen, hatte sich erfüllt, und nun soll sie zurück nach Hause fahren, wo doch so geheimnisvolle Stätten wie Damaskus und die noch unerforschten Ruinen Baalbeks in allernächster Nähe locken? Gern nimmt sie die Einladung eines Reisebekannten an, diese Orte gemeinsam aufzusuchen. Nach diesem Abstecher fährt sie allein auf einem griechischen Zweimaster weiter nach Alexandria in Ägypten. Palästina interessierte sie als Land der Bibel. Warum aber will sie nach Ägypten? Diese Region wird im 19. Jahrhundert zu einem beliebten Reiseziel. Besonders durch Napoleons Expedition (1798–1801) und die Entzifferung der Hieroglyphen durch Jean François Champollion wird die Aufmerksamkeit der Europäer auf dieses Land gelenkt. Ägypten ist in Mode. Man plant Grabmale in Pyramidenform, richtet Zimmer im ägyptischen Stil ein und kann die eben aus Ägypten eingetroffenen Kunstschätze in den europäischen Museen bestaunen.

Bevor Ida Pfeiffer die Stadt Alexandria betreten darf, muss sie erst noch zehn Tage in Quarantäne bleiben, kommt sie doch aus einem Land, in dem die Pest herrscht. Als erholsame Ruhepause ist die Kasernierung jedoch nicht zu sehen. So werden die Einreisenden zum Beispiel dazu gezwungen, fünf Minuten in einem geschlossenen Raum zu verharren, es werden »große Räucherfässer gebracht und ein grässlich stinkender Rauch aus Schwefel, Asant, Federn und dergleichen gemacht ... Ein Lungenkranker hätte diese kannibalische Expedition schwerlich ausgehalten«[14]. So soll sichergestellt werden, dass die Ankömmlinge keine Krankheiten einschleppen.

Kairo und die Pyramiden von Giseh stehen auf dem Programm und kurz entschlossen schiebt Ida Pfeiffer einen mehrtägigen Kamelritt nach Suez ein. Über Malta, Sizilien und durch das klassische Reiseland Italien tritt sie die Rückreise nach Wien an. Neun Monate ist Ida Pfeiffer unterwegs. Ihre Erlebnisse hält sie in einem Reisetagebuch fest. Noch als sie unterwegs ist, hört der Wiener Verleger Dirnböck über Oscar Pfeiffer von ihren Reisen. Er setzt sich mit ihr in Verbindung und so gelangen die ursprünglich rein privaten Aufzeichnungen in seine Hände. Er ist gefesselt von der Lektüre, aber es kostet ihn einige Mühe, Ida Pfeiffer zu überreden, ihre Notizen zu veröffentlichen. Sie zögert, nicht nur weil sie zu bescheiden ist, sondern vor allem, weil die Verwandten entsetzt sind über ihr eigenmächtiges Handeln. Sie muss sich der Peinlichkeit aussetzen, das Manuskript von Dirnböck zurückzuverlangen. Mann und Geschwister wollen es sehen. Die weiteren Verhandlungen werden der Autorin aus der Hand genommen. Ihr Ehemann beziehungsweise ein von ihm bestimmter Vertreter führen sie fort.

Ida Pfeiffer wird mit aller Macht deutlich, gegen was sie ihr selbstbestimmtes Handeln auf der Reise hier in Wien eintauschen muss: gegen das Leben einer von allen Seiten kontrollierten und bevormundeten Ehefrau und Schwester. Nachdem einige Stellen in ihren Notizen gestrichen wurden, darf das Buch *Reise einer Wienerin in das heilige Land* erscheinen – anonym. Es wird ein Erfolg! Aber erst als 1856 die vierte Auflage erscheint, gibt sich Ida Pfeiffer auch als Autorin zu erkennen. Die Verfasserin ist jetzt eine bekannte und selbstbewusste Reisende.

Zurückgeworfen in die patriarchalischen Familienstrukturen, hält Ida Pfeiffer es zweieinhalb Jahre in Wien aus, bevor sie zu einer Reise in Richtung Norden aufbricht. Die Zeit hatte sie dazu genutzt, fleißig Englisch und Dänisch zu lernen. Auch hatte sie nicht die Mühe gescheut, sich in die gerade erst erfundene Kunst der Daguerreotypie, eines sehr aufwändigen Vorläufers der Fotografie, einweihen zu lassen. Die kleine Entschädigung von 700 Gulden, die sie für die Publikation ihres Reisetagebuches erhalten hat, bildet den Grundstock für eine neue, diesmal weniger religiös motivierte Unternehmung.

Island heißt das abgelegene Reiseziel, das derzeit höchstens von Naturforschern aufgesucht wird. Es ist die Geschichte des Landes und seiner Bewohner, über die sie viel gelesen hat, die sie in diese unwirtliche Gegend zieht. »Die Gesittung desselben [des Volkes] dachte ich mir auch hinlänglich verwahrt und gesichert durch den wenigen Verkehr mit Fremden, durch das vereinzelte Leben und durch die Armut des Landes. Da gibt keine große Stadt Gelegenheit zu Putz und Unterhaltung, zur Erzeugung geringerer oder größerer Laster … Ich hielt daher Island, in Bezug seiner Bewohner, für ein wahres Arkadien, und freute mich innig, ein solch idyllisches Leben zum Teil verwirklicht zu sehen.«[15]

Diese romantische Vorstellung wird herb enttäuscht. Auch findet die Ausländerin hier nicht die Aufmerksamkeit, die sie sich wünscht. Man interessiert sich einfach nicht für die fremde Frau. Verbittert notiert sie: »Um hier gut aufgenommen zu werden, muss man entweder reich sein oder als Naturforscher reisen.«[16] So erlahmt ihr Interesse an der einheimischen Bevölkerung und sie konzentriert sich auf die Schönheit der Natur und der Landschaft. Auf dem Rücken eines kleinen isländischen Pferdes erkundet Ida Pfeiffer mit einem Führer die Vulkaninsel, übernachtet in Kirchen, dem landesüblichen Nachtquartier für Reisende, oder in den Vorratskammern von Bauern. Beschwerliche Pfade führen sie in unbewohnte Gegenden, über zerklüftete Lavafelder, vorbei an kochenden Quellen und mächtigen Dampfsäulen zum Wasser speienden Geysir und zum Berge Hekla. Sie wird die Erste sein, die fotografische Aufnahmen von der Insel mit nach Hause bringt. Sie beginnt Pflanzen und Tiere – Krebse, Insekten, Schnecken – zu sammeln und entwickelt dabei eine Leidenschaft, der sie bis an ihr Lebensende nachgeht. Mit dem Verkauf der Naturalien füllt sie zukünftig nicht nur ihre Reisekasse, sie kann mit dieser Sammeltätigkeit auch neue Unternehmungen rechtfertigen. In den großen europäischen Naturkundemuseen von Wien, Berlin und London studiert sie später genau die Techniken des fachgerechten Sammelns und Präparierens. Nie beansprucht sie jedoch für sich den Titel einer Naturforscherin, Botanikerin oder gar den einer Wissenschaftlerin.

Ein Abstecher in die südlichen Regionen von Norwegen und Schweden rundet die Nordlandfahrt ab. Die Nachricht von dieser merkwürdigen Dame, die mutterseelenallein durch die Lande zieht, ist bereits bis an den schwedischen Königshof vorgedrungen. Krönender Abschluss der sechsmonatigen Reise ist die Vorstellung bei der schwedischen Königin, bevor Ida Pfeiffer nach Wien zurückkehrt.

Auch in ihrer Heimatstadt ist Ida Pfeiffer jetzt keine Unbekannte mehr, doch sie verabscheut steife gesellschaftliche Veranstaltungen und lässt sich kaum in der Wiener Öffentlichkeit blicken. Sie hat Wichtigeres zu tun: Die Reisenotizen der Nordlandfahrt müssen zur Veröffentlichung vorbereitet werden und außerdem hat sie bereits neue Reisepläne.

Gerade sieben Monate verbringt Ida Pfeiffer zu Hause, bevor sie im Mai 1846 erneut von Wien aufbricht. In Hamburg schifft sie sich gemeinsam mit dem Grafen Berchthold, einem Reisebekannten der Palästinafahrt, zur dreimonatigen Überfahrt auf einem Segelschiff nach Südamerika ein. Zweieinhalb Jahre wird ihre große Weltreise dauern.

Die ersten Dampfschiffe überqueren die Meere, doch ein Ticket auf einem dieser bequemen Schiffe ist für Ida Pfeiffer unerschwinglich. Später, als die etwas schrullige ältere Dame bei den Kapitänen der Weltmeere keine Unbekannte mehr ist, wird man sie häufig umsonst mitnehmen, sogar auf den teuren großen Luxuslinern. Vorerst aber muss sie noch mit den Segelschiffen vorlieb nehmen, meist Frachtschiffe, die kaum auf Passagiere eingestellt sind.

Da gilt es für sie einiges durchzustehen: Männer ohne Manieren, die sich während des Essens die Fingernägel mit dem Taschenmesser schneiden, sind wohl noch das kleinste Übel. Die ärgsten Seelenqualen hat die Frau mit dem ausgeprägten, bis an die Grenzen der Prüderie reichenden Sittlichkeitsgefühl zu erleiden, wenn sie gemeinsam mit Männern in einer Kajüte übernachten muss.

Nach einer langen Seereise erreichen sie endlich Brasilien und Rio de Janeiro, wo Ida Pfeiffer eine schreckliche Erfahrung macht: Sie und ihr Reisegefährte werden überfallen. Sie sind zu Fuß unterwegs nach Petrópolis. Der Graf will botanisieren, Ida Pfeiffer Insekten sammeln. Plötzlich bedroht sie ein Schwarzer mit Messer und Lasso. Wild entschlossen verteidigt Ida Pfeiffer mit Sonnenschirm und Taschenmesser ihr Leben. Der Angreifer flieht, als er Pferdegetrappel hört. Ida Pfeiffer trägt zwei Stichwunden am linken Oberarm davon, der Reisegefährte jedoch ist so unglücklich verletzt, dass er die Reise nicht fortsetzen kann. Ida Pfeiffer wird allein weiterreisen. So leicht lässt sich die entschlossene Frau nicht einschüchtern.

Sie bringt in Erfahrung, dass der Weg zu den Tupí-Indianern halbwegs sicher ist, und macht sich dorthin auf, bewaffnet mit einer Doppelpistole und begleitet von einem Führer. Der lange Marsch führt sie durch herrlichen Urwald mit Orchideen, vorbei an undurchdringlichen Mauern aus Schlingpflanzen und Farnen, sie wird umschwirrt von Kolibris und Papageien, eingehüllt in »balsamischen Duft«. »Mir war's, als ritt ich in einem Feenparke, und jeden Augenblick meinte ich ... Nymphen erscheinen zu sehen. Ich war überglücklich und fühlte die Anstrengung meiner Reise reichlich belohnt.«[17]

Kaum ist sie jedoch bei den Indianern angelangt, tritt sie bereits nach einem Tag die Rückreise an. Diese Rastlosigkeit ist typisch für den Reisestil Ida Pfeiffers. Nie ruht sie sich länger aus, erholt sich und genießt den Aufenthalt. Hat sie ein Ziel erreicht, sucht sie sich bereits das nächste. Allein der Weg scheint ihr Ziel zu sein und so hetzt sie ruhelos von einem Ort zum anderen.

Nach dieser heil überstandenen Expedition kann sie die gefährliche Seereise um das gefürchtete Kap Hoorn nicht mehr schrecken. Ihr Schiff bleibt von den tückischen Winden und Strömungen nicht verschont. Auf sturmgepeitschter See bricht der Topmast, Segel fliegen davon, Wasser dringt in den Ladungsraum. An Nachtruhe ist während solcher Stürme nicht zu denken: Man kauert am Boden und versucht sich irgendwo anzuklammern. Aber der Blick auf die Ausläufer der schneebedeckten Anden entschädigt sie für die ungeheuren Strapazen.

Günstige Mitfahrgelegenheiten, die sie sich mehr als einmal fast erbettelt, bestimmen in der Regel die

Aufenthaltsdauer und das Reiseziel. So muss sie Chile bereits nach zwei Wochen wieder verlassen, um die höchst seltene Gelegenheit, sich auf einem holländischen Segelschiff nach dem fernen China einzuschiffen, nicht zu versäumen. Bei einem Zwischenaufenthalt in Tahiti kennt ihre Aktivität keine Grenzen. 39 Tage auf See zu körperlicher Untätigkeit gezwungen, war für die kleine energiegeladene Frau eine harte Geduldsprobe. So klettert sie nun auf halsbrecherischen Pfaden, die selbst die auf der Insel stationierten französischen Offiziere scheuen, durch Schluchten und Gebirgsbäche, bevor die Fahrt nach Kanton und Hongkong weitergeht.

Sie reise wie »der ärmste Araber«, schreibt Ida Pfeiffer einmal, und führe stets nur so viel Gepäck mit sich, wie sie auch eigenhändig tragen könne. Im Laufe der langen Reisejahre entwickelt sie eine äußerst zweckmäßige Reisekluft, die ihr die nötige Bewegungsfreiheit erlaubt und doch ihr strenges Sittlichkeitsempfinden nicht außer Acht lässt: Sie trägt einen knöchellangen grau-schwarz karierten Leinenrock und darunter Kniehosen. So kann sie auf den Fußmärschen den Rock ungeniert weit nach oben schlagen. Die Schultern bedecken ein kurzes Cape. Aus Hygienegründen hatte sie sich schon auf ihrer Palästinafahrt zu einem praktischen Kurzhaarschnitt entschlossen. Für das Wien der Biedermeierzeit, in der die Frauen ihre Haare – sofern nicht unter Haube oder Hut versteckt – aufwändig toupierten und mit den charakteristischen Seitenlöckchen versahen, war dies eine völlig undenkbare Haartracht!

Zeitgenossen schildern die Wagemutige sehr unterschiedlich: mal als klein und hager oder zierlich, mal als ein wenig zur Stärke neigend. Einige behaupten, sie sei fast hässlich, für andere besitzt sie eine ungeheuer faszinierende Ausstrahlung und ein gewinnendes Lächeln.

Ein halbes Jahr hält sich Ida Pfeiffer in Indien auf, benutzt die einfachen Ochsenfuhrwerke, reitet auf dem Rücken von Kamelen und reist im Boot. Zwei Kriterien für die Wahl der Fortbewegungsmittel werden immer sorgfältig gegeneinander abgewogen: Billig soll es sein und schnell. Ihre Klagen über die trägen und langsamen Vehikel sind unzählige. Für ein geringfügig teureres Gefährt entscheidet sie sich aber nur, wenn ihr die zu erwartende körperliche Belastung unerträglich scheint, was selten der Fall ist.

Um die Reisekosten zu senken, hat Ida Pfeiffer meist auch noch weitere Trümpfe in der Hand: Empfehlungsschreiben und ihren Ruf als Publizistin. Wer wird es wagen, die Bitten der Reisenden um Unterkunft und Verpflegung zurückzuweisen, wenn er sich dafür eine Rüge in ihrem nächsten Reisebuch einhandelt? Hat sie für einen Ort keine Adresse, an die sie sich wenden kann, steigt sie in den billigsten Herbergen ab und isst, was die Einheimischen essen.

»… mundet mir ihre Kost nicht, so fehlt mir der echte Hunger, und da heißt es denn so lange fasten, bis er so tüchtig wird, dass man jedes Gericht gut findet.«[18]

Auf einem hoffnungslos überfüllten Dampfer durchquert die Reisende den Persischen Golf. Die Vorstellung, 18 Tage mit fremden Menschen dicht zusammengepfercht auf einem schaukelnden Schiff mit unzureichenden Hygieneeinrichtungen zubringen zu müssen, ist grässlich genug. Welche Qualen Ida Pfeiffer ausstehen muss, als auf diesem Schiff auch noch die Pocken ausbrechen und drei Menschen sterben, ist kaum zu ermessen. Zumal man im 19. Jahrhundert glaubte, allein durch das Einatmen verpesteter Luft könne man sich mit Krankheiten infizieren.

Der Wissenschaft ist gerade die sensationelle Entzifferung der Keilschrift gelungen und archäologische Grabungen in Mesopotamien fördern aufregende Funde zutage. Den Besuch so berühmter Orte dieser Region – wie Ninive und Nimrud – kann sich Ida Pfeiffer nicht entgehen lassen. Sie reist weiter durch Kurdistan nach Täbris im heutigen Iran, obwohl man ihr Mord und Totschlag prophezeit. Die Reisende überprüft ihre Pistolen, denn sie ist sich durchaus der Gefahr ihres Unternehmens bewusst, und sendet ihre wertvollen Tagebücher nach Wien, damit ihre Söhne ein letztes Andenken erhalten, falls ihr unterwegs etwas zustoßen sollte.

Über Jerewan und Tbilissi will sie zum Schwarzen Meer. Wir schreiben das Revolutionsjahr 1848. Ida Pfeiffer wird der Weg abgeschnitten. Die Grenzen nach Russland sind zu. Vermutlich aus Furcht, die Revolution könne auch auf das zaristische Russland überspringen, darf offiziell kein Fremder das Land betreten. Waren es doch gerade österreichische Demokraten, die auch in Deutschland die revolutionäre Stimmung schürten. Aber bei einer alten Frau vermutet man nichts Böses und nach einer Intervention des englischen Konsuls darf sie passieren.

Über das Schwarze Meer erreicht sie Konstantinopel. Die revolutionären Ereignisse in ihrer Heimatstadt – es gab blutige Zusammenstöße – und die Ungewissheit über das Schicksal ihrer Familie beunruhigen sie jedoch so sehr, dass sie den geplanten Griechenlandaufenthalt verkürzt und nach Hause eilt.

Wie sehr bereut sie es jetzt, ihre Tagebücher aus der Hand gegeben zu haben, denn sie sind nicht in Wien eingetroffen. Das bedeutet den finanziellen Ruin und das Aus für weitere Reisen. 3000 Gulden hat sie unterwegs ausgegeben, ein Teil des Geldes war von Verwandten und Freunden geliehen. Die Schulden sollten unter anderem mit dem Autorinnenhonorar für die gedruckten Tagebuchaufzeichnungen gedeckt werden.

Unermüdlich klopft sie nun bei den Kustoden der verschiedenen Museen an und sucht Naturalienhändler auf, um wenigstens ihre unterwegs gesammelten Gegenstände an den Mann zu bringen. Exotisches Getier, Pflanzen, Steine und ethnographische Gegenstände hat sie anzubieten. Das große Naturhistorische Museum in Wien, dessen Naturalienkabinette im 19. Jahrhundert eine führende europäische Forschungsstätte waren, zeigt noch heute so manchen Käfer von ihr in seinen riesigen Schaukästen.

Kaum ist sie zu Hause, packt sie das Fernweh erneut. Australien, die indonesische Inselwelt – es gibt so viele interessante Gegenden auf der Welt, die sie noch nicht gesehen hat. Wie groß ist da die Erleichterung, als die verloren geglaubten Aufzeichnungen doch noch eintreffen und neue Reisen in greifbare Nähe rücken.

Unter dem Titel *Eine Frauenfahrt um die Welt* werden die Berichte der viel beachteten Reisenden in drei Bänden schnellstens aufgelegt. Ida Pfeiffer nimmt sich nicht die Zeit, die Reisetagebücher kritisch zu überarbeiten, etwa ihre Meinung über die fremden Menschen zu überprüfen und zu hinterfragen. Ihre Beschreibungen sind von einer entwaffnenden Ehrlichkeit, aber sie bleiben an der Oberfläche. Sie fragt nicht nach dem Warum und Wieso, sie beobachtet und notiert, und zwar von den Lebensmittelpreisen angefangen bis zu ihrer Empörung über die Sittenlosigkeit der fremden Menschen und ganz besonders der fremden Frauen. Sie berichtet zum Beispiel von jungen tahitischen Mädchen, die leben »so ungebunden, als nur immer ein Wüstling zu leben vermag«[19]. In den Aufzeichnungen spiegelt sich die damalige Weltanschauung einer Wiener Bürgerin. Stets legt sie den Betrachtungen ihre Wertmaßstäbe und strengen Moralvorstellungen zugrunde. Die (Vor-)Urteile fallen selten sanft aus. »Sitten- und anstandslos geht es in Harems und Bädern zu ... In wenig Augenblicken hatte ich genug gesehen, um mit Abscheu und Mitleid gegen diese armen Geschöpfe erfüllt zu sein, die durch Müßiggang, durch Mangel an Kenntnissen und Moral so tief sinken, dass sie den Namen der Menschheit entweihen.«[20]

Aber auch mit den im Ausland tätigen Europäern geht sie hart ins Gericht. Mutig kritisiert sie das wenig vorbildhafte Leben der Missionare ebenso, wie sie die machtpolitischen Ziele des Kolonialismus verurteilt. »Ich möchte glauben, dass bisher noch keine Regierung ein Land in der menschenfreundlichen Absicht in Besitz genommen hat, das Volk zu beglücken – die einzige Frage war und ist stets: ›Welchen Nutzen kann man aus diesem Lande, aus seinen Bewohnern ziehen?‹ England sucht aus seinen überseeischen Besitzungen so viel als möglich zu erpressen, die Spanier, die Franzosen u.s.w. ebenso, und natürlich machen die Holländer von der allgemeinen Regel keine Ausnahme.«[21]

1851 wagt es Ida Pfeiffer, gleich ihren männlichen

Kollegen, bei der österreichischen Regierung um finanzielle Förderung für eine neue Reise zu bitten. Man ist bereit, ihr einen bescheidenen Betrag zukommen zu lassen. Obwohl der Finanzminister bezweifelt, dass von einer Frau ohne wissenschaftliche Bildung Wertvolles zu erwarten ist, wird sie später noch einmal einen kleinen Zuschuss erhalten. Von den Summen, die ihren männlichen Kollegen zur Verfügung stehen, kann sie allerdings nur träumen.

Eine Aufmerksamkeit ganz anderer Art erhält sie vonseiten der Wissenschaft. Es gibt Männer, die den Wert ihrer Reisen sehr wohl einschätzen können. So führt Ida Pfeiffer Gespräche mit den führenden Geographen ihrer Zeit: mit Alexander von Humboldt, Carl Ritter, August Petermann und anderen. Mit ihnen diskutiert sie ihre neuen Reisepläne, bevor sie den europäischen Kontinent im Mai 1851 verlässt.

Beflügelt durch die Anerkennung der Gelehrten, will sie allein eine Entdeckungsreise durch Afrika unternehmen. Wegen der unerwartet hohen Kosten muss sie den ehrgeizigen Reiseplan aber bald wieder fallen lassen. Stattdessen fährt sie von Kapstadt aus erneut nach Singapur und erforscht unbekannte, von kriegerischen Ethnien bewohnte Regionen der Inseln Borneo und Sumatra. Sie hat ein verwegenes Projekt im Sinn: Sie will die Batak, die als Kannibalen verschrien sind, im Innern Sumatras aufsuchen. Angst hat sie keine, denn sie kommt weder, um zu missionieren, noch will sie Land in Besitz nehmen. Ihre Zauberwaffe heißt Humor. Sie weiß, dass die Gefahr gebannt ist, wenn es ihr gelingt, die fremden Menschen zum Lachen zu bringen.

Recht eindeutig gibt man ihr auf Sumatra zu verstehen, sie sei nicht erwünscht. Als die Batak damit drohen, sie zu töten, soll sie trocken entgegnet haben: »Ihr werdet eine Frau nicht töten und auffressen, am wenigsten eine so alte, wie ich bin, deren Fleisch schon hart und zähe ist.«[22] Die feindliche Stimmung schlägt um. Man amüsiert sich über ihr merkwürdiges Kauderwelsch – sie spricht halb Malaiisch und halb Batak – und ihre komische Pantomime.

Die Indonesier haben eine eigene Erklärung für die ungewöhnliche Erscheinung der weißen Frau. Man glaubt, sie sei auf der Suche nach dem Geist eines toten Angehörigen, der sich in den Wäldern verirrt habe. Bei anderen Völkern hinterlässt sie den Eindruck, eine Heilkundige zu sein, die aus den gesammelten Pflanzen und Insekten Arzneien bereite. Anderswo schützt sie der Glaube, sie sei irgendein »höheres Wesen« oder »eine Art heiliger Person«. Dass sie damit auch eine große Distanz zur einfachen Bevölkerung schafft, ist ihr nur willkommen; denn im Grunde scheut sie den engen Kontakt zu den Bewohnern der von ihr bereisten Länder.

Die holländischen Kolonialbeamten in Indonesien behandeln sie mit größter Zuvorkommenheit, besorgen ihr Freifahrten von einer Insel zur anderen und nehmen sie mit großzügiger Gastfreundschaft auf. Auch vom einheimischen indonesischen Adel wird sie mit Aufmerksamkeit bedacht. Trotzdem ist Ida Pfeiffer in allen ihren Reiseberichten mit zeitgenössischen rassistischen Äußerungen über die einheimische Bevölkerung nicht zurückhaltend. Die Südseeinsulaner sind in ihren Augen faul und träge, die Inder hässlich und verschlagen und die Indianer sehen schlicht dumm aus.

Kreuz und quer reist sie durch die indonesische Inselwelt. Obwohl die Reisen ungeheuer beschwerlich sind, ist sie guter Dinge, ja geradezu übermütig. 1853 schreibt sie an eine Freundin in Wien: »Einmal sank ich so tief in Morast ein, dass ich kaum mit Hülfe von zwei Menschen wieder an das Tageslicht kam. Ein andermal musste ich mit 21 Leuten eine ganze Nacht auf einem großen See in einem ausgehöhlten Baumstamme zubringen – wir saßen wie die Pikelhäringe eingequetscht u. eingepresst, als ich ans Land kam, konnte ich nicht gleich stehen, ich dachte schon, die Füße eines anderen erwischt zu haben. Jetzt sitze ich auf Rosen und Lorbeeren zu Makassar [Celebes] u. warte, bis der Dampfer wieder flügge wird u. nach Batavia [Java] segelt. Da will ich dann nur all meine gesammelten Schätze an Insekten, Fischen, Schlangen, Elefanten u. Rhinocerossen einpacken u. dem indischen Archipel ein Schnippchen schlagen u. weiter ziehen. –

wohin? das weiß ich jetzt noch nicht zu sagen. Vermutlich erhalten Sie mein nächstes Geschreibsel aus irgendeinem fremdartigen, noch nicht entdeckten Weltteile, vielleicht aus Pfeifferia oder vieleicht gar aus dem Monde.«[23]

Die Reiseerfahrene überlegt hin und her, zu welchen neuen Ufern sie denn nun aufbrechen soll. Sie meint, Indien habe ihr nichts Interessantes mehr zu bieten; in Australien hat der Goldrausch die Preise derart in die Höhe getrieben, dass sie fürchtet, mit ihrem mageren Budget dort nicht auszukommen. Aber es wird ein Dreimaster nach Kalifornien segeln. Als man ihr dorthin auch noch eine Freifahrt anbietet, gibt es kein Zaudern mehr. Daran gewöhnt, jeden Pfennig dreimal umzudrehen, lieber im Freien zu übernachten, als sich in einem Hotel einzuquartieren, wäre es in den Augen der sparsamen Frau geradezu ein Frevel, das Angebot auszuschlagen.

Von Kalifornien reist sie in Richtung Südamerika über Panama nach Peru und Ecuador. Und dann unternimmt sie eine Gewalttour, die ihr einmal mehr die Hochachtung ihres Gelehrtenfreundes Alexander von Humboldt einbringt: Trotz der herrschenden Regenzeit überquert sie auf einem Maulesel in der Nähe des Chimborasso die ecuadorianische Westkordillere und gelangt nach Quito. Humboldt hatte auf seiner Südamerikareise im Jahre 1802 zwar vergeblich versucht, den Gipfel des noch unbezwungenen 6272 Meter hohen Chimborasso zu besteigen, der damals als höchster Berg der Erde galt, hatte aber auf dieser Expedition die höchste Höhe (5881 Meter) erklommen, die bis dahin je ein Mensch erreicht hatte. Dieses Erlebnis bewegte ihn tief bis an sein Lebensende und die Besteigung machte ihn weltberühmt. Nun wandelt etwa 50 Jahre später Ida Pfeiffer auf seinen Spuren.

Anschließend will sie noch Nordamerika bereisen. Ihr Ziel sind die Niagarafälle, denn ohne dieses Naturwunder gesehen zu haben, kann sie unmöglich nach Hause zurückkehren. Sie fährt den Mississippi aufwärts Richtung Norden, bereist die Großen Seen und bringt schließlich, entgegen ihren sonstigen Reisegewohnheiten, ganze fünf Tage damit zu, die imposanten Fälle zu betrachten. »Unmöglich ist es, auszudrücken, was das Auge da erblickt, was die Seele da fühlt … wenn man einem Todfeinde hier begegnete, müsste man ihm vergeben oder kein Mensch sein, und wer je an Gott gezweifelt, der gehe an diesen erhabensten seiner Altäre …«[24]

Die letzten Wochen auf diesem Kontinent verbringt sie noch in New York, bevor sie sich nach Liverpool einschifft und dann knapp fünf Monate bei ihrem Sohn Oscar auf der Azoreninsel São Miguel verweilt.

Zu Hause in Wien ist man schon neugierig auf die Mitbürgerin, über die man so unglaubliche Sensationsberichte in den Zeitungen lesen konnte. Von unterwegs hatte sie dafür gesorgt, dass solche Berichte von ihr erschienen, hoffte sie doch, durch die Popularität eine weitere finanzielle Förderung von der Regierung zu erhalten. Doch im Grunde ihres Herzens scheut Ida Pfeiffer die Öffentlichkeit. Sie fürchtet sich vor der »zivilisierten Barbarei«, wie sie es nennt. Nur mit großer Mühe gelingt es, sie zu Vorträgen über ihre Erlebnisse in Indonesien zu überreden.

Vier Bände umfasst dieses Mal ihr Reisebericht, *Meine zweite Weltreise*, der 1856 erscheint. Alexander von Humboldt erhält ihn als einer der Ersten. Er ist so tief beeindruckt von ihrer Reiseleistung, dass er Ida Pfeiffer in seinem Werk *Kosmos* lobend erwähnt. Dies ist eine Auszeichnung, die sie öffentlich und dauerhaft ehrt.

Humboldt und seinem Kollegen Carl Ritter ist es auch zu verdanken, dass Ida Pfeiffer als erster Frau die Ehrenmitgliedschaft der »Gesellschaft für Erdkunde zu Berlin« verliehen wird. Und schließlich wird »seine Ida«, wie Humboldt die Reisende vertraulich nennt, vom preußischen Königspaar mit der »Goldenen Medaille für Wissenschaft und Kunst« ausgezeichnet. In der Heimatstadt Wien hält man sich mit solchen Ehrungen zurück. Nur Erzherzog Ferdinand Max, der sich für ihre Naturaliensammlung interessiert, lädt sie zweimal zu seiner Tafel. In London verbieten es die Statuten der »Royal Geographical Society« zu dieser Zeit ausdrücklich, eine Frau als Mitglied aufzunehmen. In Paris hingegen wird man sie später – ihren eigenen unbestätigten Angaben nach – als Ehrenmitglied der »Société de géographie« führen.

Sowohl wissenschaftliche als auch gesellschaftliche Anerkennung hat Ida Pfeiffer nun erreicht. Wäre dies das Ziel ihrer unermüdlichen Reisen gewesen, könnte sie sich nun zur Ruhe setzen. Hin und wieder spielt sie auch mit dem Gedanken, denn oft »wirbelt« es ihr im Kopf, wenn sie an die vielen Reiseerlebnisse denkt, aber sobald alles niedergeschrieben ist, spürt sie erneut einen »inneren Drang«. Je mehr sie sieht, desto größer wird die Wissbegierde, je unbekannter das Land, desto größer seine Anziehungskraft. Jetzt hat das geheimnisumwitterte Madagaskar sie in seinen Bann gezogen. Vermutlich reizt sie die Insel wegen ihrer auch heute noch einmaligen Pflanzen- und Tierwelt.

Ida Pfeiffer reist durch ganz Europa, um sich mit den führenden Geographen ihrer Zeit zu beraten, denn Literatur über die von Europäern kaum erforschte Insel ist spärlich. Erst nach 1870 wird dieser Subkontinent systematisch erforscht werden. Die Informationen, die sie erhält, sind nicht gerade ermutigend. Die politische Situation der Insel wird als äußerst gespannt eingeschätzt. Der besorgte Humboldt ist ganz entschieden gegen ein solch gewagtes Unternehmen.

Allen Warnungen zum Trotz schifft sich Ida Pfeiffer 1856 auf einem Auswandererschiff nach Kapstadt ein. Nach mehreren Monaten, die sie auf Mauritius verbringt, kann sie schließlich in Begleitung des Franzosen Lambert, der vorgibt, die besten Beziehungen zum madagassischen Königshaus zu haben, die Insel betreten. Doch eines weiß sie zu diesem Zeitpunkt noch nicht: Lambert führt einen politischen Umsturz im Schilde, der ihm wichtige Handelsprivilegien einbringen soll. Die europäische Frau kommt ihm als Ablenkung von seinem hinterhältigen Unternehmen sehr gelegen. So hat die musikalisch gebildete Reisende die Aufgabe, der Königin die ihr unbekannte Kunst der europäischen Klaviermusik vorzuführen.

In dem äußerst angespannten politischen Klima bewahrt sich Ida Pfeiffer immer noch ihren typischen Sinn für Humor und Selbstironie.

Sie schreibt: »... wie wurde mir aber zumuthe, als ich es [das Klavier] so verstimmt fand, dass auch nicht ein Ton richtig war ... Auf einem solchen Instrumente sollte ich ein Konzert geben! – Doch wahre Künstlergröße setzt sich über alles hinaus, und begeistert von dem Gedanken, mein Talent vor einem so kunstsinnigen Publikum zu zeigen, machte ich die holperigsten Rouladen über die ganze Klaviatur, hieb aus Leibeskräften auf die störrischen Tasten ... Wäre die unglückliche Verschwörung nicht dazwischengekommen, so hätte ich vielleicht gar das Glück gehabt,

Hof- und Leib-Pianistin Ihrer Majestät der Königin von Madagaskar zu werden!«[25]

Der Staatsstreich misslingt. Auch wenn Ida Pfeiffer nicht aktiv an dem Putschversuch teilgenommen hat, hat sie ihn doch gebilligt. Durch ihren engen Kontakt zu der Verschwörergruppe befindet auch sie sich nun in Lebensgefahr. Mit anderen auf Madagaskar ansässigen Europäern wird sie des Landes verwiesen. Unter strenger Bewachung muss sie die Hauptstadt verlassen.

Der 53 Tage dauernde Rückmarsch zum Hafenort führt durch Gebiete mit unerträglichem Klima. Während der ganzen Zeit kommt sie nicht einmal aus den Kleidern. Schwer krank, mit hohem Fieber und völlig erschöpft muss sich Ida Pfeiffer mehrere Monate auf Mauritius erholen.

Aber kaum ist sie erneut zu Kräften gelangt, schmiedet sie schon wieder Reisepläne. In Australien ist sie immer noch nicht gewesen, warum also nicht sich auf der langen Seereise dorthin erholen, wo es in Europa derzeit nur kalt und ungemütlich ist? Und dann vielleicht weiter nach Neuseeland? Bisher konnte sie auch noch keine neue Sammlung anlegen, und der Gedanke, mit leeren Händen in die Heimat zurückzukehren, ist ihr unerträglich. Das Gepäck ist schon an Bord eines Schiffes nach Sydney, als ein erneuter Fieberanfall sie an das Krankenlager fesselt. Geschwächt von weiteren Rückfällen, muss sie ihre

Reisepläne aufgeben und sich nach Europa einschiffen.

Als sie in Hamburg eintrifft, ist ihr Gesundheitszustand so bedenklich, dass sie dort einen Monat im Krankenhaus verbringt. Zahlreiche Grußbotschaften und Geschenke völlig fremder Personen erreichen sie hier. Bevor die fast 61-Jährige von Krankheit gezeichnet nach Wien zurückkehrt, sucht sie noch einmal alte Freundinnen in Berlin und Krakau auf. Nur wenige Wochen später, in der Nacht vom 27. zum 28. Oktober 1858, tritt sie im Hause ihres Bruders in Wien ihre letzte große Reise an. »Entartung der Unterleibsorgane« wird im Totenschauprotokoll angegeben. Vermutlich ist Ida Pfeiffer an den Folgen der Malaria gestorben, mit der sie sich wahrscheinlich bereits 1852 auf Sumatra infiziert hatte.

In den verschiedenen Zeitungen bezeichnet man sie als »Mann in Frauenkleidern«, als »weiblicher Soldat«, sogar als »Hexenwunder des Mittelalters«. Um eine Frau zu würdigen, die auf ihren Reisen eine Strecke zurücklegte, die einer achtmaligen Umrundung der Erde gleichkommt, fehlen offensichtlich ihren männlichen Zeitgenossen die passenden Worte.

Die Nachrufe in der internationalen Presse sind zahlreich, doch in ihrer Heimatstadt Wien wird ihr Tod kaum beachtet. Erst drei Jahrzehnte später werden die Gebeine der einst berühmten Reisenden in ein Ehrengrab auf dem Wiener Zentralfriedhof überführt, wo sie als erste Frau an diesem besonderen Ort beigesetzt wird. Eine Initiative des Wiener Vereins für erweiterte Frauenbildung.

Obwohl ihr damals sehr populäres reiseschriftstellerisches Werk 13 Bände umfasst und in sieben Sprachen übersetzt wurde, ist Ida Pfeiffer heute nur wenigen bekannt. Auch in neueren Fachlexika sucht man meist vergebens nach ihrem Namen. Die – in der Regel männlichen – Autoren solcher Werke scheinen beschlossen zu haben, dass Frauen in der Sparte »Forscher und Entdecker« grundsätzlich nichts zu suchen haben.

Aber als Galionsfigur für die verschiedenen Frauenbewegungen eignet sich Ida Pfeiffer nicht. Stets verteidigte sie die traditionelle Frauenrolle und das Idealbild einer treu sorgenden Hausfrau und liebenden Mutter. Sie legte großen Wert auf die Feststellung, dass sie erst auf Reisen ging, als sie ihren Mutterpflichten nachgekommen war. Nie spricht sie von sich als emanzipierter Dame von Welt. Im eigentlichen Sinn des Wortes »Emanzipation« – »Befreiung aus dem Zustand der Abhängigkeit« – kann man sie jedoch als emanzipiert bezeichnen; denn die einstige Hausfrau und Mutter nahm sich ihre Freiheiten ungefragt und gegen den Widerstand von Familie und Gesellschaft.

Die wagemutige Ida Pfeiffer hat sich nicht nur einen Jugendtraum erfüllt, als sie sich immer wieder auf ihre weit reichenden Reisen begab. Sie reiste, um zu leben, und lebte, um zu reisen. Mit dem Honorar, das sie als Reiseschriftstellerin erhielt, und mit dem Erlös der Sammlungen sicherte sie auch ihren Lebensunterhalt. Nachdem sie einmal die Vorzüge einer selbstbestimmten Lebensführung unterwegs kennen gelernt hatte, konnte sie nicht mehr auf die Eigenständigkeit und Freiheit verzichten, die ihr das Reiseleben bot.

»Das Unschicklichste mit der größten Schicklichkeit tun«
Isabella Bird (1831–1904)

Von Magdalena Köster

Immer wieder bittet die Familie Bird den Arzt wegen undefinierbarer Rückenschmerzen ihrer Tochter Isabella um einen Hausbesuch. Seine nüchterne Empfehlung, das Kind solle »möglichst wenig in der Stube sitzen«, wird sich wie ein Zauberwort auf das Leben des Mädchens auswirken. Isabella muss sich bewegen, kann sich nicht mit Nähen oder Stricken aufhalten, nicht mit Haushaltsführung und Klatschgeschichten aus der Pfarrgemeinde ihres Vaters. Ohnehin vergehen genug Stunden mit dem täglichen Unterricht bei der Mutter. Ohnehin lassen ihr die Beschwerden oft gar keine andere Wahl, als still auf dem Sofa zu verharren. Danach aber muss sie hinaus zu den Pferden, mit den Dorfkindern um die Wette rennen und sich mit den Verwegensten im Klettern messen.

Alles ist erlaubt, wenn es nur ihrer Gesundheit dient. Diese Einstellung der Familie macht Isabella Bird später weitgehend unabhängig von gesellschaftlichen Normen, verschafft ihr den Freiraum, ein Leben lang auf Reisen zu gehen, und ist der Schlüssel für ihre geistige und körperliche Beweglichkeit bis ins Alter.

Dazu tragen natürlich auch ein paar ihrer handfesten Charaktereigenschaften wie Durchsetzungsvermögen, Selbstbewusstsein und der unbedingte Wille bei, keine ewige Patientin zu werden. Denn unter solchen Umständen hätte das Leben für Isabella Bird höchstens eine kleine Nebenrolle bereitgehalten: die der kränkelnden und mildtätigen Vertreterin einer strenggläubigen englischen Mittelklassefamilie.

In dieses gesellschaftliche Umfeld wird Isabella hineingeboren – am 15. Oktober 1831 im Elternhaus der Mutter im englischen Yorkshire. Beide Eltern kommen aus begüterten Familien, in denen die Männer seit Generationen Priester, Bischöfe oder Missionare werden und die Frauen soziale Aufgaben übernehmen, wenn es ihnen nicht gelingt, ebenfalls als Missionarinnen in die Welt zu entwischen. Isabellas Vater Edward hatte zunächst einen anderen beruflichen Weg eingeschlagen und im Auftrag der britischen Krone als Rechtsanwalt in Kalkutta gearbeitet. Als dort seine erste Frau und sein Kind an Cholera starben, verließ er Indien und ließ sich daheim zum Geistlichen ausbilden. Mit 38 Jahren war er ein typischer Spätberufener, besessen vom Auftrag seiner Kirche, der »Church of England«. Seine zweite Frau Dora Lawson, Isabellas Mutter, bewegt sich in dieser Ehe auf vertrautem Terrain. Sie ist die Tochter eines Geistlichen und zudem geprägt durch eine sehr dominante Figur in ihrer nahen Verwandtschaft, William Wilberforce, der als Mitglied des britischen Unterhauses vor allem für die Religionsfreiheit und Abschaffung des Sklavenhandels gekämpft hat. Sein Name gehört auch heute noch zur Geschichte Englands.

Vier oder fünf Jahre nach Isabella kommt ihre Schwester Henrietta in Tattenhall in Cheshire zur Welt – kurz nach dem ersten von etlichen Umzügen der Familie Bird. Hennie, wie die Kleine genannt wird, ist ein von allen geliebtes Kind, freundlich und bescheiden, angepasst, aber auch verträumt. Isabella betrachtet die Jüngere und ihre Wirkung auf andere anfangs sehr genau. Deshalb fällt ihr auch das schmeichelhafte Verhalten eines Politikers unangenehm auf, der im Haus ihrer Eltern für sein Parteiprogramm wirbt. Selbstbewusst stellt sich die Sechsjährige vor ihm auf: »Sir Malpas de Grey Tatton Egerton, erzählen Sie meinem Vater nur deshalb, meine Schwester sei so hübsch, weil Sie seine Stimme haben wollen?«[1] Bühnenreif, ohne sich einmal zu verhaspeln, habe sie diesen Auftritt hinter sich gebracht, berichtet Birds spätere Bekannte und Biographin, Anna Stoddart. Auch der erwachsenen Isabella sei es immer ein Gräuel gewesen, umschmeichelt zu werden. Sie habe keine Menschen gemocht, die ihr Fähnchen nach dem Wind hängen.

Ihrer Schwester kann sowieso niemand das Wasser reichen. Davon ist zumindest das Kind Isabella irgendwann überzeugt und sieht Hennie nicht länger als Konkurrentin, sondern als beste Freundin an. Und sie ergänzen sich fabelhaft. Zurückhaltend und liebenswürdig die Jüngere, raubeinig und unbefangen die Größere, sind die beiden Töchter Spiegelbilder ihrer Eltern. Die Mutter, wohlerzogen und gebildet, richtet an jedem neuen Wohnort eine Sonntagsschule ein, damit auch ärmere Kinder Lesen und Schreiben lernen und Religionsunterricht erhalten. Sie ist eine klare, in sich ruhende Person, die ihren oft allzu impulsiven Mann und die ebenfalls leicht aufbrausende Isabella schnell wieder auf den Boden bringt. Vater und Tochter verbindet noch eine andere Gemeinsamkeit: eine ähnlich schwache körperliche Konstitution, die sie durch ihr auffallendes Temperament gern überspielen.

Mit Puppen oder Bilderbüchern hält sich Isabella nicht lange auf, auch die Eltern haben für diese Welt wenig übrig. Die Mädchen werden als Persönlichkeiten sehr ernst genommen, müssen sich allerdings auch vernünftig benehmen und jede Frage wie Erwachsene beantworten. Die Ältere liest mit sieben Jahren Bücher über die Französische Revolution, erhält Französisch- und Geschichtsunterricht bei der Mutter, lernt Latein und Biologie beim Vater. Nach einem weiteren Umzug nach Birmingham betreut die gerade Zehnjährige schon einen eigenen Chor in der neuen Sonntagsschule, obwohl sie gar nicht musikalisch ist. Sie steht voll und ganz hinter den christlichen Ideen ihres Vaters. Der legt sich mit den Leuten in seiner Gemeinde an, weil sie das Arbeitsverbot am Sonntag nicht einhalten, und wird dafür oft genug mit einer leeren Kirche bestraft. Wie er ist Isabella unnachsichtig mit anderen Glaubensrichtungen, sieht in jeder fremden Religion eine Ansammlung von Aberglauben.

Gelegenheiten, zu vergleichen, gibt es für die Heranwachsende nicht. Wenn sich die Familie alljährlich zum Sommeraufenthalt auf dem Landgut von Großvater Bird versammelt, genießen es die Verwandten, unter sich zu sein, und erholen sich in der Harmonie des gleichen Glaubens. Man sitzt unter alten Maulbeerbäumen auf der Wiese, liest gemeinsam in der Bibel oder aus Briefen, die Tante Mary als Missionarin aus Indien schickt, und lauscht den Erzählungen von Tante Henrietta, die sich wegen des Streits in einer Glaubensfrage von einem Verehrer verabschiedet hat. Die beiden Tanten Rebecca und Catherine trinken ihren Tee seit Jahren ohne Zucker, um auf diese Weise gegen die Ausbeutung der Menschen in den Kolonien zu protestieren. Isabella wird schon früh klar gemacht, dass sie ein privilegiertes Leben führt, das sie umso mehr zu einem bescheidenen Auftreten und einer christlichen Lebensweise verpflichtet. Geduldig macht sie die Zeremonie des stundenlangen Stehens beim sonntäglichen Gottesdienst mit, obwohl es eine Tortur für ihren Rücken ist. »Ohne die ihr eigene Courage hätte sie sich vielleicht einer allgemein akzeptierten schlechten Gesundheit hingegeben und ihr Leben lang ein Sofa geziert.«[2]

Edward Bird hat als Pfarrer wenig Erfolg. Auch seine zunehmenden körperlichen Gebrechen lassen seine Bekehrungswut erlahmen. 1848 kehrt die Familie der Stadt Birmingham den Rücken und zieht in das 100-Seelen-Dorf Wyton, in die Nähe der mächtigen und mit ihnen verwandten Bischöfe von Chester und Winchester. Isabella freut sich, dass sie wieder reiten kann, denn das ist ein Sport, der sich entgegen jeder medizinischen Erfahrung als gute Therapie für ihre Rückenprobleme erwiesen hat. Oft sieht man sie schon morgens über die nebligen Felder galoppieren und mit den Bauern reden.

Aber dennoch verschlechtert sich in den nächsten Jahren ihr gesundheitlicher Zustand erheblich. Mit 18 wird ihr ein Tumor an der Wirbelsäule entfernt (eine genauere Diagnose gibt es nicht) – eine Operation, die keinerlei Erfolg zeigt. Immer mehr Zeit verbringt Isabella in halb liegender Stellung im Wohnzimmer, liest Bücher und bildet sich weiter. Ihre jugendliche Unbekümmertheit weicht jetzt öfter einem mürrischen Ton. Zu sehr sind ihre Nerven durch ständige Kopfschmerzen, unklare Rückenbeschwerden und häufige Schlaflosigkeit strapaziert.

Isabella Bird wird später selbst einmal all diese Leiden als »teilweise psychologisches Problem« einschätzen, weil sie von ihrer langweiligen, gleichförmigen

Umgebung nicht genug gefordert oder inspiriert worden sei.

Zu ihrem Glück trifft sie in dem kleinen Nest Wyton – wie schon einmal als Kind – auf einen Arzt mit gesundem Menschenverstand. Der überzeugt ihre Eltern davon, dass ihre Tochter Luftveränderung brauche, am besten eine Seereise machen solle. »Ein klassisches Heilmittel für allein stehende, überspannte und etwas zu intelligente junge Frauen in dieser Zeit.«[3]

Isabella ist damals 23 Jahre alt. Ein Tagebuch hat sie bisher nicht geführt und auch später nimmt sie sich neben all ihren Reiseberichten nicht die Zeit für einen biographischen Rückblick. So stammen die meisten Informationen über sie von ihrer überschwänglichen und etwas distanzlosen Biographin Anna Stoddart. In ihrem Buch *The Life of Isabella Bird* schreibt sie in Erinnerung an ihre erste Begegnung, dass Isabella als junger Mensch eher ein zarter und anfälliger Typ war, ein schmales Gesicht und auffallend strahlende, große Augen hatte und mit knapp einem Meter 50 besonders klein war. Sie habe eine magnetisierende Stimme gehabt, obwohl ihre Sprechweise durch ein vorstehendes Gebiss beeinträchtigt gewesen sei. Das habe sich später verbessert, als sie die Frontzähne ersetzen ließ, die ohnehin durch einen Reitunfall beschädigt waren.

Ausgestattet mit einem Taschengeld von 100 Pfund, macht sich Isabella 1854 allein auf ihre erste Reise. Sie besitzt eine Schiffspassage von Liverpool über Halifax nach Saint Johns in Neufundland und zurück von New York. Zudem hat sie die Erlaubnis ihrer Eltern, so lange zu bleiben, wie sie will. So steht sie winkend an der Reling, jung, hübsch und finanziell ungebunden – eine kleine Sensation zu einer Zeit, in der junge Damen kaum einen Schritt ohne Anstandsdame machen können. Die körperlichen Beschwerden treten während der Fahrt schnell in den Hintergrund; die Freude, so viele neue Menschen und so beeindruckende Landschaften kennen zu lernen, bestimmen sehr viel mehr das Wohlbefinden der Reisenden. Meist ist sie mit der Eisenbahn unterwegs, fährt von Boston am Ontariosee vorbei nach Cincinnati und zurück an die Ostküste nach New York. Ihr erstes Buch über diese Zeit, 1856 erschienen unter dem Titel *An Englishwoman in America*, steckt voller persönlicher Eindrücke: über den Zugschaffner, der sie in einen Trappermantel einhüllt, den Tee mit ihr teilt und sie über die Vorteile amerikanischer Bremssysteme aufklärt. Oder die jungen Leute in Kentucky, die sich gegenseitig auf die Schultern schlagen und schreien: »Hey, alter Knabe, wie geht's?« Am meisten aber haben es ihr die wilden Gesellen angetan, die überall in den Zügen auf dem Weg nach »Westen« sind. »Kalifornier, ausgestattet mit einem Lederbeutel für den Goldstaub, Mexikaner mit dunklen, weichen Augen, die traurige spanische Weisen singen, und richtige Präriefäufer, gut aussehend, breitschultrig und athletisch mit geraden Nasen, stechenden grauen Augen und braunem gelocktem Haar und Bart.«[4] Isabella hat ein Faible für solche »Naturburschen«, wie sich noch so manches Mal auf ihren Reisen zeigen wird.

Auf dem Weg zurück, an Deck der »America« zwischen Karten spielenden und geschwätzigen Europäern, wird ihr bewusst, dass sie daheim im Pfarrhaus nicht mehr so wird leben können wie zuvor: »Eine vollkommene Revolution hat in meiner Art zu denken stattgefunden, seit ich am Ufer der neuen Welt gelandet bin.«[5]

Zu Hause kehren die alten Krankheitssymptome zurück, denen Isabella mit einer zweiten Reise in die USA zu entfliehen versucht. Nach ihrer Rückkehr stirbt 1858 ihr Vater. Die Tochter trauert lange um ihn, bezeichnet ihn als »Antriebskraft« und »Richtpunkt« ihres Lebens.

Die nächsten Jahre, bis zum Tod der Mutter im Jahr 1866, verbringt die restliche Familie standesgemäß in einem vornehmen Viertel von Edinburgh und Isabella übt sich in sozialem Engagement. Auf einer Tour durch die Äußeren Hebriden ist sie so entsetzt über das Elend, in dem die dortigen Bauern leben, dass sie einige Familien zur Auswanderung nach Amerika überredet und zusammen mit anderen Aktivisten ein Schiff dafür heuert. Sie ist nicht der Typ, der sich viele Gedanken über die Tragweite einer solchen Entscheidung macht, sie mag keine langfristigen Perspektiven, sie will jetzt und sofort helfen.

In Edinburgh nutzt sie ihr Schreibtalent, um über die Missstände in den nahe gelegenen Slums der Stadt zu berichten. Sie beschreibt das Leben in den heruntergekommenen Häusern, in denen auf der einen Matratze ein Kind sterbe, auf der anderen eine Frau ihr Kind gebäre und wo die Menschen stundenlang an der einzigen Wasserleitung in der Gegend anstünden, »wo der Ausguss verstopft ist von Fischköpfen und Fleischabfällen, Müll und Exkrementen«. Wütend greift die Pfarrerstochter die reichen Hausbesitzer an, die den Menschen Wucherpreise für verlauste Kämmerchen abnehmen. »Diese Elenden sollten wenigstens das Anrecht auf so viel Licht, Raum und Luft haben, wie wir unseren Tieren zugestehen.«[6] Nach der ersten Aufregung über ihr Pamphlet geschieht gar nichts, und Isabella erkennt die Notwendigkeit, dass hier viele Jahre unermüdlichen Einsatzes nötig wären, um den Menschen nur ein wenig Besserung zu bringen. Eine solche Aufgabe traut sie sich schon wegen ihres schwankenden Gesundheitszustandes nicht zu.

Die beiden Schwestern haben sich nach dem Tod der Mutter noch enger zusammengeschlossen und Hennie richtet mit einem Teil des gemeinsamen Erbes ein Cottage in Tobermory auf der schottischen Insel Mull ein. Isabella reißt allerdings häufig nach London und Edinburgh aus, weil ihr das Klima der Insel unerträglich ist und weil sie wohl auch nicht gern im Schatten der Schwester steht. Die wird wegen ihres Engagements für die Armen von den Inselbewohnern als »Heilige« verehrt.

Isabella aber hat das Gefühl, die Zeit renne ihr davon. All ihre Talente liegen brach, während sie ihren eigenen körperlichen Verfall vor Augen hat. Sie hat solche Rückenschmerzen, dass sie nur selten vor Mittag aufsteht. Zudem leidet sie unter Ängsten und Schlaflosigkeit. Zeitweise muss sie eine Kopfstütze tragen, um ihre Wirbelsäule zu entlasten, und oft ist sie zu schwach, um auch nur den Kopf aus den Kissen zu heben. Irgendwann aber wird ihre Lust nach Abwechslung so groß, ihr unbändiger Wille nach Freiheit und Leben so stark, dass sie sich rigoros über ihre gesundheitlichen und psychischen Probleme hinwegsetzt. Sie ist 40 Jahre alt, als sie sich im Sommer 1872 nach Australien einschifft.

Die ersten Monate sind hart. So schnell kann selbst die energische Engländerin kein halbwegs gesunder Mensch werden. Brandbriefe aus Australien und Neuseeland treffen in Tobermory ein: »Ich bin doch nun wirklich ein elendes Wesen ... Neuralgien, Schmerzen, die meine Glieder wie Nadelstiche durchzucken, schreckliche Nervosität ... entzündete Augen, geschwollene Lymphknoten.«[7] Die Wende stellt sich ein, als Isabella mit dem altersschwachen Dampfer »Nevada« von Auckland nach Hawaii weiterfährt. Gelassen arrangiert sie sich mit Wanzen im Bett und Ameisen im Essen, mit den streikenden Stewards und den kranken Passagieren. Plötzlich ist sie es, die mehr Energie hat als die anderen, die überall gebraucht wird, mit anfasst und jede Menge Streicheleinheiten dafür bekommt. Ein gefährlicher Hurrikan macht ihr keine Angst, sondern löst ganz andere, nie gekannte Gefühle in ihr aus: »Endlich, ich bin verliebt. Der Gott des Meeres hat mein Herz geraubt und bis tief in meine Seele von mir Besitz ergriffen.«[8]

Die tiefblaue Farbe des Meeres, die Korallenriffe und gefächerten Palmen, die in einer weichen Linie den Horizont säumen, nehmen Isabella sofort für Hawaii – zu ihrer Zeit noch Sandwichinseln genannt – ein. Auch die lebensfrohen Menschen haben es ihr angetan, die sich von den zahlreichen Missionaren, die aus ihnen sittliche und vor allem bekleidete Christen machen wollen, nicht verbiegen lassen. Die Besucherin reitet zum ersten Mal in einem mexikanischen Herrensattel, mit dem hier Männer wie Frauen vertraut sind, und weigert sich von da an, je wieder eine so lächerliche Stellung wie den Damensitz einzunehmen. Sie hat durchschaut, dass es nicht allein ein Zugeständnis an die Keuschheit ist, weshalb die westliche Gesellschaft Frauen dazu bringt, in dieser unsicheren Haltung, mit beiden Beinen auf einer Seite, zu reiten. Sie soll vor allen Dingen ihre Bewegungsfreiheit und damit ihren Aktionsradius einschränken.

Isabellas Tribut an weibliche Schicklichkeit besteht in einem besonders gefertigten Reitkostüm. Bilder aus dieser Zeit zeigen eine kleine Frau mit weiten türkischen Hosen, die an den Knöcheln zugebunden sind, einem wadenlangen Rock, langer, taillierter Weste und großem schwarzem Hut, wie von Robin Hood entliehen. Kein Wunder, dass ihr die Inselbewohner beim Vorbeireiten lachend »Paniola« – Cowboy – zurufen.

Zusammen mit dem britischen Konsul, zwei einheimischen Führern und mehreren Maultieren klettert sie auf den 4000 Meter hohen Vulkanberg Mauna Loa, sechs Pfund Haferflocken und eine Flasche Rum in der Satteltasche. Nachts genießt sie in der eisigen Dunkelheit das flammende Licht, das sich in Facetten von Rosa bis Dunkelrot über den Kraterrand ergießt. Begeistert schildert sie später der Schwester die Nacht auf dem Gipfel, den gefährlichen Abstieg, die herrliche, grüne Landschaft. Seitenlange Briefe an »mein Schätzchen, mein Liebes, meine Einzige« treffen in Tobermory ein. Hennie ist fasziniert von der farbigen, fremden Welt, an der sie ein wenig teilnehmen darf, und schlägt in ihrem Antwortbrief vor, für ein Jahr nach Hawaii zu kommen. Das aber scheint der Älteren gar nicht zu passen, die gerade erst ihr unabhängiges Leben zu genießen beginnt. Außerdem braucht sie jenseits des Ozeans unbedingt eine Empfängerin für ihre enthusiastischen Berichte. Ein wenig schummelt sie, als sie sofort zurückschreibt: »Ich werde schon in den Rocky Mountains sein, wenn dich meine eilig geschriebene Antwort erreicht.«[9]

Tatsächlich dauert es noch ein paar Monate, bis Isabella Bird im September 1873 in den Rocky Mountains aus dem Zug steigt. Schnell wird es ihr in ihrer hawaiischen Kleidung zu kalt. In San Francisco hatte das Thermometer 40 Grad gezeigt, jetzt sind es abends manchmal zwei Grad. Zu der Zeit ihres Besuchs ist Colorado noch ein Stück des Wilden Westens, erst drei Jahre später wird es ein Bundesstaat der USA werden. Hier macht jeder, was er will, regieren Waffen und der Dollar häufig über das, was Recht oder Unrecht ist. Kaum einer der Goldsucher, Viehzüchter oder Trapper ist hier geboren, sie kommen von überall her und nehmen sich mit Billigung der amerikanischen Regierung einfach ein Stück Land, wenn es ihnen zusagt. Sie wohnen in primitiven Unterkünften oder ziehen durch die Gegend auf der Suche nach Pelztieren, Gold oder einer Frau, die Hoffnung auf ein sesshaftes Leben bedeuten könnte.

Der Engländerin fällt sehr schnell die brutale Unterdrückung der eigentlichen Besitzer dieses Landes auf: »Die Amerikaner werden ihr Indianerproblem erst gelöst haben, wenn die Indianer ausgerottet sind. Sie behandeln diese Menschen in einer Art und Weise, die sie als Feinde immer hinterlistiger und ›teuflischer‹ werden ließ … In ihren ›Reservaten‹ sind sie nicht sicher, denn sollte dort ein ›Goldrausch‹ ausbrechen, dann werden sie entweder dazu gezwungen, weiter nach Westen zu ziehen, oder man erschießt oder vertreibt sie kurzerhand. Whisky versetzt mit Vitriol ist eines der sichersten Indianervernichtungsmittel.«[10] Isabella zeigt durchaus Verständnis dafür, dass die Unterdrückten nun selbst mit der Waffe in der Hand kämpfen und überall auf Raubzüge gehen. »Ihre Wut über das rücksichtslose und unsinnige Abschlachten der für sie lebensnotwendigen Büffel hat sie dazu getrieben.«[11]

Isabella verbringt ein abenteuerliches halbes Jahr in den Rockies, eine Zeit verrückter Erfahrungen und körperlicher Herausforderungen. Viele der Geschichten, in denen sie jetzt mittendrin steckt, wären ihr daheim schrecklich peinlich gewesen, doch hier sind es einfach Dinge des Lebens, mit denen sie überraschend vorurteilsfrei umgeht. Sie wohnt eine Weile bei den Chalmers, einer armen Siedlerfamilie, die vor der großartigen Kulisse der schroffen Berge ein äußerst primitives Leben führt und sie für fünf Dollar die Woche aufnimmt, wenn sie sich »angenehm mache«. In ihrem Bretterverschlag gibt es weder einen Tisch noch ein Bett, weder ein Handtuch noch Licht, nachts springt ein Skunk durchs Fenster und einmal steckt eine Schlange ihren Kopf durch einen Spalt im Fußboden. Bei wem sollte sie sich hier auch beklagen, die gebildete, verwöhnte englische Besucherin? Nein, sie hat es selbst so gewollt, und wenn ihre magere, zahnlose Wirtin auch giftig über ihre Hände urteilt: »Die taugen nichts, haben vermutlich noch nie was arbeiten müssen«, so kann sie ihr doch ein wenig imponieren, als sie sich aus einer Büchse Fett und einem Stofffetzen ein Licht bastelt. »Ich wasche täglich eines oder zwei meiner Kleider, wobei ich sehr darauf achte, dass niemand merkt, wie unerfahren ich dabei bin«[12], schreibt sie an die Schwester.

Später wechselt Isabella Bird die Umgebung und wohnt bei der Familie Evans mitten in »Estes Park«, einem Niemandsland (und heutigen Nationalpark), das nur über einen schmalen Bergpfad zu erreichen ist. Hier spielt das Wetter im Oktober verrückt, und Isabella lernt unvergleichliche Sonnenaufgänge, glühend heiße Nachmittage und wütende nächtliche Schneestürme kennen. Bei der Familie Evans findet sie es ungleich gemütlicher als bei den bigotten Chalmers: »Neun Männer und drei Frauen sind gerade im Wohnzimmer versammelt, und da es zu wenig Sitzgelegenheiten gibt, liegen die meisten Männer auf dem Boden. Alle rauchen, und der vergnügte junge Frankokanadier, der so wunderschön musizieren kann und für jede Mahlzeit an die fünfzig Forellen fängt, spielt mit der Pfeife im Mund Harmonium.« Morgens folgt Isabella oft der fröhlichen Stimme Griff Evans': »Wie steht's, Miss Bird, wollen Sie nicht mitkommen? Wir treiben heute eine Herde wilder Rinder!« Also reitet sie den ganzen Tag dem Vieh hinterher und freut sich über das Kompliment, »brauchbar wie ein Mann«[13] zu sein.

Ein paar Wochen später bringt Mister Evans seine Familie ins Winterquartier nach Denver und gibt dabei Isabellas 100 Dollar aus, statt ihr, wie versprochen, dafür ein Pferd für den Weiterritt zu kaufen. Mehr oder weniger gelassen verbringt sie deshalb mit zwei jungen Männern den halben Winter auf der zeitweise abgeschnittenen Farm. Sie haben kaum noch Backpulver und Mehl, der Kaffee reicht nur eine Woche und das vorhandene Pökelfleisch widert sie an. Aber alle übernehmen ihre Pflichten. Die Männer hacken Holz und holen Wasser, Isabella führt die Pferde zur Tränke, füttert Kühe und Hühner und putzt die vor Schmutz blinden Fenster. Abends erhitzt Isabella einen großen Stein am Feuer, nimmt ihn mit ins Bett, zieht die Decke über den Kopf und schläft acht Stunden, während der Schnee durch alle Ritzen dringt und sie oft richtig zudeckt. Trotz des ständig brennenden Feuers sinkt nach einem harten Nordoststurm auch drinnen die Temperatur unter null Grad. Morgens ist ihr Haar steif gefroren und das Waschwasser in der Schüssel zu Eis erstarrt.

Diese Herausforderung aber bringt Isabella Bird nicht nur deshalb ziemlich fröhlich hinter sich, weil hier endlich mal ihr Improvisationstalent gefragt ist, sondern auch, weil sie neben ihrem Leben auf der Farm noch in eine höchst emotionale Beziehung verwickelt ist. Sie steht im Bann eines faszinierenden Menschen, dem sie gleich bei ihrer Ankunft vor seiner Hütte am Eingang von Estes Park begegnet war: »Ein breitschultriger, stämmiger Mann mittlerer Größe, mit einer alten Mütze auf dem Kopf und einem grauen, fadenscheinigen Jagdanzug … an den außerordentlich kleinen Füßen trug er halb zerfallene Mokassins aus Pferdehaut … schätzungsweise war er 45 Jahre alt und musste früher außerordentlich gut ausgesehen haben. Seine großen, tief liegenden Augen waren graublau, die Augenbrauen deutlich gezeichnet, die Adlernase vornehm, der Mund schön geschwungen. Unter seiner Jägermütze schauten ungepflegte dunkelblonde Locken heraus und fielen ihm bis auf die Schultern. Ein Auge fehlte ihm völlig, was die eine Seite des Gesichtes abstoßend machte, während die andere wie aus Marmor gehauen wirkte.«[14]

Hennie im fernen Schottland wird bald erkannt haben, was von nun an zwischen allen Zeilen der nächsten Briefe zu lesen ist: Isabella hat sich verliebt, in den berühmt-berüchtigten Mountain Jim, ein Vorzeigeexemplar jener Sorte harter Männer, für die Isabella schon auf ihrer ersten Amerikareise eine Schwäche hatte. Jim Nugent legt ihr gegenüber die Manieren eines Grobians ab und entpuppt sich als gebildeter Gentleman. Zumindest, wenn er nüchtern ist, sonst wird er »zum schlimmsten Rowdy von ganz Colorado«. Ihm gesteht sie den Geist und die Launenhaftigkeit des Genies zu und nimmt sein Angebot an, mit ihm und zwei weiteren Männern auf den Longs Peak, einen mehr als 4000 Meter hohen Berg am Rande von Estes Park, zu steigen. Ihr ist nicht klar, auf welche Schinderei sie sich da in den viel zu großen Stiefeln von Evans einlässt: »›Jim‹ schleppte mich wie einen Mehlsack nach oben … ich zitterte, zögerte, rutschte«, und beim Anblick der rötlichen, »beinahe senkrechten Granitwand«, die zum Gipfel führt, wird ihr schwindlig und übel. Jim schneidet sie von einem Felsen los, an dem sie mit den Kleidern hängen geblieben ist, geht ihr Schritt für Schritt am Seil voraus, bringt sie heil den Berg hinauf und wieder hinunter. »Danach trug mich ›Jim‹ zu meinem Pferd, setzte mich in den Sattel und legte mich schließlich im Camp, in warme Decken eingewickelt, auf die Erde nieder.«[15]

Keine Frage, »Jim«, dessen Namen sie in ihren Briefen grundsätzlich in Anführungsstriche setzt, hat es ihr angetan. Und als er ihr auf einem stundenlangen Ausritt über sein ungezügeltes und rastloses Leben berichtet, ist sie gleichermaßen fasziniert wie erschrocken. Mit einer besonderen Begabung fürs Geschichtenerzählen erklärt er ihr, dass er aus guter irischer Familie stamme, mit 17 wegen einer unglücklichen Liebe zu trinken begonnen habe und schon bald als Indianerscout nach Colorado gekommen sei. Dort habe er so manche Bluttat begangen und immer mehr das Leben eines trinkenden und gewalttätigen Desperados geführt: »Nun haben Sie gesehen, wie ein Mensch sich selbst zum Teufel macht! Ich bin verloren! Dabei glaube ich an Gott und habe schreckliche Angst vor dem Tod. Sie haben an das Gute in mir gerührt, aber zu spät. Ich kann mich nicht mehr ändern.«[16] Nach diesem Geständnis habe seine Stimme gebebt und Tränen seien ihm das Gesicht hinuntergelaufen.

Sie beschwört ihn, den Whisky aufzugeben und von vorn zu beginnen, ist aber trotz all der Gefühle, die dieser Mann in ihr erweckt hat, zu einem nüchternen Überblick fähig: »Er hat mir erzählt ... dass er mir sehr zugetan sei und dass ihn dies umbringe. Alles habe auf dem Longs Peak begonnen ... Ich war entsetzt. Ich zitterte und weinte. Er ist ein Mann, dem keine Frau widerstehen kann, doch keine vernünftige Frau kann ihn heiraten. Er hat mich denn auch nicht um meine Hand gebeten, er wusste, dass es keinen Sinn hatte.«[17]

Diesen Brief hat Isabella Bird später nicht mit in ihr Buch *Eine Lady in den Rocky Mountains* aufgenommen, ebenso wenig die Mahnung an ihre

Schwester: »Lass bitte niemanden denken, dass ich in Mountain Jim verliebt war.«[18]

Ihre Biographinnen kommen später zu unterschiedlichen Einschätzungen dieser Liebesgeschichte. Anna Stoddart glaubte als Kind ihrer Zeit vor allem an den »wundervollen Einfluss« ihrer christlichen Freundin: »Er verzichtete auf jede teuflische Gewohnheit ... und wurde ein rücksichtsvoller Gentleman ... Sie sprach mit ihm über die Möglichkeit, ein reuiger Sünder zu sein ... Er hat versucht, ein neues Leben zu führen, und sie hat ihm durch ihre Gebete und Briefe geholfen.«[19] Alexandra Allen dagegen zitiert die bodenständige Einschätzung des späteren Bürgermeisters von Denver, Platt Rogers, der Isabella im Haus der Evans kennen gelernt hatte: »Jim war in sie vernarrt, und sie in ihn«[20], und Allen selbst ist sicher, dass zweifellos ein »enges Verhältnis« zwischen den beiden bestanden habe.

In Isabellas Buch verabschieden sich die beiden auf romantische Weise voneinander. Jim schenkt ihr zur Erinnerung den schönsten Schmuck aus seiner Hütte, ein mausgraues Biberfell, und lässt sie auf seiner edlen Araberstute reiten, während er sie auf Birdie begleitet, dem Pferd, mit dem Isabella im letzten halben Jahr unterwegs gewesen war. Abends, an der Poststation, lesen sie sich noch einmal gegenseitig Gedichte vor. Am nächsten Tag besteigt Isabella die Postkutsche und blickt ihrem Desperado nach, wie er langsam durch den Schnee in Richtung Estes Park davonreitet, »mit seinem goldenen Haar, das in der Sonne glänzt ... auf einem Sattel, in dem ich achthundert Meilen zurückgelegt hatte«[21].

Ein paar Monate später ist Mountain Jim tot. Isabella Bird, die sich nach einem Zwischenstopp bei ihren Verwandten schon wieder zur Erholung in der Schweiz aufhält, hört die verschiedensten Gerüchte, was mit ihm passiert sei. Sie entscheidet sich dafür, in ihrem Buch keine der fünf Versionen wiederzugeben, über die wochenlang in den Zeitungen diskutiert wird. Unklar ist noch heute, ob Jim im Streit von seinem Nachbar Evans erschossen wurde oder im Kampf mit einem Lakaien des englischen Lord Dunraven umkam, der Estes Park zu seinem privaten Jagdgebiet machen wollte. Für diese Version spricht der Brief von George Kingsley, dem Vater von Mary Kingsley (siehe Seite 216), der diesen Lord damals begleitet hat. Kingsley nennt den Vorfall in einem Brief an seine Frau eine »kleine Schwierigkeit«: »Einer unserer Freunde hatte Krach mit einem wilden Mann im Wald und schoss mit Schrot auf ihn ... ich wusste gleich, er musste sterben ... Er ließ mir sein Gewehr und sein letztes Pony, aber er hatte das eine gestohlen und das andere geliehen ... Er war mehr eine schillernde Gestalt als ein guter Westernheld.«[22]

Ob Isabella Bird diese Einschätzung über ihren »Jim« später gelesen hat? Wenn ja, hat sie sich sicher so darüber aufgeregt wie über das Gerücht, das nach ihrer Rückkehr in den englischen Zeitungen verbreitet wird: Sie sei in »männlicher Kleidung« durch die Rockies geritten. »Ich kann mir vorstellen, dass eine Dame ... einen Redakteur schon wegen einer geringeren Provokation verdreschen würde.«[23] Ihr Verleger Murray setzt eine Art Gegendarstellung in sieben englischen Zeitungen durch, ergänzt durch eine Zeichnung, die Isabella in ihrem hawaiischen Gewand zeigt. Darauf sehe sie zwar aus wie eine Amazone, murrt Isabella, und das Pferd gleiche auch keineswegs ihrer lieben Birdie, sie erkennt aber auch den Werbeeffekt für ihr Buch. *Eine Lady in den Rocky Mountains* wird ein Bestseller und die Erkenntnis aus dieser Reise wählt die Autorin als Leitwort für die Zukunft: »Reisende sind privilegiert, das Unschicklichste mit der größten Schicklichkeit zu tun.«[24]

Für einige Jahre bindet sich Isabella wieder an die Heimat, rückt erneut mit ihrer Schwester zusammen und verbringt jeden Sommer in deren Haus auf Mull. Dort begegnet ihr des Öfteren Hennies Hausarzt, Dr. John Bishop. Er macht ihr mehrmals einen Heiratsantrag, aber sie redet sich heraus. Sie wolle keine invalide Ehegattin sein, sei wohl ohnehin keine Frau zum Heiraten. Außerdem plant sie schon längst die nächste Reise und die möchte sie keineswegs mit einem Mann im Schlepptau machen. 1878 bricht sie nach Japan auf, ausgestattet mit dem angenehmen Wissen, dass neben der vergötterten Schwester jetzt auch noch ein liebender Mann um sie bangt.

Japan hat seit Mitte des Jahrhunderts eine enorme Entwicklung gemacht und seine Häfen für den Handel mit der Welt geöffnet. Isabella aber interessiert sich nicht für das moderne Nippon. Sie hat nicht vor, sich entlang den üblichen Reiserouten zu bewegen, nennt ihr späteres Buch deshalb auch *Unbetretene Pfade in Japan*. Ohne Dolmetscher aber wagt sie sich nicht in die entlegenen Gebiete des Inselreichs und engagiert in Yokohama den erst 18-jährigen Ito, der »noch kleiner« ist als sie, aber Englisch spricht, kochen und 25 Meilen am Tag gehen kann.

Fürsorgliche englische Bekannte warnen sie vor dem ungenießbaren japanischen Essen und statten sie mit einer Notration von Konserven und einer Liste mit den je nach Region zu zahlenden Preisen aus. Neben einem Reisebett, einem Klappstuhl und einer Badewanne aus Gummi – lauter Notwendigkeiten für eine »schwächliche Person« mit Rückenproblemen – nimmt Isabella Bird jede Menge Ratschläge zu dem anscheinend sehr akuten Floh-Problem entgegen. Gegen die Tierchen raten ihr einige, »in einem Sack zu schlafen, der unter dem Hals fest zugebunden ist … mein Bettzeug reichlich mit Insektenpulver zu bestreuen … meine ganze Haut mit Karbonöl einzuschmieren«[25]. Solche Informationen sind typisch für Isabella Bird, die gern detailliert über ihren eigenen Alltag und den der Menschen in den kleinen Dörfern berichtet.

Mit Bedauern betrachtet sie die Japanerinnen, die sich klaglos einem merkwürdigen Schönheitsritual unterwerfen. »Die Mädchen verheiraten sich im sechzehnten Jahr und dann verwandeln sich binnen kurzem diese schönen, rosigen und gesund aussehenden Geschöpfe in garstige, gealterte Weiber mit faden Gesichtern; dies ist dem Umstand zuzuschreiben, dass bei der Verlobung oder nach der Geburt des ersten Kindes die Zähne geschwärzt und die Augenbrauen vertilgt werden.«[26]

So wie die Reisende auf Hawaii des »Feuers Gewalt« kennen gelernt hat, so wird sie in Japan mit der Gewalt des Wassers konfrontiert. Tagelang regnet es ohne Unterlass, und als sie über den Pass von Yadate im Norden der Hauptinsel Honshu reitet, gerät sie in eine Naturkatastrophe: »Große Bäume brachen um, zogen andere ... mit sich hinab, mit erschütterndem Getöse barst eine Hügelwand, so dass ein ganzes Stück Land ... in die Tiefe sank; an ihrer Stelle war eine Schlucht entstanden, durch welche sich neu gebildete Ströme ergossen.« Von der Straße ist nichts mehr zu sehen, 17 Brücken hat der Fluss weggeschwemmt. Die Männer, mit denen die Engländerin unterwegs ist, kämpfen sich durch schultertiefes Wasser. Sie selbst erreicht auf dem Pferd zunächst das andere Ufer, stürzt aber bald danach in einen tiefen Graben:

»Plötzlich sprühten Funken vor meinen Augen, dann wurde es dunkel um mich.«[27] Was macht die immerhin 47-Jährige? Sie schüttelt ihre Kleider und reitet weiter. Die Rückenprobleme werden sie erst wieder in England einholen.

Viele Wochen lang hält sich Isabella Bird in den Dörfern der Ainu (»menschliche Wesen«) auf, der Urbevölkerung der nördlichsten japanischen Insel Hokkaido. Erst wenige Menschen aus dem Westen sind bis hierher gekommen, und sie ist vermutlich die erste europäische Frau, die hier auftaucht. Fasziniert beobachtet sie das naturnahe Leben der Ainu, die sie in jeder ihrer perfekt gebauten Strohhütten willkommen heißen und ihr den besten Schlafplatz am Feuer bereiten. Sie ist begeistert von den Kindern, die ein zärtliches und liebevolles Verhältnis zu beiden Eltern haben, von der Freundlichkeit der Erwachsenen, der Musik ihrer sanften Stimmen und dem milden Glanz ihrer braunen Augen. Ein wenig dreist betätigt sich die Besucherin als Anthropologin, vermisst die Höhe von 30 erwachsenen Männern, ihren Schädelumfang und die Breite der Stirn. An den kräftigen, breitschultrigen Gestalten fällt ihr vor allem die »hervorragende Wildheit« auf, die »Fülle des dichten, schwarzen Haupthaares ... Die Bärte sind in gleichem Grade voll, ganz prächtig und gewöhnlich lang herabwallend und den Greisen verleihen sie ein wirklich patriarchalisches, ehrwürdiges Aussehen.«[28] Über die Mutter eines Häuptlings schreibt sie: »Ihr dickes graues Haupthaar hängt wüst herab, die Tätowierung um ihren Mund ist beinahe verschwunden und verunstaltet nicht mehr ihre wirklich hübschen Züge. Sie trägt ein reich verziertes Rindenkleid und sehr große Ohrringe … Im Haus steht sie in großem Ansehen, sitzt neben den Männern am Feuer, trinkt reichlich Sake und schilt gelegentlich ihren Enkel.«[29]

Das alkoholische Getränk Sake gehört ihrer Beobachtung nach zum täglichen Leben der Ainu. Wenn es fehle, geben die Männer sogar »ihre Sucht zu ruhen« auf, um auf dem Markt Tierfelle gegen Reiswein zu tauschen. Von ihren religiösen Vorstellungen versteht die weiterhin auf die Kirche der Heimat fixierte Engländerin zwar nichts, wie sie selbst betont, ihr fällt aber auf: »Für die Götter zu trinken ist der wichtigste Akt des Gottesdienstes und somit verbindet sich die Trunksucht mit der Religion.«[30]

Ihre wohlwollende Meinung, dass die Ainu von der japanischen Regierung »bei weitem humaner und milder« behandelt werden als etwa die Indianer in Nordamerika, lässt sich nicht unbedingt aufrechterhalten. Sie zählen heute eher zu den »Parias« der Gesellschaft, und da die japanische Assimilierungspolitik jede ethnische Differenzierung verbietet, kann ihre Zahl mit 25000 bis 50000 nur geschätzt werden.

Auf dem Weg zurück nach England möchte Isabella sich noch im tropischen Klima des »goldenen« Malaysia erholen. Der erste Urwaldritt auf einem Elefanten misslingt allerdings. Sie fühlt sich lächerlich in dem kleinen Korb, weiß nicht, wohin mit den Füßen, und verspürt wieder ihre alten Rückenschmerzen. Auf einem späteren Ausflug aber erliegt sie dem Charme des Dickhäuters, der sie durch ein tiefes Flussbett trägt, während beiden das Wasser bis zum Hals steht. Sie genießt das unfreiwillige Bad und lässt sich danach wohlig von der Sonne trocknen.

Isabella Bird bestimmt auf ihren Reisen sehr stark selbst, ob sie nun im Hause irgendwelcher Missionare, englischer Geschäftsleute oder einheimischer Prominenz einkehren möchte oder lieber allein auf Quartiersuche geht. Sie scheint jedenfalls über unerschöpfliche Beziehungen zu verfügen, egal, wo sie sich aufhält. In der Residenz des Herrschers von Kuala Kangsa genießt sie zur Abwechslung ein wenig Pomp und lässt sich als große Reisende feiern. Unverblümt gibt sie zu: »Im Umkreis von einer 24-Stunden-Reise gibt es hier keine europäische Frau und das ist eine tolle Sache.«[31] Einmal wird ihr das kuriose Vergnügen bereitet, mit zwei zahmen Affen beim Abendessen zu sitzen. Man habe sehr angenehm zusammen gespeist, schreibt sie nach Hause, nur ab und zu haben sich ihre Begleiter ein paar Extrahappen geschnappt.

Auf der Rückreise über Kairo und die Sinai-Halbinsel bekommt Isabella Bird Fieber und Rheuma, und als sie im Mai 1879 vor der Haustür in Tobermory steht, wirkt sie auf die Schwester zwar einerseits »braun wie ein Portugiese«, beim genauen Hinschauen aber wie ein menschliches Wrack. Sie selbst berichtet einer Freundin: »Mein Körper ist sehr schwach, und ich kann nur 300 Yards weit mit einem Stock laufen, aber mein Kopf ist okay und ich arbeite fünf Stunden täglich.«[32] John Bishop, der Hausarzt, kümmert sich liebevoll sowohl um sie wie um Hennie, die ein Jahr später an Typhus erkrankt. Angst und Hoffnung wechseln sich ab, die Leute von der Insel stellen ihrer »Heiligen« dicke Frühlingssträuße vor die Tür. Doch die Schwester stirbt und hinterlässt eine verzweifelte, einsame Frau. »Es ist eine unerträgliche Qual. Sie war meine Welt, ob anwesend oder abwesend … Das Licht und die Inspiration meines Lebens sind mit ihr gestorben. Es ist, als sei ich selbst gegangen«[33], schreibt Isabella in einem Brief.

John Bishop bekommt seine Chance. Zu sehr fehlt Isabella jetzt jemand, der ihre starken Empfindungen ein wenig bindet, ihr »Heim und Feuerstelle« verspricht, jemand, der ihre Schuldgefühle mildert, Hennie zu sehr vernachlässigt zu haben. Am 8. März 1881 steht eine 50-jährige Braut in Trauerkleidung vor dem Altar, neben ihr der immer gut gekleidete, intellektuell auftretende Bräutigam. Der mächtige, graue Bart, die kleine Brille und eine hohe Stirn lassen ihn älter wirken, obwohl er zehn Jahre jünger als Isabella ist. Ein

Jim Nugent ist er nicht. Seine liebevolle, bescheidene Art erinnert die Verwandten ebenso an Mutter Bird wie an Hennie. Und auch Isabella leugnet nicht, dass John die Lücke füllt, ihr überschäumendes Temperament aufzufangen, ohne ihr die dominante Rolle streitig zu machen. Er hält diesen rastlosen Menschen an seiner Seite aus und reagiert auf das große Interesse an seiner Frau mit Humor: »Ich habe nur einen echten Rivalen und das ist das Hochland von Zentralasien.« Ihre erstaunliche Widerstandskraft rührt seiner Meinung nach daher, »dass sie den Appetit eines Tigers und die Verdauung eines Straußenvogels hat«[34].

In den eigenen vier Wänden lässt Isabella Bird sich allerdings gehen, macht einen Kult um die verstorbene Schwester, verfällt in Selbstmitleid und leistet sich »morbide Obsessionen«, wie ihr sogar die unkritische Anna Stoddart vorwirft. Die »tägliche Plackerei« eines Haushalts ödet sie an. Entweder isst das Paar auswärts oder Isabella ist ohnehin zu Gast bei Freunden oder wegen ihres Malaysia-Buches *The Golden Chersonese* unterwegs. 1882 kommt es in London zu einer denkwürdigen Begegnung zwischen ihr und zwei anderen weiblichen Reisenden: Constance Gordon Cumming, reich, unabhängig und asienerfahren, und Marianne North, die mit ihrer Staffelei zweimal den Globus umrundet hat. Letztere spricht später wenig schmeichelhaft über den Star der Party, macht aber auch deutlich, wie selbstbewusst Isabella Bird im Allgemeinen auftrat: »Sie war eine sehr solide und gediegene Person, kurz und breit, sehr bestimmt und wohl überlegt in ihrer Art zu reden, fast so, als würde sie aus einem ihrer Bücher rezitieren. Sie saß in einem großen Sessel mit goldbestickten Pantoffeln und einem mit Silber und Gold besticktem Unterkleid aus Japan. Wir zogen uns zurück, sobald wir konnten, und ließen eine durch nichts zu erschütternde und den Dingen gewachsene Miss Bird zurück.«[35]

Nach fünf Jahren stirbt auch John Bishop und wieder schlägt eine Welle von Selbstvorwürfen und Selbstmitleid über Isabella zusammen. Jetzt gibt es nichts mehr, was sie an England bindet. Sie will nur noch weg und glaubt, »wenn ich meine Lieben hier zurücklasse, wird es sein, als sei die Bitterkeit des Todes vorüber«[36]. Eine erneute Reise zu finanzieren ist für sie kein Problem. Immer noch kann sie von ihrem Erbe zehren. Hinzu kommt der Besitz ihres Mannes und der Erlös ihrer Bücher, die sich weiterhin sehr gut verkaufen, bei der Kritik aber nicht mehr sehr angesehen sind. Man kreidet ihr einen gewissen giftigen Ton an, eine zunehmende Gleichgültigkeit gegenüber den Schwächeren, denen sie begegnet. Tatsächlich lebten ihre ersten Reiseschilderungen davon, dass ihre Schwester Hennie auf diese Briefe wartete. Ihr zuliebe bemühte sie sich um einen witzigen, spontanen Stil, nahm kaum ein Blatt vor den Mund, um ihr die fremde, farbige Welt ins Haus zu tragen. Nach deren Tod ist ein deutlicher Bruch sichtbar. Die späteren Bücher ähneln eher ausschweifenden, klugen Betrachtungen als den mitreißenden Erzählungen an ihr geliebtes zweites Ich.

Obwohl Isabella sich nach wie vor mit ihrem Rückenleiden quält, sucht sie mit zunehmendem Alter nach gesellschaftlich akzeptierten »ernsthaften Gründen«, um nicht einfach nur um der Gesundheit willen zu reisen. Nur ja nicht eingestehen, dass das Ganze auch Vergnügen bereitet, dass eine ältere Dame mit 55 Jahren sich in Asien viel ungezwungener bewegen kann als daheim, dass sie viele Regeln ihrer Klasse und ihres Geschlechts beim Auslaufen des Schiffes über Bord wirft. Da sie ohnehin immer wieder von diffusen Schuldgefühlen gegenüber der toten Hennie und jetzt auch dem zu Lebzeiten eher vernachlässigten John heimgesucht wird, beschließt sie, in deren Sinn etwas Gutes für die Armen in Asien zu tun. Dazu aber muss sie natürlich diverse Missionsstationen besuchen, um den Bedarf und die Möglichkeiten vor Ort zu klären. Tatsächlich wird sie einen Teil ihrer nächsten Reisen ihrem christlichen Engagement widmen und verschiedene Krankenhäuser im Namen ihrer Eltern, der Schwester und ihres Mannes John Bishop gründen.

Von 1889 an zieht es Isabella mit ihrer Korkmatratze und dem eigenen Sattel immer wieder und immer länger in den Osten. Die Menschen begeistern sie dabei zunehmend weniger als die stillen Landschaften irgendwo zwischen Himmel und Erde. Um aus der mehr und mehr verabscheuten Zivilisation in die »unbezähmbare Freiheit der Wildnis« entfliehen zu können, setzt sie sich ebenso auf ein Yak wie auf einen Elefanten, reitet auf derben Ponys, ist auf Maultieren und edlen Zuchtpferden unterwegs.

Indien sagt ihr nicht zu, weil es viel zu »englisch« ist, auch Kaschmir erweist sich als britischer Spielplatz. »Da gab es keinen Berg, kein Tal und kein Plateau … das frei war vom Geplapper englischer Stimmen.«[37] Unbeirrt folgt sie ihren Vorstellungen, schreckt vor keiner Anstrengung zurück. Sie überquert die Höhen von Westtibet und erreicht auf einem atemberaubenden Ritt über einen Fünfeinhalbtausender das Königreich Ladakh. Für sie eine Landschaft voller Würde, *das* zentrale Asien, wie sie feierlich bemerkt.

Um über das als schwierig geltende Persien zurückkehren zu können, schließt sich die ansonsten lieber allein Reisende sogar einem Major der englischen Armee an. Herbert Sawyer wiederum versteckt sich absichtlich hinter der etwas schrulligen, aber harmlos wirkenden Dame, um in geheimer Mission für sein Land zu spionieren, das den Einfluss der Russen in Asien unbedingt zurückdrängen will. Auch Isabella Bird spricht mehrmals in ihren Büchern von dem »unheilvollen Einfluss« Russlands, ohne gleichzeitig die Rolle des britischen Empires kritisch zu betrachten. Obwohl überall in der Welt zu Hause, gesteht sie ihrem Land immer eine Sonderrolle zu. Politik interessiert sie aber nicht wirklich. Sie neigt jetzt eher zu Moralpredigten, etwa über das »gottlose Moslemland« Persien oder das Kastensystem Indiens.

Mit Sawyer macht sie sich Anfang 1890 auf eine strapaziöse Reise von Bagdad nach Teheran, gegen die ihre Abenteuer in den Rocky Mountains einem gemütlichen Spaziergang glichen. Obwohl sie sich in sechs wollene Schichten einmummt, drei Paar Handschuhe übereinander zieht und außer einem Schaffell noch einen Pelzmantel um sich wickelt, friert sie in einem nicht enden wollenden Schneesturm fast im Sattel fest. Es ging nicht um mehr oder weniger Komfort, berichtet sie ihren Londoner Freunden später, es ging um Leben oder Tod. Völlig erschöpft erreichen sie eines Abends gerade noch die Stadttore von Teheran, ehe diese über Nacht geschlossen werden. Obwohl sie zehn Kilo abgenommen hat und wieder einmal unter grauenhaften Rückenschmerzen leidet, bereut Isabella nicht eine Minute dieser Extremtour. Ihren Begleiter lobt sie zwar als blendende Erscheinung, trennt sich am Ende aber etwas genervt von ihm, weil er sich unterwegs auf den Märkten »ein Taschentuch unter die Nase hielt und äußerst blasiert und angeekelt auf alles reagierte«[38].

Isabella Bird hält sich noch für einige Monate bei den Lurs, einem Nomadenvolk in Persien, auf. Die Frauen laden sie in ihren Harem ein, probieren ihren Hut, die Handschuhe und ihre Ringe an, zerzausen ihr Haar und lachen über ihr persisches Schuhwerk, das hier sonst nur von Männern getragen wird. Die Engländerin entdeckt ein großes Stück Freiheit für die Frauen in der Polygamie, ist aber auch unangenehm von der Langeweile im Harem berührt. Sie mag nicht gern daran erinnert werden, auf welche Weise die meisten Frauen ihrer Zeit ihren Alltag erleben. Dennoch, das Ganze »hat seinen Charme«, eine Einschätzung, die häufig von Isabella Bird zu hören ist. Sie ist deshalb auch bereit, den Hunderten von Kranken zu helfen, die in den nächsten Wochen ihr Zelt belagern. Mit den wenigen Mitteln, die sie dabeihat, reinigt sie bei 45 Grad Hitze eiternde Wunden, öffnet Abszesse und verteilt eine desinfizierende Lotion gegen die zahlreichen Augenentzündungen. Am Ende aber stellt Isabella fest, dass dieses wilde Leben für sie »keine neue Sicht der Dinge« in sich birgt. Mit dem Orient-Express fährt sie an Weihnachten 1890 über Paris zurück nach England.

Während sie sich dort daranmacht, sofort ihre Erfahrungen unter dem Titel *Journeys in Persia* aufzuschreiben, wird ihr eine viel begehrte Ehre zuteil. Gegen den massiven Widerstand von Chauvinisten wie Lord Curzon, der sich verächtlich über »Reisende in Röcken« äußert, nimmt 1892 die »Royal Geographical Society« in London Isabella Bird als erste Frau in ihre Reihen auf. Sie hat sich nie um eine Mitgliedschaft bemüht, eigentlich findet sie es selbstverständlich, dass sie diese Auszeichnung erhält. »Ich bin dankbar für die Neuerung, die Arbeit einer Frau anzuerkennen«[39], lautet ihre knappe Antwort.

Ihre Begeisterungsfähigkeit und ihre Energie steckt sie längst schon wieder in neue Dinge. Sie lernt zu fotografieren und schreibt begeistert an eine Freundin: »Das ist jetzt mein großer Fimmel. Ich mag es mehr als irgendetwas, was ich sonst schon angefangen habe.«[40] Diese Leidenschaft wird sie bis an ihr Lebensende nicht ablegen. Überall baut sie jetzt ihre Kamera auf und entwickelt Fotos, wo sie geht und steht – einmal sogar während einer Bootsfahrt im schlammigen Wasser des Yangtze-Flusses.

Von 1894 bis 1897 ist Isabella Bird gleich mehrere Jahre lang auf unbekannten Wegen in Korea, Japan und China unterwegs. Sie wollte diese größte und weiteste Reise eigentlich schon früher antreten, hatte aber in England lange unter großer körperlicher Erschöpfung und Herzbeschwerden zu leiden und legt auch zunächst in Japan eine unfreiwillige Pause ein, weil sie nach der beschwerlichen Anreise über Russland und Wladiwostok wegen ihres Rückens nicht allein vom Stuhl aufstehen kann. Sie nutzt die Zeit, um sich über die Missionsarbeit verschiedener englischer Kirchen in Ostasien zu informieren. Inzwischen hält sie nicht mehr allzu viel davon, dort nur den »reinen Glauben« zu lehren, weil sie aus langer Erfahrung weiß, dass es den Menschen vor allem an medizinischer Betreuung fehlt. Deshalb gründet sie auch in China mehrere Krankenhäuser auf den Namen ihres Mannes und ihrer Schwester. Sie nennt dies die effektivste Art, den christlichen Glauben zu verbreiten.

Ein Engländer, der mit ihr eine Weile in China unterwegs war, hat sie später folgendermaßen porträtiert: »Ich werde das Bild dieser weißhaarigen Dame nie vergessen. Sie saß allein im Bug des Schiffes und winkte mir zum Abschied zu. Es passte ganz und gar zu ihr, allein zu reisen und jegliche Hilfe abzulehnen ... Sie nahm nicht einmal den ihr angebotenen Reiseproviant an, sondern begnügte sich mit dem Allernotwendigsten, darunter abgekochtes Wasser und frische Eier ... Miss Bishop war sehr darauf bedacht, sich den Eingeborenen des Landes anzupassen, das sie jeweils bereiste ... und auf ihrer Reise durch China hatte sie sich ein Kleid nach der allerneuesten chinesischen Mode anfertigen lassen. Es bestand im Wesentlichen aus einer weiten Jacke ... die ihre Figur verhüllte. Im Gegensatz zu den chinesischen Kleidern jedoch war ihres mit riesigen Taschen versehen, in denen sie alle möglichen Reiseutensilien aufbewahrte, darunter solche eigener Erfindung. Unter anderem zog sie oft eine tragbare Öllampe hervor, die jederzeit funktionsbereit war.«[41]

Isabella Bird ist im Lauf der Jahre süchtig geworden. Süchtig nach Abwechslung, süchtig nach den großen Gefühlen beim Anblick einer überwältigenden Landschaft und abhängig anscheinend sogar von den unangenehmen Seiten des Reisens. Denn wenn sie auch noch so sehr über die miese Qualität persischer Herbergen quengelt, gegen die der Stall von Bethlehem eine Luxusunterkunft gewesen sei, oder überall in der Welt auf Unterkünfte trifft, in denen der jahrzehntealte schwarze Schmier von der Decke tropft und sie gezwungen ist, ihre Stiefel und Kleider wegen der Ratten hoch in die Luft zu hängen, so kann sie doch nie davon genug haben. Seitenlang beklagt sie die schlechte Qualität des Essens, an keiner Stelle aber entscheidet sie: Jetzt ist Schluss. Stattdessen ufern ihre Reisen immer mehr aus, lässt sie sich auf immer verwegenere Abenteuer ein. Dabei gerät sie auf ihrer Tour durch China in die wohl gefährlichste Situation ihres Lebens.

In einer der Provinzen wird sie mit einem grassierenden, fanatischen Fremdenhass konfrontiert. Die Menschen auf der Straße beschimpfen sie als »fremden Teufel« und »Kinderfresserin« und bewerfen sie mit Dreckklumpen. Ein vornehm gekleideter Mann versetzt ihr einen Fausthieb, andere schlagen ihr von hinten auf den Rücken. »Dieser chinesische Mob machte einen Höllenlärm, ich konnte nichts anderes tun, als stur sitzen zu bleiben, ohne verletzt, ängstlich oder verärgert zu wirken, obwohl ich alles drei war.«[42] Später wird sie noch einmal von einer aufgebrachten Menge verfolgt. Isabella verschanzt sich im dunklen Zimmer einer Herberge, den geladenen Revolver mehrere Stunden lang schussbereit in der Hand. Das Ganze geht überraschend glimpflich aus, am Ende löst sich die Belagerung wie ein böser Spuk auf.

Im Januar 1897 kehrt Isabella Bird nach England zurück. Das Cottage im schottischen Tobermory gibt sie auf, in solchen Dingen ist sie nicht sentimental. Meist wohnt sie jetzt in London, recherchiert in der königlich-geographischen Bibliothek und schreibt an ihrem letzten Buch *The Yangtze Valley and Beyound*. Furore macht sie auch mit ihren Fotos. Sie stellt 200 ihrer besten Aufnahmen für eine viel beachtete Ausstellung zusammen.

Allerlei Unfälle in den nächsten Jahren erinnern aber auch daran, dass die »pummelige, unbeugsame und unbezähmbare Dame in adrettem Schwarz« – eine Einschätzung Anna Stoddarts – nicht mehr die Jüngste ist. Sie stürzt beim Spazierengehen über die Klippen, quetscht sich den Daumen und rennt mit solcher Wucht gegen eine Wand, dass sie ohnmächtig wird. Auch der Versuch, sich in Marokko von diesen Aufregungen zu erholen, bringt sie an den Rand ihrer Kräfte. Zwar schmeichelt ihr das Kompliment eines Sultans, er könne nur hoffen, noch so voller Energien zu stecken, wenn er einmal so weiße Haare wie sie habe, aber sie ist doch froh, nach dem 1600-Kilometer-Ritt über das Atlas-Gebirge wieder heil in Liverpool zu landen. Die 70-Jährige leidet zunehmend unter Rheuma und Herzattacken und kann »nicht einmal das ruhigste Leben in London ertragen«[43]. Ruhelos wandert sie die nächsten drei Jahre zwischen ihren Freunden und Verwandten in England hin und her. Bis zuletzt wird sie nirgendwo sesshaft, richtet hier ein Haus ein, dort eine Wohnung, ohne jemals über das erste enthusiastische Stadium des Einrichtens hinauszukommen. Sie ist lieber irgendwo zu Gast und damit auch frei von bestimmten Verantwortungen. Sogar als sie schon nicht mehr aufstehen kann, zieht sie noch einmal von einem Pflegeheim in ein kleineres Haus in Edinburgh um, weil sie »keine Nummer« sein will.

Auch dort fällt sie durch ihren wachen Geist und ihren berühmten Appetit auf. Die Freunde verwöhnen sie mit gefülltem Hasen oder Cremetorte, schmücken ihr Zimmer mit ihren Lieblingsblumen Rosen und Anemonen und versammeln sich zu letzten Gesprächen um ihr Bett. Bis zu ihrem Tod am 7. Oktober 1904 macht sie auf alle Besucher einen gut gelaunten und ausgeglichenen Eindruck. Nur eines bedauert sie ihnen gegenüber – dass sie wegen ihres Rheumas keinen Stift mehr zwischen den Fingern halten kann. Wo sie doch ganz sicher ist: »Ich habe der Welt noch so viel zu sagen …«[44]

»Von Sultan zu Sultan«
Mary French Sheldon (1848–1936)

Von Petra Heilingbrunner

Es ist Mitternacht. Der Mond taucht die afrikanische Baumsteppe in ein unwirkliches Licht. Zwei Frauen, eine schwarz, eine weiß, schleichen durch das Dickicht. Nach einer Weile stoßen sie auf eine Lichtung, auf der schwarze Männer ein geheimes Ritual vollführen. Von dichten Büschen verborgen, beobachten die beiden Frauen den Mondtanz der »El-Moran«, den zu sehen weiblichen Personen und Weißen strengstens verboten ist.

»Wie sie tänzelten, umherwirbelten, in die Luft sprangen, sich auf den Boden kauerten und heulten, ihre langen Haare schüttelten und Zweige oder Wedel aus Zebraschwänzen schwenkten, ihre Gesichter nach Massai-Art mit weißer Kreide und roter Farbe beschmiert, mit Klecksen auf Wangen und Kinn, mit Augen, umrandet von breiten Farbstrichen, und Körpern, die im Mondlicht glänzten vor Fett und Schweiß!«[1]

Die Beschreibung dieser bizarren Szenerie stammt aus dem Reisebericht *Sultan to Sultan* von Mary French Sheldon. Sie selbst ist die weiße Frau, eine der heimlichen Zeuginnen des Mondtanzes der Massaikrieger von Taveta in Tansania. Man schrieb das Jahr 1891. Motorisierte Safaris durch die Wildnis Ostafrikas gab es noch nicht und so musste Mary French Sheldon ihre Reise von Mombasa zum Kilimandscharo zu Fuß antreten. Die quirlige Verlegerin und Buchautorin war damals 43 Jahre alt und sie war wohl die erste Frau der Welt, die eine afrikanische Karawane anführte. Sie reiste in großem Stil, ausgestattet mit viel Geld, Gepäck, Personal und dem Ehrgeiz, wissenschaftlich bedeutsame Informationen nach Hause zu bringen.

Kennern der Reiseliteratur des 19. Jahrhunderts ist Mary French Sheldon aber nicht wegen ihrer Verdienste für die Geographie und Ethnologie im Gedächtnis geblieben, sondern wegen ihres extravaganten Gebarens. Angetan mit einer glitzernden Ballrobe und einer blonden Perücke, schoss sie mitten in der afrikanischen Wildnis Leuchtraketen ab, um Stammeshäuptlinge zu beeindrucken. Eine Zeichnung in ihrer hinreißenden Reisedokumentation zeigt sie in diesem prunkvollen Seidenkleid mit wallendem Haar und einem langen Schwert um die üppige Hüfte, wie eine Walküre aus einer Wagner-Oper. Eine zeitgenössische Fotografie in demselben Buch dagegen demonstriert, dass Bébé Bwana, wie Mary French Sheldon von den Afrikanern respektvoll genannt wurde, eine durchaus ernst zu nehmende und auch liebenswerte Persönlichkeit war. Aus dem herben Gesicht mit den großen, Intelligenz verratenden Augen spricht gleichzeitig Tatendurst und Nachdenklichkeit, Gewitztheit und Verletzlichkeit, auch so etwas wie Güte.

Mary French Sheldon wird 1848 in den Vereinigten Staaten geboren, in Pittsburgh, Pennsylvania, dem Zentrum der amerikanischen Schwerindustrie. Die Eltern von May, wie die kleine Mary gerufen wird, sind reich und berühmt dazu. Die Familie French gehört zu den oberen Zehntausend der USA, sie besitzt Plantagen, auf denen dank der schweren Arbeit schwarzer Sklaven Baumwolle, Tabak und Zuckerrohr gedeihen. Die Frenchs können sich darauf berufen, von den ersten Siedlern in der Neuen Welt abzustammen, sie gehören also sozusagen zur amerikanischen Aristokratie. Ein Ururgroßvater der kleinen May ist der englische Physiker, Mathematiker und Astronom Sir Isaac Newton, Entdecker der gegenseitigen Anziehung von Massen, der Gravitation. Auch Mays Eltern befassen sich intensiv mit Naturwissenschaften. Oberst Joseph French, hochrangiger Ingenieur in Pittsburgh, ist Mathematiker. Mays Mutter Elisabeth, eine damals weithin bekannte Medizinerin, widmet ihr Leben der Erforschung der Elektrotherapie, die damals gerade erst entdeckt wurde. »Die berühmte Doktorin French«, wie Mays Mutter genannt wird, veröffentlicht mehrere wissenschaftliche und populärwissenschaftliche Abhandlungen, die noch heute in den Regalen großer Bibliotheken stehen.

Im Jahr 1861 bricht der Bürgerkrieg zwischen den Südstaaten und den Nordstaaten aus. Familie French weicht den blutigen Auseinandersetzungen aus und geht nach Italien. So erlebt die Amerikanerin May ihre Jugendzeit in Europa. Dort genießt sie die sorgfältige Erziehung einer Tochter aus wohlhabendem Hause. Auf ihrem Unterrichtsplan stehen klassische Literatur, Musik, Zeichnen, Italienisch und Französisch. Mays Eltern reisen viel und so ist May schon als 16-Jährige eine Weltenbummlerin. Ihre Reisen führen sie viermal rund um den Globus und auch gelegentlich zurück in ihre alte Heimat, in die USA. Mit ihrem Vater, zu dem sie eine sehr enge Beziehung hat, streift May durch die Rocky Mountains, um zu jagen.

Als junge Erwachsene widmet sich May French dem Studium der Literatur, der Geschichte, der Geologie und der Medizin. In Medizin macht sie auch einen Abschluss, es gibt jedoch keine Hinweise, dass sie den Beruf der Ärztin jemals ausgeübt hat. May nimmt teil an dem kosmopolitischen Gesellschaftsleben ihres Vaters. Zu seinem Freundeskreis zählen Männer von Rang, die ausgiebig reisen, zum Beispiel Henry Morland Stanley, eine schillernde Figur. Trotz seiner »niedrigen Geburt« – er ist der uneheliche Sohn einer walisischen Zofe – trägt H. M. Stanley den begehrten Titel »Sir«. Den hat er durch eine Heldentat erlangt:

Dank intensiver Recherche im Auftrag der New Yorker Zeitung »Herald« gelang es dem Journalisten 1871, den im Inneren Afrikas verschollenen englischen Missionar und Afrikaforscher Dr. David Livingstone (1813–1873) in Ujiji, einem Dorf im heutigen Tansania, zu finden.

Bei seiner ersten Begegnung mit Livingstone bemerkt Stanley mit typisch britischem Understatement: »Dr. Livingstone, I presume – Dr. Livingstone, nehme ich an«[2], ein Satz, der weltberühmt wurde und den damals jeder Bewohner der angloamerikanischen Welt, auch May French, kannte. Sie trifft Sir Henry, als er zwischen zwei Reisen Mays Vater einen Besuch abstattet. Der berühmte Mann, attraktiv ergraut während seiner strapaziösen Afrikaaufenthalte, antwortet bereitwillig auf die zahlreichen Fragen seiner jungen Verehrerin. Er erzählt ihr von den Gefahren des Dschungels, von der glühenden Hitze, von den ermüdenden Märschen und dem unbeschreiblichen Gefühl, einen Ort zu erreichen, auf den noch kein Weißer seinen Fuß gesetzt hat. Stanleys Berichte müssen bei May French Kaskaden von Phantasien und Sehnsüchten in Bewegung gesetzt haben. Doch bevor sie sich entschließt, diese in die Realität umzusetzen, stürzt sie sich erst einmal in ein anderes Abenteuer: die Ehe.

Als May French den Geschäftsmann Eli Lemon Sheldon kennen lernt, ist sie 35 Jahre alt und hat – für die damalige Zeit sehr ungewöhnlich – bereits eine Scheidung hinter sich. Leider sind keine Einzelheiten über die näheren Umstände der beiden Ehen von May French Sheldon bekannt. Die Quellen lassen lediglich verlauten, dass es sich bei Eli L. Sheldon um einen ehrgeizigen Unternehmer mit Interessen in Amerika und England gehandelt hat und dass er liberal genug war, seine Gattin selbstständig arbeiten und allein nach Afrika reisen zu lassen. May French Sheldon liebte ihren zweiten Ehemann mit großer Inbrunst, was nicht zuletzt aus der Widmung auf der ersten Seite von *Sultan to Sultan* deutlich wird: »Gewidmet Eli Lemon Sheldon, dem ich alles verdanke, was ich erreicht habe. Mein Inspirator, mein Kritiker, mein Advokat, meine Zuflucht, mein Anker, mein Förderer, mein Freund, mein Kamerad, mein Gatte. Ein ehrenhafter, talentierter, nobler, selbstloser, sanfter Mann, von allen geliebt.«[3]

May French Sheldon ist nicht nur von dem edlen Charakter ihres Ehemannes fasziniert, auch seine äußere Erscheinung versetzt sie in Entzücken. Das kann man ihrem ersten und einzigen Roman *Herbert Severance* entnehmen. Sie veröffentlicht das Buch im Jahr 1877 kurz nach ihrer Eheschließung. Vieles deutet darauf hin, dass die Hauptfigur Herbert Severance das literarische Ebenbild von Eli Sheldon ist:

»Er wirkte zart, fast zerbrechlich, was auf Feinfühligkeit schließen ließ, nicht auf Schwäche. Dieses Erscheinungsbild wurde verstärkt durch seine feste, schlanke, mittelgroße Gestalt und seine helle Gesichtsfarbe. Seine Gesichtszüge waren, kritisch betrachtet, auf ihre Art geradezu wuchtig. Eine breite, wohlgeformte Stirn deutete auf Besonnenheit und Konzentration. Seine tiefen, leuchtenden graugrünen Augen, die von langen bronzefarbenen Wimpern überschattet und von schön gebogenen, etwas üppigen Brauen betont wurden, schienen wie ein Chamäleon die Farbe zu wechseln.«[4]

Herbert Severance ist nicht gerade ein literarisches Meisterwerk, aber dennoch interessant als Fundgrube für die Forschung über May French Sheldons Gedankenwelt. Der melodramatisch-naive Roman erinnert in weiten Teilen an Schnulzen von Hedwig Courths-Mahler. Es geht in *Herbert Severance* um eine junge Frau, die ihren totgeglaubten Vater wiederfindet, um eine sittsame Frau, die unter Hypnose ihre Unschuld verliert, und um einen Mann mit einer leidvollen Vergangenheit. In diesem Reigen romantischer Kunstfiguren gibt es eine Person, die bemerkenswert plastisch wird. Sie heißt Edith Longstreth, ist die robuste Vertraute der fragilen Romanheldin und ihrer Erfinderin May French Sheldon erstaunlich ähnlich. Wie sie ist Edith Longstreth in den USA geboren und wegen des Sezessionskriegs mit ihren Eltern nach Europa umgezogen. Wie die Autorin ist auch die Romanfigur »... eine ausgezeichnete Reiterin, eine exzellente

Schützin und eine gewandte Fechterin. Sie konnte schwimmen, Schlittschuh laufen und mit einem Boot umgehen; sie liebte alle sportlichen Betätigungen im Freien, die ihr Gelegenheit gaben, ungehindert ihre Muskeln zu trainieren und einen klaren Kopf zu bekommen«[5].

Frauensport war im viktorianischen Zeitalter, in dem die Damen, in enge Korsette geschnürt, häufig in Ohnmacht zu fallen pflegten, ganz und gar ungewöhnlich. Doch May French Sheldon begnügte sich nicht nur damit, durch körperliche Tüchtigkeit zu glänzen, sie bemächtigte sich auch einer anderen männlichen Domäne: der Ausübung eines Berufes. Edith Longstreth, das Prachtweib aus *Herbert Severance*, formuliert das so: »Sie hatte den Wunsch entwickelt, wie ein Mann einer rechtmäßigen Beschäftigung im Leben nachzugehen, die Geld einbrachte, und sie war auf ihr erfolgreiches Unterfangen auf dem Gebiet der Kunst [Miss Longstreth ist Malerin] ebenso stolz wie ein Mann auf ein großes geschäftliches Unternehmen.«[6]

Sich messen mit den Männern, das ist eine der starken Triebkräfte in May French Sheldons Leben. Sie gilt denn auch in der Literaturwissenschaft als Unikum unter den reisenden Autorinnen des 19. Jahrhunderts, nämlich als »leidenschaftliche und streitbare Feministin«[7]. Sie selbst legt allerdings großen Wert darauf, nicht mit irgendwelchen unweiblichen

Blaustrümpfen in einen Topf geworfen zu werden. Ihr Alter Ego Edith Longstreth hat deshalb »… nichts Männliches an sich, und auch nicht diese pferdeartige Hektik, die manche jungen Frauen an den Tag legen, sobald sie die ersten Hürden des gesellschaftlichen Lebens genommen haben, im Irrglauben, damit ihre Unabhängigkeit zu beweisen. Sie vergessen dabei – wenn sie es überhaupt gewusst haben –, dass Charakterstärke nicht nur männlich, sondern ebenso weiblich sein kann. Keine richtige Frau wird danach streben, sich von ihrer Weiblichkeit loszusagen«[8].

Die feminine Feministin May French Sheldon ist trotz ihrer Vorliebe für vollmundige Bekenntnisse keine Maulheldin; sie setzt ihre Ideale von der Gleichberechtigung auch in die Tat um. So gründet sie ein eigenes Unternehmen, das Verlagshaus »Saxon & Co« mit Sitz in London, ihrer neuen Wahlheimat, und New York. In rascher Folge veröffentlicht sie eine Sammlung *Witze für jedermann*, einen Band *Amerikanische Novellen*, eine *Taschenenzyklopädie für jedermann* und eine *Illustrierte Anthologie des amerikanischen Humors*. Die Verlegerin macht aber nicht nur Geschäfte mit dem geistigen Eigentum anderer, sie betätigt sich auch selbst schöpferisch, zuerst als einfühlsame Übersetzerin.

Drei Jahre lang arbeitet sie daran, *Salammbô* von Gustave Flaubert ins Englische zu übersetzen. Der blutrünstige Roman über den Untergang Karthagos mit einer Frau als Hauptfigur zählt nicht zu den meistgelobten Werken des französischen Schriftstellers, dafür aber zu den meistgekauften. May French Sheldon kann mit der Übersetzung nicht nur ihren Ehrgeiz befriedigen, Geld zu verdienen, sondern auch ihrem Faible für aktionsreiche Schauergeschichten frönen. Ihr Verlag wirbt für das Buch mit den bezeichnenden Schlagworten: »Eine strahlende Geschichte von Liebe, Leidenschaft und Krieg«. May French Sheldon widmet das Buch ihrem großen Vorbild, dem Afrikareisenden Henry Morland Stanley. Dieser revanchiert sich und verfasst für die Zeitschrift »The Scotsman« eine glanzvolle Rezension: »Salammbô von Sheldon ist eines der bemerkenswertesten und faszinierendsten Bücher, die ich je gelesen habe. Es brachte das Blut in meinen Adern zum Wallen.«[9]

Von diesem Erfolg ermutigt, greift May French Sheldon wieder zur Feder. Diesmal erfindet sie selbst eine Geschichte: eben die von Herbert Severance. Der Roman ist kein ausgesprochener Flop, aber auch nicht der Bestseller, den seine Verfasserin sich offenbar erwartet hat. Christel Mouchard schreibt in ihrer Kurzbiographie mit der ihr eigenen Ironie: »Herbert Severance … hat leider versagt. Er hat dem großartigen Schriftstellertalent seiner Autorin nicht zum Durchbruch verhelfen können. Der Erfolg ist sogar so mager, dass diese ihren Federhalter in den Papierkorb wirft. Gibt es für eine eigenwillige Frau nicht hundert andere Möglichkeiten, berühmt zu werden? Wenn aus May Sheldon kein Flaubert wird, so wird aus ihr eben ein Stanley werden.«[10]

Aus welchen psychischen Quellen das starke Bedürfnis, berühmt zu werden, gespeist ist, kann man nur vermuten. Ihre Motive waren möglicherweise, der übermächtigen Mutter ebenbürtig zu werden und den unerfüllten Wunsch nach einem Kind zu kompensieren. Warum auch immer: May French Sheldon entschließt sich, etwas Ruhmträchtiges zu tun, nämlich eine Expedition durch unerforschte Gefilde Afrikas zu unternehmen und die Ergebnisse dieser abenteuerlichen Reise als Buch herauszugeben.

Die Wahl ihres Ziels überlässt May natürlich nicht dem Zufall. Afrika ist damals ein Kontinent, der profilierungssüchtige Männer anzieht wie ein Magnet, und eine Frau, die Männern Paroli bieten will, muss beweisen, dass sie sich von den Fährnissen dieses Erdteils nicht abschrecken lässt. Dass sich May French Sheldon als Reiseziel den Osten Afrikas aussucht, ist die logische Folge ihrer Verehrung für Henry M. Stanley: Seine Reisen hatten ihn in die Gebiete des heutigen Kenia und Tansania geführt. May will aber keineswegs nur in die Fußstapfen des berühmten Journalisten treten. Sie wird Orte erkunden, die sogar dem Afrikaexperten Stanley unbekannt waren. Und sie setzt sich etwas in den Kopf, worüber sich alle Welt entsetzt: Sie will mit ihrer Karawane durch das

Land der kriegerischen Massai ziehen – und das ausgerechnet in einer Zeit anti- und interkolonialistischer Wirren, in der jeder noch so kleine Funke doch die Lunte zu kriegerischen Auseinandersetzungen zünden konnte.

Mit viel Elan macht sich May French Sheldon daran, ihre Ostafrika-Expedition zu organisieren. Dabei geht sie vor, als wäre sie ein Generalfeldmarschall und der Verweser eines Hofstaates zugleich. Alles Erdenkliche, was der Sicherheit und dem Komfort dient, wird eingepackt. In dem Bericht über ihre Reise, den sie später schreiben wird, listet sie die Bestandteile ihres Gepäckgebirges auf: Zelte, wasserdichte Leintücher, Laternen, Gewehre sowie Lappen, um sie zu putzen, einen Feldstecher, eine Fotokamera und vieles mehr. Für ihr ganz persönliches Wohlbefinden packt die künftige Karawanenführerin ein: Veilchenwasser, eine Badewanne, ein Porzellangedeck, Silberbesteck, das berühmte weiße Seidenkleid, drei phantasievolle Hüte (einen aus Filz mit Straußenfedern, einen mit dichtem Schleier und großer Schleife und eine Art Kapitänsmütze mit goldener Tresse) sowie last not least den »weißen Elefanten«.

Diesen Spitznamen gaben Mays Untergebene später der kreisrunden Sänfte aus Rattan, in der sie ihre Herrin zeitweise umherschleppten. Das seltsame Transportmittel war mit 70 Kilogramm Eigengewicht relativ leicht. Eine normale indische Sänfte wiegt immerhin 200 Kilogramm, hat May French Sheldon zuvor recherchiert. Sie hat den Tragesitz mit feiner, gelber indischer Seide ausfüttern lassen, die Kissen darin sind mit weichen Daunenfedern gefüllt. Das protzige Ding, das May am Ende ihrer Reise zum Verhängnis werden wird, macht seiner Besitzerin von Anfang an Scherereien. In London ist kein Zollbeamter seelisch und technisch darauf eingestellt, dieses unförmige Utensil abzufertigen. May French Sheldon beschleichen nun doch leise Zweifel, ob es nicht absurd sei, einen derart luxuriösen Artikel mit nach Afrika zu nehmen. Aber gleich verwirft sie diese Bedenken wieder – es wäre wohl zu peinlich, sich und anderen diesen Planungsfehler einzugestehen. Dank ihrer Hartnäckigkeit und unzähliger Telegramme schafft sie es schließlich doch noch, das riesige Teil einzuschiffen.

Am Tag ihrer Abreise steht May am Bahnhof von Charing Cross in London und zittert vor freudiger Erregung und Kälte. Als wollte ihr das Wetter den Abschied von der britischen Insel leichter machen, liegt dicker grauer Nebel über London. Ungefähr 100 Menschen sind zum Bahnhof gekommen, um ihrer wagemutigen Freundin Lebewohl zu sagen. »Schreckliche Warnungen vermischten sich mit aufmunternden Worten des Glaubens an meinen Erfolg«[11], erinnert sie sich später. Selbstverständlich lässt sich die Abenteurerin durch die »schrecklichen Warnungen« nicht beirren, sondern besteigt mutig den Zug nach Italien, an ihrer Seite Ehemann Eli Sheldon. Der fleißige Geschäftsmann hat sich ein paar Tage Urlaub gegönnt, um seine Gattin wenigstens bis nach Neapel begleiten zu können. Dort liegt das Dampfschiff »Madura« nach Aden vor Anker. Leicht fällt den Sheldons der Abschied wahrhaftig nicht. Vielleicht ahnen die Ehepartner, unter welch tragischen Umständen sie sich wieder sehen werden. Doch beide sind sie zu beherrscht, als dass sie ihrem Abschiedsschmerz freien Lauf ließen: »Bemüht, meinen Mut nicht zu verlieren, machte ich Schnappschüsse vom Hafen und schließlich auch von dem, dessen zärtliches Herz vor Kummer schmerzte. Die Zeit kam, den Anker zu heben. Dann das Signal ›Alle Mann ans Ufer‹, wir trennten uns, die Bootsmänner ruderten singend, wir tauschten den letzten wortlosen Blick aus, das Taschentuch, das trotzig ›Lebe wohl‹ geflattert hatte, war bald tränengetränkt.«[12]

Doch May French Sheldon bläst nicht lange Trübsal. Um sich auf andere Gedanken zu bringen, organisiert sie eine Rattenjagd an Bord. Innerhalb kürzester Zeit ist die auf viele Menschen exaltiert wirkende Passagierin Gesprächsstoff Nummer eins auf dem Schiff. Ihr Ruf, eine »verrückte Amerikanerin« zu sein, eilt ihr nach Afrika voraus. Dort macht man ihr denn auch entsprechende Schwierigkeiten.

In der kenianischen Hafenstadt Mombasa kündigt

ihr die »British East African Company« an, man werde ihre Reise ins Landesinnere unterbinden. Für ihr striktes Nein zu Mays Reiseplänen haben die Statthalter Großbritanniens in Ostafrika gute Gründe. Die Grenzen zwischen dem britischen und dem deutschen Kolonialgebiet sind noch instabil und die Beziehungen zwischen den afrikanischen Bewohnern und den europäischen Eroberern äußerst angespannt. Vor allem im Siedlungsgebiet der Massai, dem Ziel der Reisenden, droht beim geringsten Anlass eine Revolte der Schwarzen gegen die weißen Kolonisatoren auszubrechen.

Wortführer des Widerstands gegen May French Sheldons Reisepläne ist George Mackenzie. Der britische Kolonialbeamte ist fest entschlossen, die Reise der Amerikanerin in britisches Territorium zu verhindern. May reagiert auf eine Weise, die ein Schlaglicht darauf wirft, wie groß die Willenskraft dieser Frau war. Sie beschließt für sich selbst, das Hindernis George Mackenzie auf jeden Fall zu überwinden. Statt ihre Kräfte in fruchtlosen Diskussionen mit dem Kolonialbeamten zu verschleißen, ignoriert sie einfach die Bemühungen der British East African Company, sie zu entmutigen, und bereitet seelenruhig ihre Reise ins Landesinnere vor.

Angesichts von so viel Sturheit greift George Mackenzie zu einem Trick. Er schlägt seiner Kontrahentin einen »Kompromiss« vor. Wenn es ihr gelinge, in

Sansibar eine Karawane zusammenzustellen, dann werde er ihr keine weiteren Steine in den Weg legen.

Die Gewürzinsel Sansibar liegt rund 300 Kilometer von Mombasa entfernt im Indischen Ozean und war erst etwa ein Jahr davor britisches Protektorat geworden. Der Brite hatte offenbar angenommen, die »verrückte Amerikanerin« werde ihr Ansinnen aufgeben, wenn sie auf derartige Schwierigkeiten stoße. Mackenzie muss sehr erstaunt gewesen sein, als May French Sheldon ohne weiteres auf seinen Vorschlag eingeht und ein Schiff nach Sansibar besteigt. Auf der Koralleninsel trifft sie den ersten der vielen Sultane auf ihrer langen Reise durch Afrika. Um sich der Hilfe dieses trotz britischen Einflusses noch immer mächtigen Herrschers zu versichern, begibt sie sich zu einer persönlichen Audienz in seinen Palast.

Abdal Aziz Ben Mohammed lässt stolz alle seine 142 Haremsdamen an seiner amerikanischen Besucherin vorbeidefilieren, zeigt ihr huldvoll seine prunkvollen Privatgemächer und fragt sie anschließend, was sie von alledem halte. »Mit wahrer amerikanischer Ehrlichkeit bezeichnete ich es als abscheulich«[13], schreibt sie später in ihrem Buch. Der Sultan bleibt trotz dieses Affronts gelassen und klagt dem Gast sein Leid, dass er zwar viele Töchter, aber leider keinen einzigen Sohn habe. Was, und sie habe überhaupt keine Kinder, staunt er. Aber ihr Mann habe dann bestimmt viele

Frauen? »Natürlich nicht«, knurrt die Besucherin, ihrerseits nicht halb so gelassen wie ihr Gastgeber.

Glücklicherweise kommt es bei diesem Schlagabtausch zwischen Orient und Okzident, Machismus und Feminismus, nicht zum Eklat. Im Gegenteil: Mrs Sheldon kann mit einem handschriftlichen Empfehlungsbrief und einem persönlich signierten Foto des Sultans den Palast verlassen. Der Brief enthält den Befehl, dass jeder, der dieser amerikanischen Lady begegne, sie »mit absoluter Hochachtung und Aufmerksamkeit empfangen« möge. Das gibt May French Sheldon die Möglichkeit, nun endlich ihre Karawane zu formieren, das heißt, Träger anzuheuern und Proviant einzukaufen. Innerhalb weniger Tage stellt sie insgesamt 138 Leute an: 95 Männer für das Gepäck, sechs für die Sänfte, den erfahrenen Karawanenvorsteher Hamidi sowie eine Trägerin und ein paar weitere Frauen als Zofen. Ursprünglich wollte die Expeditionsleiterin Frauen auch für verantwortliche Posten wie die des Dolmetschens anwerben. Doch der Aufruhr, den dieses Vorhaben bei ihren mohammedanischen Verhandlungspartnern hervorruft, wirkt sogar auf eine May French Sheldon abschreckend. 70 der Männer werden mit Gewehren ausgestattet, der Rest bekommt Messer. Säcke voller Lebensmittel werden gekauft, ebenso Glasperlen und sonstiger Tand zum Tauschen mit den Bewohnern des Landes.

Zusammen mit ihrer Karawane fährt May mit dem

Schiff zurück nach Mombasa. »Ich fühlte die Befriedigung, zu wissen, dass in sechs Tagen das so genannte Unmögliche erreicht wurde, und das von einer *Frau*«[14], schreibt sie später in ihrem Buch. George Mackenzie gibt nun seinen Widerstand auf, ja »konvertiert zu meinem Freund«, wie May zufrieden feststellt. Der Kolonialbeamte hält eine feierliche Ansprache vor den Karawanenmitgliedern. Wenn sie desertierten, würden sie für ein Jahr in Ketten gelegt, droht er.

An einem Montagmorgen im April 1891 laden die Träger ihre Kisten auf den Kopf und die Karawane macht sich von Mombasa auf den Weg Richtung Kilimandscharo. »Die ganze Karawane bebte vor Freude«, notiert May French Sheldon entzückt.

Bald tauchen die ersten Schwierigkeiten auf. Es ist Regenzeit und das Gehen im zähen Schlamm ist äußerst mühsam. Die Karawanenführerin bekommt Blasen an den Füßen, doch tapfer stapft sie weiter – die Sänfte will sie nur in Ausnahmefällen benutzen. Ein Dorn verletzt sie am Auge, Moskitos und Zecken quälen sie Tag und Nacht, ebenso die Angst vor wilden Tieren. Nicht zu Unrecht. Einmal kommt der junge Träger Ferusa Ben Sura vom Wasserholen nicht zurück. Als May beim allabendlichen Abzählen ihrer Leute sein Fehlen bemerkt, startet sie sofort eine Suchaktion. Zu spät. In der Ferne hört sie einen schrillen Todesschrei: Ferusa ist von Löwen zerrissen worden. Am nächsten Tag findet sie nur noch einen blutigen Knochen und einen Wasserbehälter mit der Inschrift »May French Sheldon«.

Dieser grauenvolle Anblick lässt die Amerikanerin nicht mehr los. Seit dem Todestag von Ferusa, dem einzigen Menschen, der während der gefahrvollen Reise ums Leben gekommen ist, wird sie von Schlaflosigkeit geplagt. Anders als für viele andere Karawanenführer ist für sie jedes einzelne Mitglied ihres Trecks eine Person, mit deren Charakter sie sich auseinander setzt und deren Wohlergehen ihr wichtig ist. So kontrolliert die ausgebildete Ärztin jeden Morgen den Gesundheitszustand aller Karawanenmitglieder und verordnet die entsprechenden Medikamente. Wenn jemand zu schwach ist, weiterzulaufen, ordnet sie an, dass er von anderen in einer Hängematte getragen wird. Anfängliche wütende Proteste gegen dieses ungewohnte Verfahren biegt sie mit dem Hinweis ab: »Schau her, mein Lieber, morgen kannst du krank sein, und wenn du etwas dagegen hast, heute deinen Kollegen zu tragen, wer wird morgen dann bereit sein, dich zu tragen?«[15]

Dass May French Sheldon ein weiches Herz und viel Einfühlungsvermögen besitzt, zeigt sich besonders deutlich an der Episode mit Karas Kiste. May lernte den baumlangen, bärenstarken jungen Schwarzen näher kennen, als in der Karawane Unmut laut wird, weil eine der Kisten für einen normalen *pagazi*, einen Träger, zu schwer sei:

»Ich rief die Träger zusammen und trat vor sie hin, um mich darin zu üben, ihre unzufriedenen Gemüter zu besänftigen.

›Hier ist eine Kiste, die doppelt so schwer ist wie die anderen. Ich habe viel vom Ruhm eines starken *pagazi* in dieser Karawane gehört. Nun, wo ist dieser starke *pagazi*?‹

Da gab es ein lautes Rascheln, dann ein Rempeln und Auseinanderweichen im hinteren Teil der Trägerschar, als sich jemand durch die Menge nach vorn drängte. Es war ein großer, strammer Bursche mit einem strahlenden Gesicht. Sein lächelnder Mund enthüllte schimmernde Zähne. Er stellte sich auffällig weit von den anderen auf und verkündete stolz: ›Bébé, ich bin dieser starke Mann.‹ Dann wirbelte er wie eine Spindel um seine Achse, um die Überlegenheit seiner Muskeln zu demonstrieren. Er streckte beide Arme aus, ballte seine Fäuste, schob sie nach oben, um seinen Bizeps zu zeigen, und sagte: ›Bébé, verfüge über mich.‹«[16]

Kara, so heißt der Mann, hievt unter dem Applaus der anderen *pagazi* die schwere Kiste auf den Kopf und schreitet mit stolzgeschwellter Brust davon. Der Friede in der Karawane ist wiederhergestellt. Doch eines Tages bekommt der starke Kara in der ungewohnten Hitze des Landesinneren einen Sonnenstich. May sieht, wie sich der Kranke unter seiner schweren Last quält. Mitleidig bietet sie ihm an, die Kiste einem anderen *pagazi* zu geben, doch Kara, der Stolze, lehnt empört ab. May kann ihm nachfühlen, dass sein Prestige auf dem Spiel steht, und schlägt ihm eine List vor: Kara soll weiter seine Kiste auf dem Kopf tragen, doch sie verteilt deren Inhalt heimlich auf andere Behälter. Nach sieben Tagen strotzt Kara wieder vor Kraft und verlangt von seiner Chefin übermütig den Inhalt seiner Kiste zurück. Keiner der anderen hat etwas bemerkt, Karas Ruf ist gerettet.

Wie passt so viel Einfühlungsvermögen zu der Tatsache, dass die Karawanenführerin einige ihrer Untergebenen prügeln und manchmal auch auspeitschen lässt? Zur Verteidigung gegen entsprechende Vorwürfe, die ihr später in der Heimat gemacht werden, gibt sie selbst eine einleuchtende Antwort: »Als ich meine Expedition begann, war ich vernarrt in den Gedanken, dass die Träger durch Freundlichkeit und moralische Überzeugung regiert werden könnten und dass die für ihre eigene individuelle Sicherheit als auch die Sicherheit der Expedition notwendige Disziplin ständig aufrechterhalten werden könne, ohne zur üblichen Bestrafung mit dem Stock Zuflucht zu nehmen. Dieser lieb gewordene Glaube wurde bald durch eigene Erfahrung erschüttert.«[17]

Die eindrucksvollste dieser Erfahrungen ist eine Meuterei. Die Karawane gelangt zu den Ausläufern des Kilimandscharo, einem unübersichtlichen Hügelland. Der Fußmarsch durch das unwegsame Gelände, das zu langen Umwegen zwingt, zehrt an den Kräften der Träger, die Angst, von Massaikriegern überfallen zu werden, an ihren Nerven. Ohne Befehl bleiben die Männer an der Spitze der Karawane auf einmal stehen, schleudern ihre Lasten zu Boden und stiften die Nachkommenden an, dasselbe zu tun. Die Frau kenne den Weg nicht, begründen sie ihren Ungehorsam. Hamidi, ihr erfahrener Begleiter, befindet sich weit weg am Ende der Karawane; Dolmetscher Josefe wird bei jedem der Befehle seiner Herrin, die er den Aufrührern übersetzt, verhöhnt.

»Ich erkannte, dass ich diesen meuternden, halbwilden Männern jetzt oder nie demonstrieren musste, dass sie mir zu gehorchen hatten und dass Disziplin durchgesetzt werden würde, koste es, was es wolle.«[18] May French Sheldon zückt ihre Pistole und schießt auf einen Geier, der über der Karawane seine Kreise zieht. Zum Erstaunen der Rebellen fällt der große Vogel direkt vor die Füße der Schützin. Mit zornsprühenden Augen setzt sie daraufhin den Pistolenlauf in schneller Folge an die Köpfe einiger Meuterer und brüllt: »Steh auf! Nimm dein Bündel! Eins, zwei, dr...« Noch bevor sie zu Ende gezählt hat, springen die Männer auf. Die Revolte ist damit beendet – dank Mays Geistesgegenwart ohne jegliches Blutvergießen. Zwei der Anführer des Aufstands bekommen eine

Tracht Prügel, dann setzt sich die Karawane wieder in Bewegung.

May French Sheldon reflektiert dieses Erlebnis später so: »Ich begriff, dass die Disziplin nur aufrechterhalten werden konnte, wenn große Übeltäter in der akzeptierten Art und Weise gezüchtigt wurden – mittels einer Methode, die ihnen vertraut war und von ihren Kameraden gebilligt wurde. Überredungskünste und Überzeugungsversuche wurden missachtet und verspottet, wahrscheinlich umso mehr, als ich – ihr Anführer – eine Frau war.«[19]

In den meisten Fällen muss sie sich jedoch nicht zu Prügelstock und Nilpferdpeitsche flüchten, sondern meistert knifflige Situationen allein durch ihren Mut. So zum Beispiel bei der ersten Begegnung mit den viel gefürchteten Massai. »*Simama, simama, Bébé!* – Stop, stop, Lady!«, schreit eines Tages plötzlich einer der Späher. »Massai, Massai!« Die Karawane gerät in Konfusion. Um eine Panik zu verhindern, nimmt May die Sache in die Hand. Mit ihrem Feldstecher entdeckt sie im hohen Gras einige fast nackte Gestalten mit Pfeilen und Bogen in der Hand. Sie machen auf sie aber eher einen ängstlichen als aggressiven Eindruck. Begleitet von nur dreien ihrer Männer geht sie auf die Männer zu und wedelt freundlich mit einer afrikanischen Friedensfahne und einer kleinen amerikanischen Flagge.

Die Massai reißen die Augen weit auf vor Erstaunen. Weiße Männer haben sie schon öfter zu Gesicht bekommen, aber eine weißhäutige Frau noch nie. Um die Ängste der Massai zu zerstreuen, verteilt May French Sheldon einige der unzähligen Ringe mit ihrem eingravierten Namen. Dolmetscher Josefe verkündet den Kriegern feierlich, dass diese Bébé eine weiße Königin von unendlicher Macht sei, die komme, um Freundschaft mit ihnen zu schließen und viele schöne Geschenke des Friedens zu bringen. Die Massai sind nun noch erstaunter als zuvor. Sie werfen neugierige Blicke auf das Gewand der »Königin« und murmeln etwas von »*Bébé Bwana* – Lady Boss«. In diesem Moment ist May French Sheldons afrikanischer Name geboren. Sie trägt ihn stolz wie einen Ehrentitel.

Bébé Bwana alias May French Sheldon reist dann eine Weile von Stamm zu Stamm und sammelt dank ihrer unersättlichen Neugier zahllose Informationen über Land und Leute. Sie kauft Gebrauchsgegenstände auf, die ihr völkerkundlich wertvoll erscheinen, wie Speere von Häuptlingen, Schmuckstücke und vieles mehr. Ihre Sammelleidenschaft lässt sie buchstäblich über Leichen gehen. Eines Tages findet sie den verwesenden Körper einer Frau im Busch und scheut sich nicht, deren erstarrte Beine zu amputieren, um an die hübschen Fußreifen zu kommen. In ihrem Eifer schreckt Bébé Bwana auch nicht davor zurück, einer Massaifrau einen reich verzierten Lederschurz abzuschwatzen, das Symbol ihrer Treue zu ihrem Ehemann. Es schert sie wenig, dass sie die Frau nun in größte Gewissensnöte gebracht hat.

May French Sheldon betätigt sich aber nicht nur als Ethnologin, sondern auch als Geologin und Geographin. Ihr Ziel ist der geheimnisumwitterte Chala-See am damals noch kaum erforschten Osthang des Kilimandscharo. Zusammen mit dem englischen Offizier Keith Anstruther, den sie unterwegs zufällig getroffen hat, und den beiden mutigsten ihrer Männer steigt Bébé Bwana zu dem Kratersee hinunter. Nur ganz wenige Europäer haben das Gewässer je zu Gesicht bekommen, denn der Abstieg zu dem felsengesäumten, mit schier undurchdringlichem Urwald bewachsenen Ufer ist steil und gefährlich. Die Massai meiden das »Teufelswasser«, weil sie die unerlösten Seelen toter Stammesgenossen darin vermuten. Was viele männliche Forscher vor ihr nicht geschafft haben: Bébé Bwana gelingt es, sich einen Weg zum Ufer zu bahnen. Aber damit nicht genug. Auf einem mitgebrachten Boot paddelt sie mit ihren Begleitern über den verwunschenen See, mitten durch eine Schar hungriger Krokodile.

May French Sheldon ist zwar nicht der erste weiße Mensch, der den Kratersee erblickt, aber der erste, der ihn je befahren hat. Auf das von unerklärlichen Strudeln und Strömungen bewegte Gewässer hat sich bis dahin noch niemand gewagt. Damit hat May endlich erreicht, wonach sie sich jahrelang sehnte, »die Erste zu sein an einem Ort, der noch unbefleckt ist von der Anwesenheit des Menschen[20].« Mit dieser Pioniertat geht sie, die Leiterin dieser Expedition, in die Annalen der Afrikaforschung ein. Und sie gelangt damit zu dem Ruhm, nach dem sie immer strebte: Die britischen Geographen, bis dahin Vertreter einer reinen Männerdomäne, belohnen die erfolgreiche Afrikaforscherin als eine der ersten Frauen mit der Mitgliedschaft in der angesehenen »Royal Geographic Society«.

Was Bébé Bwana sich zum Höhepunkt ihrer Afrikareise auserkoren hat, ist noch nicht erreicht: ein Marsch ins Kernland der Massai. Doch kurz vor ihrem Ziel stößt sie auf ein unerwartetes Hindernis: Hamidi. Der weithin bekannte und viel gelobte, vom Sultan von Sansibar persönlich empfohlene Karawanenvorsteher ist mit Bébé Bwana mutig und treu durch dick und dünn gegangen, hat ihr jeden Wunsch von den Augen abgelesen und jeden Befehl zu ihrer vollsten Zufriedenheit ausgeführt. Nun plötzlich tritt Hamidi in Streik. Angetan mit seinem *kanzu*, einem langen, weißen, am Nacken reich bestickten Kleid, baut er sich vor seiner Herrin auf:

»›Bébé Bwana, ich werde dich nicht dorthin führen, die Gefahr ist zu groß.‹

›Willst du damit sagen, Hamidi, dass du meinen Befehlen nicht gehorchst?‹

Er drehte sich um, schaute mir, ohne zu zögern, direkt in die Augen und antwortete: ›Bébé Bwana, ich habe dem Sultan von Sansibar und Bwana Mackenzie geschworen, dich so weit wie möglich vor jeder Gefahr zu schützen und eher mein Leben zu geben als zuzulassen, dass dir ein Leid geschieht. Bébé Bwana, nimm diese Pistolen‹, und er zog seine Revolver aus seinem Gürtel. ›Töte mich, aber ich werde nicht gehen.‹

Der Mann strahlte eine kühne Würde aus; ich nahm die Pistolen, die er mir angeboten hatte, ohne zu wissen, ob er diese Bewegung missdeutete. Er öffnete seinen *kanzu* ohne ein Wort und stand stoisch mit entblößter Brust da.

›Ich bin bereit, Bébé Bwana.‹

›Hamidi, geh, oder ich bin in der Versuchung, etwas Unbesonnenes zu tun. Lass mich darüber nachdenken, und ob du gehst oder nicht – ich gehe ins Massailand.‹«[21]

Bébé Bwana geht nicht ins Massailand. An der Grenze zum Gebiet des kriegerischen Nomadenvolkes lässt sie ihre Karawane schließlich umkehren. Zum ersten Mal auf dieser Reise verwirklicht sie etwas nicht, was sie sich in den Kopf gesetzt hat. Hamidi ist es gelungen, seine Herrin davon zu überzeugen, dass ihr Plan »… nicht nur ein äußerst gewagtes Unternehmen gewesen wäre, sondern zweifellos damit geendet hätte, dass meine gesamte Karawane ausgeraubt und die Sansibarer vernichtet worden wären, ganz zu schweigen davon, was mir hätte geschehen können«[22].

Bébé Bwana tritt die Reise zurück in Richtung Küste an. Die Route führt diesmal durch deutsches Hoheitsgebiet, das südlich des britischen Territoriums liegt. Unterwegs besucht Bébé Bwana den Sultan Mireali von Moschi. Sie trinkt mit dem gut aussehenden jungen Herrscher Tee und schaut bezaubert zu, wie er im Mondschein eigens für sie eine Art Schleiertanz aufführt. Danach stattet sie Mirealis Erzfeind, dem Sultan Mandara, einen Besuch ab, obwohl ihr deutsche Kolonialbeamte dringend davon abraten: Der alte Sultan ist bekannt für seine Brutalität, Hinterlist und Gier nach weißen Frauen.

Der Machthaber empfängt Bébé Bwana im Bett. Zu ihrer Erleichterung ist der alte Mann nicht nur auf einem Auge blind, sondern auch von der Hüfte an abwärts gelähmt. Für ihn setzt Bébé Bwana ein einziges Mal ihre eherne Regel außer Kraft, die auf ihrem Wanderstab geschrieben steht: »Noli me tangere – Rühr mich nicht an«. Damit der alte Mann wenigstens einmal im Leben seinen großen Wunsch verwirklichen kann, die blonden, weichen Haare einer weißen Frau zu berühren, löst Bébé Bwana bereitwillig ihre Haarnadeln. »Ah, das sind die Fäden des Sonnenlichts«[23], begeistert sich der Sultan und streichelt andächtig das lange Haar seiner Besucherin.

Unversehrt kann sie das Haus von Sultan Mandara verlassen.

Die Karawane setzt sich wieder in Bewegung. Doch die Reisende ist nicht so fit wie sonst – die Ruhr mit ihren blutigen, eitrigen Durchfällen macht ihr seit einiger Zeit schwer zu schaffen. Eines Tages gelangt die Karawane an einen reißenden Fluss. Da geschieht ein Unglück, das die Forscherin beinahe das Leben kostet. Erschöpft sitzt sie in ihrer Sänfte und sortiert Pflanzen, die sie den Tropenbotanikern zu Hause überbringen will. Plötzlich rutschen die Träger der Sänfte auf den Bohlen der geländerlosen Brücke aus und stürzen samt ihrer Last ins Wasser. May, in ihrer Sänfte in voll gesogenen Kissen gefangen, entgeht nur knapp dem Ertrinken. Ein paar Karawanenmitgliedern gelingt es gerade noch, ihre Herrin aus dem engen Tragegestell zu befreien. Doch sie gleiten auf dem zerklüfteten Gestein des Ufers erneut aus, May fällt ein zweites Mal in den Fluss und verletzt sich schwer an der Wirbelsäule.

Sie ist nun körperlich völlig hilflos, ihr Wille aber ist ungebrochen. Sie treibt die Karawane zu Höchstleistungen an, denn »... ich erkannte, dass mein Leben davon abhing«[24]. Angespornt durch versprochenen Extralohn, aber auch aus Sorge um ihre verehrte Herrin, tragen die Männer die Schwerkranke in einer

Hängematte durch Sand und Sümpfe, Tag und Nacht. Bis zu 60 Kilometer legen sie täglich zurück.

Halbtot vor Schmerzen und ausgezehrt durch die Folgen der Ruhr kommt May auf einer Dhau, einem der traditionellen arabischen Segelschiffe, auf Sansibar an. Dort liegt das für Europa bestimmte Schiff »Madura« gerade vor Anker. May lässt es sich nicht nehmen, ihre treue Gefolgschaft höchstpersönlich zu entlassen, obwohl sie kaum noch Kraft hat, zu sprechen. Doch ihre »Horrorreise«, wie sie es nennt, ist noch nicht zu Ende. Auf der Fahrt zurück nach Europa schmettert ein Monsunsturm die Schwerkranke an die Eisenstäbe der Reling: Schädelbruch.

Der Gedanke, der May French Sheldon in dieser schrecklichen Lage beherrscht, ist der verzweifelte Wunsch, »wenigstens so lange zu leben, dass ich noch einmal meinen Mann sehen kann«[25]. Das Schicksal gewährt ihr diesen Wunsch – und ist doch so grausam zu ihr. In Neapel kann sie zwar ihren geliebten Gatten Eli in die Arme schließen, doch wenige Monate später stirbt er. Woran, ist nicht überliefert.

Kurze Zeit später, im August 1892, erscheint *Sultan to Sultan*. Als Motiv, warum sie das Buch schrieb, nennt sie im Vorwort: »… um mein Bestes zu tun, meine Leser besser mit den Fähigkeiten der primitiven Naturvölker vertraut zu machen. Ich bin stolz darauf, sie meine Freunde nennen zu können und von ihnen als

Freundin betrachtet zu werden. Mein Ziel ist auch, Folgendes zu zeigen: Wenn eine Frau tausend und noch mehr Meilen in Ostafrika reisen kann, unter einigen feindlichen Stämmen, nur in Begleitung von Söldnern aus Sansibar, ohne dass es zu Blutvergießen kommt, dann sind die extremen Maßnahmen einiger künftiger Kolonisatoren unnötig, Abscheu erregend und ohne jede Menschlichkeit.«

Der Erfolg des Buches ist überwältigend. Kein Wunder, denn auch noch 100 Jahre später reißt die Lektüre die Leser durch ihre spannende Handlung mit und gewährt ihnen gleichzeitig interessante Einblicke in die Lebensweise ostafrikanischer Völker – und natürlich in Bébé Bwanas heroisches Herz. Interessant ist das leider bislang nicht ins Deutsche übertragene Buch auch deshalb, weil der mehr als 400 Seiten umfassende Text mit vielen Illustrationen versehen ist. Die Autorin hat zahlreiche selbst gemachte Fotografien von ihren Sammelstücken beigefügt, von ihren treuen Trägern und von vielen der arabischen und afrikanischen Menschen, die ihr unterwegs begegneten.

»Afrika ist eine schwierige, aber unwiderstehlich faszinierende Geliebte, die ihre Verehrer mit magnetischer Kraft festhält«[26], schreibt May French Sheldon am Ende ihres Reiseberichtes. Zwei Jahre später reist sie wieder nach Afrika, diesmal in den Kongo. Der König von Belgien hat ihr den Auftrag gegeben, Recherchen über die dortigen Bewohner anzustellen. May widmet sich dieser Aufgabe offenbar mit gewohnter Verve, veröffentlicht aber diesmal ihre Ergebnisse leider nicht.

In der Folgezeit hält sie Lesungen, die gut besucht sind. Ihr Thema: »Englands kommerzielle und industrielle Zukunft in Zentralafrika«. »Die Weitsicht ihrer Ansichten überrascht, auch wie großartig ihr Verständnis der Notwendigkeit war, bei der industriellen und landwirtschaftlichen Erziehung der afrikanischen Bevölkerung ›vernünftig voranzugehen – Schritt für Schritt, in einer wohl kalkulierten Geschwindigkeit‹«, lobt Sheldon-Expertin Alexandra Allen[27].

Weitsicht, das zeigen auch ihre Reisen deutlich, ist eine von May French Sheldons hervorstechenden Eigenschaften. Hinzu kommen Ehrgeiz, Willensstärke, Warmherzigkeit, Neugier und Mut – wobei diese Eigenschaften durchaus auch in ihrer negativen Ausprägung auftauchen: als Hang zur Exzentrik, Dickköpfigkeit, Gefühlsduselei, Impertinenz und Tollkühnheit. Das Schillernde ihres Charakters spiegelt sich nicht nur in ihren Büchern, sondern auch in der Sekundärliteratur wider. »Einer der farbigsten Charaktere in der Geschichte der Entdeckung Afrikas«, schwärmt Jane Robinson, Autorin eines Standardwerkes über reisende Frauen[28]. »Nur wenige Frauen hatten Mrs Sheldons unqualifiziertes Selbstvertrauen«, schimpft dagegen Catherine Stevenson, Autorin eines

Werkes über Frauen, die im Zeitalter von Königin Victoria durch Afrika reisten.[29]

Auch im Alter behält May French Sheldon ihren Tatendrang. Als 1914 der Erste Weltkrieg ausbricht, geht die 66-Jährige in die USA, um Spenden für das Belgische Rote Kreuz zu sammeln. Für dieses soziale Engagement und ihre Studien im Kongo verleiht ihr König Albert von Belgien den Ritterorden »Chevalier de l'ordre de la Couronne«.

Im Jahr 1936, im hohen Alter von 88 Jahren, stirbt May French Sheldon – nicht etwa auf einer ihrer gefahrvollen Reisen, sondern in ihrer Wohnung am Pembroke Square in ihrer Wahlheimat London. Überall in dieser Wohnung stehen die Trophäen und Erinnerungsstücke, die May aus Afrika mitgebracht hat. Ihr Sinn für Extravaganz verlässt Bébé Bwana bis in den Tod nicht.

»Ja, ein Mann zu sein, das wäre Freiheit!«
Lina Bögli (1858–1941)

Von Doris Stump

»Lina Bögli, wir danken dir, du warst uns Frauen eine große Lehrmeisterin, wir werden dich nicht vergessen!«[1], schrieb eine Kritikerin nach dem Tod der Schweizerin 1941 im »Schweizer Frauenblatt«. Doch die übliche männerorientierte Geschichtsschreibung sorgte dafür, dass die Weltreisende Lina Bögli bald kaum noch jemandem bekannt war. Erst als im Jahr 1990 ein Zürcher Verlag ihr Buch *Vorwärts – Briefe von einer Reise um die Welt* unter dem Titel *Talofa* wieder auflegte, wurde die Öffentlichkeit erneut auf diese zielstrebige und eigenwillige Frau aufmerksam. Zehn Jahre lang war Lina Bögli unterwegs gewesen, ihre Aufzeichnungen über Australien, die Südsee und die Vereinigten Staaten erschienen zu Beginn des vergangenen Jahrhunderts in Englisch, Deutsch und Französisch. Viele waren damals begeistert, feierten Lina Bögli als talentierte Schriftstellerin, als »Frau ohne Furcht und Tadel« und als »Vertreterin der heroischen Zeit der Schweizer Frauenbewegung«[2].

Sie selbst hat der Nachwelt neben ihren Reisebüchern wenig hinterlassen. Sie schrieb im Alter keine Memoiren und bewahrte ihre Korrespondenz nicht auf. Das Wenige, was sie besaß, hinterließ sie ihrer Freundin Amy Moser, die später ebenso wie Elisa Strub eine Biographie über Lina Bögli schrieb. Bei so vielen Informationen aus zweiter Hand bleiben bis heute manche Punkte in ihrer Biographie entsprechend vage.

Von dem Kind Lina existieren keine Fotos. Die späteren Aufnahmen zeigen eine kleine, schmale Frau mit einem direkten Blick und energischem Mund – eine selbstbewusste Person, die mit Zuversicht ihre Lebensträume verwirklichte.

Lina Bögli stammte aus ärmlichen Verhältnissen. Über ihre Familie ist nur wenig bekannt. Sie war das jüngste Kind des Bauern Ulrich Bögli (1804–1887) in den Buchsibergen bei Herzogenbuchsee im Kanton Bern, der nach dem Tod seiner ersten Frau seine Haushaltshilfe Elisabeth Graber geheiratet hatte. Die drei Söhne aus erster Ehe waren bereits erwachsen und lebten nicht mehr auf dem Hof des Vaters, zwei Kinder aus der neuen Verbindung waren schon gestorben, als Carolina Bögli, genannt Lina, am 15. April 1858 geboren wurde.

Glücklich war Linas Kindheit nicht. Sie musste von klein auf hart arbeiten und fühlte sich oft sehr allein. Ihre Biographin Elisa Strub war der Meinung, ihr habe es vor allem an mütterlicher Liebe gefehlt. In ihrer Einsamkeit entwickelte Lina eine reiche Traumwelt, durch die sie die Entbehrungen des Alltags zeitweise vergessen konnte. Gern erinnerte sie sich später nur an die Lehrerin der unteren Klassen und an den Vater, dem sie von ihren Wünschen und Träumen erzählen konnte. Er war ein gebildeter Mann, der sich sowohl für Geschichte wie für medizinische und technische Zusammenhänge interessierte, dabei die Arbeit auf dem Hof oft vernachlässigte und im Lauf der Zeit in immer größere finanzielle Schwierigkeiten geriet.

Wie Elisa Strub in ihren Erinnerungen schreibt, starb seine zweite Frau, als Lina gerade zwölf Jahre alt war. Daraufhin sei das junge Mädchen, wie dies mit verwaisten Kindern oft geschah, in eine Bauernfamilie im Jura gegeben worden. Das zuständige Zivilstandsamt der Gemeinde Seeberg hat andere Daten notiert: Danach starb die Mutter erst im Januar 1874, als Lina 15 Jahre alt war. Möglicherweise war sie schon vor dem Tod ihrer Mutter erstmals in die Fremde geschickt worden. Über diese Zeit äußerte sich Lina viele Jahre später: »Ich musste als Kindermädchen mein Brot verdienen und erhielt mehr Schläge als Unterricht, denn nur höchst selten wurde ich zur Schule geschickt, weil man mich zu Hause nötig hatte.«[3]

Als sie nach einem Jahr in ihr Dorf zurückkehrte, wurde sie nicht in die nächste Klasse versetzt. Eine Demütigung für Lina, die so gern Lehrerin werden wollte und von klein auf einen großen Bildungshunger zeigte: »An Lesestoff verschlang Lina in ihrer Schulzeit alles, dessen sie habhaft werden konnte, und zog sich ... Spott und Schelte zu, was ihr aber das Glück des Lesens nicht vergällte.«[4]

Nach der Konfirmation zwangen Geldprobleme Lina erneut dazu, auf einem Bauernhof in der Nähe des Elternhauses für fünf Franken Monatslohn zu arbeiten. »Nie hatte ich einen Feiertag, nie einen Sonntag frei«, klagte sie, doch im Nachhinein bewertete sie diese schwierige Zeit als Grundlage ihrer späteren Fähigkeiten: »Denn wäre ich im heitern Familienkreis aufgewachsen oder hätte ich einen Kranz von Freunden um mich gehabt, so hätte ich meine Weltreise gar nicht ausführen können; denn dann hätte ich die Einsamkeit, das seelische Alleinsein, nicht ertragen. Auch das Entbehren und Entsagen, das ich so früh lernen musste, kam mir auf meinen Reisen gut zustatten.«[5]

Lina Bögli nahm die gesellschaftliche Entwicklung in ihrer Umgebung mit großem Interesse wahr. Ihr Wunsch, als Bauerntochter einen Beruf zu erlernen, war keine utopische Vorstellung. Sie hatte von der Möglichkeit einer Ausbildung für Mädchen am ersten staatlichen Lehrerinnenseminar im Kanton Bern gehört, das bereits 1838 gegründet worden war. Seitdem war es ihr Ziel, Lehrerin zu werden und die enge Heimat zu verlassen. Die Eisenbahn faszinierte sie wohl weniger wegen der technischen Daten als der Möglichkeit des Reisens. Immerhin entwickelte sich das nahe gelegene Herzogenbuchsee in ihrer Jugend zu einem wichtigen Verkehrsknotenpunkt mit Bahnanschlüssen nach Olten, Bern und Solothurn und damit sozusagen in die ganze Welt. Zu dieser Zeit sahen sich so manche Schweizer und Schweizerinnen zur Auswanderung gezwungen, da die Krise der Siebzigerjahre in der Industrie wie in der Landwirtschaft ihnen alle Existenzmöglichkeiten raubte. Lina Bögli wusste, dass auch sie hier keine Zukunft hatte, wenn sie nicht ihr ganzes Leben lang Hausmagd bleiben wollte.

Nach drei Jahren harter Arbeit auf dem Bauernhof fand sie denn auch eine Stelle im Ausland. Eine Schweizer Familie, die in Neapel lebte, stellte sie als Zimmer- und Kindermädchen an. Endlich konnte die 18-jährige Lina eine neue Welt kennen lernen. Zum ersten Mal erhielt sie Einblick in gesellschaftlich besser gestellte Familien, wobei sie sich zu Beginn über so manche zu verrichtende Arbeit aufklären lassen musste. Mit 25 Franken im Monat verdiente sie bedeutend mehr als je zuvor, und endlich hatte sie auch genügend freie Zeit, um die Bücher aus der Familienbibliothek zu lesen. Rückblickend sagte sie dazu: »Ich glaube, mein Deutsch habe ich dort gelernt.« Nach drei Jahren kehrte sie in die Schweiz zurück und suchte von da aus eine neue Stelle.

Weil ein Vorfahre sich einst in die Schweiz geflüchtet hatte und von einer Familie Bögli aufgenommen worden war, suchte die polnische Familie Sczaniecki in Krakau Lina unter rund 100 Bewerberinnen aus. Neben der Arbeit als Erzieherin der Kinder, mit denen sie Deutsch und Französisch sprach, hatte Lina genügend Gelegenheit, sich weiterzubilden. Sie wurde in die Gespräche bei Tisch miteinbezogen, durfte den Vorträgen Sczanieckis über Literatur und Geschichte zuhören und wurde von seiner Frau in französischer Grammatik unterrichtet. Die junge Schweizerin fühlte sich in diesem Kreis sehr angenommen: »Ist es da zum Erstaunen, dass ich mit mehr Liebe an den Sczaniecki, meinen geistigen Eltern, hange als da, wo ich in meinen armen Jahren weilte? Die Sczaniecki haben mich zu einem bessern Leben erweckt.«[6] Von ihnen wurde sie auch unterstützt, als sie nach rund sieben Jahren den Wunsch äußerte, in die Heimat zurückzukehren, um an der »Ecole supérieure« (so etwas wie eine »höhere Töchterschule«) in Neuenburg einen zweijährigen Lehrgang zu absolvieren und ein Diplom als Lehrerin zu erwerben.

Ihr Erspartes von 1200 Franken reichte aus, um das Schulgeld, ein kleines Zimmer und alle weiteren Auslagen während dieser Zeit zu bezahlen. Allerdings musste sich die 28-Jährige finanziell sehr einschränken. Morgens nahm sie nur Brot und Tee zu sich, das Mittagessen holte sie sich für 30 Rappen aus der Kantine. Lina lebte sehr zurückgezogen und konzentrierte sich während dieser Zeit ganz auf das Studium. Nach dem erfolgreichen Abschluss mit dem »Certificat d'Etudes« blieb ihr sogar genügend Geld für eine Reise nach England. Sie wollte neben der französischen

Sprache auch noch die englische lernen, um als Lehrerin besser qualifiziert zu sein.

Lina Bögli fällte ihre Entscheidungen allein: »Ich sprach niemandem von meinem Plan, aus Furcht, entmutigt zu werden; denn mein eigener Verstand sagte mir zur Genüge, wie gewagt es sei, sich ohne Stelle, ohne Bekannte, ja ohne Mittel, in ein fremdes Land zu begeben.« Es war bekannt, dass junge Frauen, die ihr Glück als Lehrerinnen oder Gouvernanten in England versuchten, oft schamlos ausgenutzt wurden und ohne einen Pfennig desillusioniert nach Hause zurückkehrten.

Lina machte keine schlechten Erfahrungen: »Kaum hatte ich aber meinen Fuß auf Britanniens Boden gesetzt, als ich schon Menschen fand, die sich auf die freundschaftlichste Weise meiner annahmen, und am zweiten Tag hatte ich eine Stelle, die meine Erwartungen weit übertraf.«[7] Stolz gab die 30-Jährige zum ersten Mal Unterricht als Lehrerin an einem »Ladies College«. Lange hielt sie es in England jedoch nicht aus. Die Arbeit war anstrengend, das Klima setzte ihrer Gesundheit zu. So ging sie wieder zurück nach Polen, um weitere zwei Jahre die Sczaniecki-Töchter zu unterrichten.

Das Diplom als Lehrerin und die positive Erfahrung bei der Arbeitssuche in England hatten Lina Böglis Selbstbewusstsein gestärkt. Wie selbstverständlich nahm sie an den gesellschaftlichen Empfängen und

Familienfesten ihrer Arbeitgeber teil und lernte während dieser Zeit mehrere Männer kennen, die sie gern geheiratet hätten. Wie Lina später ihren Freundinnen erzählte, wollte sie jedoch unabhängig bleiben, und so beschloss sie 1892, statt eine Ehe einzugehen, sich die Welt anzusehen.

In ihren Erinnerungen begründet sie ihren Entschluss zu reisen so: »Ich kann nicht umhin, es als eine Fügung des Schicksals zu betrachten. Ich bin heute ganz allein zu Haus, und da es Sonntag ist, wollte ich mir einmal den Luxus eines kleinen Nachmittagsschläfchens erlauben; doch kaum hatte ich es mir auf dem Sofa bequem gemacht, als auch schon ein wahrer Wirrwarr von Gedanken durch meinen armen Kopf jagte und bald alle Schlaflust verscheuchte … Heiter können aber diese Gedanken nicht gewesen sein, denn die Schlussfolgerung war, dass doch das Leben oft furchtbar leer und farblos sei. Für einen Mann mag es wohl noch erträglich sein, denn er kann, wenn es ihm beliebt, alles Mögliche anstellen, um Abwechslung in die Eintönigkeit zu bringen, er behält doch seinen Platz in der Gesellschaft. Aber uns Frauen sind die Schranken so eng gezogen, dass man sich nicht gehörig rühren kann, ohne dagegen anzuprallen. Ja, ein Mann zu sein, das wäre Freiheit! Was ich wohl tun würde, wenn ich ein Mann wäre? Gewiss große Reisen machen, um die Welt und die Menschen kennen zu lernen.«[8] Die zielstrebige Schweizerin entschied sich, das Abenteuer auch als Frau zu wagen, sich das nötige Geld unterwegs zu verdienen, zwar nicht als Schiffsjunge oder Gepäckträger, dafür aber als Lehrerin und notfalls als Haushaltshilfe.

Ihre Biographin Elisa Strub erinnerte sich jedoch an ein Gespräch mit Lina Bögli, in dem sie andere Beweggründe für diese Reise nannte. Auch da habe sie zuerst von einer »spontanen Eingebung«, von einem »Gedanken Gottes« gesprochen, und erst nach weiterem Insistieren habe sie die Geschichte ihrer großen Liebe zu einem polnischen Offizier preisgegeben. Dieser sei bereit gewesen, auf seine Militärkarriere zu verzichten, um Lina, eine Ausländerin, heiraten zu können. Das habe sie jedoch nicht annehmen wollen, da sie zu wissen glaubte, dass sich so kein Liebesglück entwickeln könne. Deshalb habe sie für sich beschlossen, mit einer zehnjährigen Weltreise Distanz zu nehmen von ihren Gefühlen und ihrem Verehrer. Er soll bei ihrer Rückkehr am Bahnhof gestanden und seine Werbung wiederholt haben. Erst nach der zweiten Absage habe er ihre Entscheidung akzeptiert, sich nicht mehr gemeldet, sondern seine Offizierslaufbahn fortgesetzt, bis er als Kommandant einer Festung starb. Es muss offen bleiben, ob eine der zwei Versionen die ganze Wahrheit enthält.

Solch widersprüchliche Angaben zum Anlass der Reise können auch Zweifel an der Echtheit ihrer weiteren Erfahrungen aufkommen lassen. Die in Buchform erschienenen Briefe wurden von Lina Bögli erst nach der Reise aus der Erinnerung verfasst und ihr Wunsch nach einer vorbildhaften Selbstdarstellung mag zu einer sehr selektiven Auswahl beigetragen haben. Adressatin der Briefe ist eine Elisabeth Beckström, von der es heißt, sie sei Linas beste Schulfreundin aus Neuenburg gewesen, über die aber weder im Buch noch in den biographischen Darstellungen mehr zu erfahren ist. Gewidmet ist das Buch den »lieben Freundinnen rings auf dem Erdball: den jungen Mädchen«, denen Lina Bögli Vorbild sein wollte, um sie zu eigenen Unternehmungen zu ermutigen. Wohl deshalb stellte sie sich in ihren Briefen als eine furchtlose, starke, stets erfolgreiche, weltgewandte Frau dar, die durch nichts von ihren Plänen abzubringen war, für die das Reisen ohne Begleitung die größte Selbstverständlichkeit war und der kaum je etwas Unangenehmes passierte.

Auch wenn sie manchmal unsicher war, was ihre Entscheidungen betraf, so gestand sie ihre Zweifel oft erst im Nachhinein. Dies belegt auch ein Brief vom 14. Juli 1892, als sie kurz vor der Abreise in Italien nochmals die Angst packte und sie an eine Rückkehr in die Schweiz dachte: »Nach Krakau zurück, um mich dort auslachen zu lassen, daran hätte ich natürlich nicht gedacht; aber in der Schweiz wusste doch kein Mensch etwas von meinen wilden Reiseplänen. Also zurück zu den stillen, friedlichen Tälern meiner

Heimat! Gerade hatte ich mich umgedreht, als das Wort ›Vorwärts‹ mein Ohr traf ... ›Gnädiges Fräulein, der Dampfer, mit dem Sie morgen fahren, heißt Vorwärts.‹ Elisabeth, von diesem Augenblick an bin ich wieder mein altes, unternehmendes Selbst. Das Meer erschreckt mich nicht mehr, die fremde Menschenmenge schüchtert mich nicht mehr ein, ich fühle mich mit neuem Mut begeistert, denn ich glaube ganz bestimmt, dass Gott mir in diesem entscheidenden Augenblick seinen Befehl geschickt hat, vorwärts zu gehen. Mir scheint, als ob ich mich vor nichts mehr fürchten könnte ... Vorwärts soll von nun an mein Losungswort sein.«[9]

Und so fuhr Lina Bögli am 15. Juli zunächst mit dem Dampfer »Vorwärts« von Triest nach Brindisi, um von dort aus mit dem bedeutend größeren Schiff »Ballerat« in fünf Wochen nach Australien zu reisen. Das Umsteigen in Brindisi war allerdings keine so einfache Sache. Die großen Schiffe fuhren nicht in den Hafen ein und die Passagiere mussten mit kleinen Booten an Land oder zu anderen Schiffen gebracht werden. Lina versuchte die Dinge mit Gelassenheit zu nehmen und beschrieb die Situation mit einer gewissen Selbstironie: »Hier musste ich wieder eine wackelige Leiter hinaufsteigen, und zwar zu meinem großen Unbehagen vor einer Menge von Zuschauern; denn das Personal des ›Ballerat‹ und sämtliche Passagiere hatten längst ihr Augenmerk auf das Fahrzeug mit dem kleinen Frauenzimmerchen und dem enormen Koffer gerichtet. Dutzende von Fern- und Operngläsern waren auf uns gerichtet, und als es an das Hinaufklettern kam, lehnte alles, was nur einen Platz finden konnte, über die Brüstung hinaus, um das erhabene Schauspiel zu genießen. Dass es angenehm war, in einer so unwürdigen Weise in einer Gesellschaft zu debütieren, auf die man besonderen Eindruck machen möchte, kann ich nicht sagen; aber es musste eben überstanden werden, wie so vieles andere.«[10]

Mit kritischer Distanz betrachtete Lina Bögli die Gesellschaft an Bord, die auf sie nicht nur einen guten Eindruck machte: Einerseits bewunderte sie die exaltierten Engländer, die Offiziere, Ingenieure, die Beamten und besonders die Frauen, die ihren Männern nach China oder Australien folgten oder ihre erwachsenen Kinder besuchten. »Noch reiselustiger finde ich eine alte Dame, die, obschon ebenfalls nahe den siebzig, vor wenigen Monaten einem australischen Kolonisten die Hand zum Bunde reichte und nun freudig ihrem greisen Gemahl in die neue ferne Heimat folgt! Ich habe eine junge Bekannte in der Schweiz, die nicht den Mut hatte, dem Manne ihrer Wahl in einen anderen Kanton zu folgen; was würde sie zu der unternehmenden alten Engländerin sagen?« Andererseits kritisierte sie manche Gewohnheiten der Passagiere: »Wir haben allerdings Damen an Bord, die ein- oder mehrmals täglich in Ohnmacht fallen, und Herren, die aussehen, als ob sie jeden Augenblick der Schlag treffen könnte; aber beobachten wir die Diät dieser Leute, so müssen wir uns wundern, dass sie noch so gesund sind. Was da für Whisky zusammengetrunken wird!«[11] Lina selbst trank nur heißes Wasser. »Das regt natürlich nicht auf, und dass ich zu viel davon trinke, ist auch keine Gefahr.«[12]

Trotzdem fühlte sie sich bei der Ankunft in Australien sehr elend und befürchtete, nicht durch die Kontrolle der Gesundheitskommission zu kommen und in Quarantäne gesteckt zu werden. Selbst in dieser Situation behielt sie ihren Humor: »Wäre ich nicht so zum Sterben traurig gewesen, ich hätte laut aufgelacht beim Anblick der langen Reihe von Männern, die alle die Zungen ellenlang herausstreckten.«[13]

Lina Bögli hatte von einer englischen Freundin eine Adresse in Sydney bekommen, wo sie Unterkunft fand. Die Arbeitssuche war jedoch mühsamer als erwartet. Für die Schweizerin war es ein »Kampf« und »Feldzug«, und den erfolgreichen Abschluss verglich sie gar mit einem historischen Ereignis. »Gesiegt! Ich möchte wissen, ob Wellington nach der Schlacht bei Waterloo den Engländern seinen Sieg mit mehr Stolz mitteilte als ich dir heute den meinigen. Ich habe eine Stelle, und zwar als Lehrerin.«[14]

Lina Bögli muss sehr erleichtert gewesen sein, denn sie wusste von der großen Konkurrenz. »Da unter allen weiblichen Professionen die der Lehrerin allein als standesgemäß für eine Dame betrachtet wird, so will natürlich alles lehren, ob sie selber was können oder nicht.« Viel hielt Lina Bögli von den Privatschulen nicht: »Nun ist es natürlich sehr schwer für eine Person, die keine Examen gemacht hat, an einer Schule angestellt zu werden, und so eröffnet sie dann eine eigene. Man bezahlt sehr wenig in solchen Pensionen; aber man lernt auch wenig oder nichts. In keinem Land, ausgenommen England und seinen Kolonien, könnten solche Schulen existieren, weil man es nirgends sonst als eine Schande ansieht, seine Kinder in die Volksschulen zu schicken; aber die Engländer wollen lieber ihre Kinder in Privatschulen schicken, wo sie nichts lernen, nur um sagen zu können, dass sie in einer Pension und nicht etwa mit dem gemeinen Pöbel erzogen worden seien. So dumm ist noch das aufgeklärte England!«[15]

Vom australischen Kontinent war Lina Bögli begeistert. Sie genoss die Landschaft, die Anlage der Stadt Sydney und die Lebensweise der reichen Kolonisten beeindruckte sie. Die aktuellen wirtschaftlichen Schwierigkeiten Australiens blieben ihr dabei nicht verborgen. Sie zeigte Verständnis für die Forderungen der Arbeiter nach einem Achtstundentag, doch gleichzeitig verurteilte sie ihr Auftreten und ihre schlechte Arbeitsmoral: »Aber mir scheint, es sei eine schlechte Zeit zum Streiken, wenn die Brotherren bankrottieren. Der australische Arbeiter macht übrigens keinen guten Eindruck auf den Fremden. Ein respektabler europäischer Arbeiter würde sich schämen für seinen australischen Bruder, wenn er ihn sehen könnte, wie er in lärmenden Prozessionen in der Stadt herumzieht und auf die unverschämteste Weise alle anbettelt, die nicht in Lumpen gehen … Und wenn man sie, was selten genug vorkommt, an der Arbeit sieht, welcher Schlendrian!«[16]

Lina Bögli wiederholte kolonialistisches Denken, wenn sie bedauerte, dass es hier »kein braunes oder schwarzes Volk [gibt], wie in Indien und Afrika, das für den Weißen arbeitet«[17], und dass deshalb in Australien kaum Fabriken entstanden seien. Ihre Kritik an Missständen blieb an der Oberfläche. Sie war gefangen in den Werten der weißen Europäerin, die sich mit den Besitzenden identifizierte. Für sich strebte sie zwar völlige Unabhängigkeit an, stellte aber gesellschaftliche Abhängigkeits- und Ausbeutungsverhältnisse nicht in Frage.

Der Stellung der Frau aber widmete Lina Bögli ihre Aufmerksamkeit an allen ihren Aufenthaltsorten. Die Bemühungen der Australierinnen zur Einführung des Stimmrechts für Frauen kommentierte sie wohlwollend, ebenso die kulturellen Unterschiede in der Erziehung der Mädchen: »Das australische Mädchen wird eben ganz anders erzogen als das europäische. Es tritt viel früher als unabhängiges Persönchen auf, darf als Backfisch mit seinen männlichen Bekannten ins Theater, ins Konzert oder spazieren gehen.«[18] Auch die sozialen Bemühungen der australischen Frauen der Oberschicht – etwa die Einrichtung von Kindergärten in verwahrlosten Stadtteilen – würdigte sie ausführlich.

Trotz Kritik an einer reinen Männerherrschaft grenzte sie sich von den Frauenrechtlerinnen ab, griff aber dennoch manche ihrer Argumente auf: »Ich bin nicht, was man eine Feministin oder Weiberrechtlerin nennt, habe überhaupt der Frauenfrage noch gar keine Aufmerksamkeit geschenkt. Da ich unter der Männergesetzgebung noch nie gelitten habe, ist es mir im Grunde genommen ziemlich egal, wer die Gesetze macht. Da aber die größere Hälfte der Menschheit aus Frauen besteht, die nicht weniger zurechnungsfähig sind als die meisten Männer, so sehe ich nicht ein, warum diese allein die Gesetze nach ihrem Belieben sollen machen dürfen.«[19] Vertreterinnen der ersten Frauenbewegung sahen sie später dennoch als eine der Ihren an. War es Lina Bögli wichtiger, Unabhängigkeit zu leben, statt darüber zu theoretisieren? Oder wollte sie erst einmal ihre Leserinnen gewinnen und sie dann von ihren Vorstellungen von Emanzipation überzeugen?

Die intensive Auseinandersetzung mit der Situation der Frauen in den bereisten Ländern weist jedenfalls auf eine größere Übereinstimmung mit den Anliegen der Feministinnen hin, als Lina Bögli in ihren Briefen zugab.

Vier Jahre lebte die Schweizerin in Australien. Anfangs wurde sie schlecht bezahlt, bekam so manches Mal gar keinen Lohn. Nach dem ersten Jahr zog sie eine deprimierende Bilanz: »Ich bin eben oft so unglücklich, dass meine ganze Tatkraft dadurch gelähmt wird. Ich habe nicht die Energie, für mein Recht einzustehen ... Ich hoffe nur, die zehn Jahre meiner freiwilligen Verbannung werden nicht alle so schlecht sein wie das erste.«[20] Von diesen Gefühlen der Verzweiflung erfahren wir im Buch außer an dieser Stelle selten etwas. Sie berichte aus Prinzip eher über positive Erfahrungen, gab sie einmal zu. So vermittelte sie wesentlich mehr Informationen über ihre Reisen während der Schulferien als über die desolaten Verhältnisse an den Privatschulen.

Von den Blauen Bergen mit ihren Schluchten und Wasserfällen war Lina gewaltig beeindruckt: »Wenn ich nicht bald von hier wegführe, würde es mir gar ergehen wie dem Rheinschiffer, der sich von der Loreley in den Tod singen ließ.«[21] Auf einem andern Ausflug blieb ihr nichts anderes übrig, als sich zum ersten Mal in ihrem Leben auf ein Pferd zu setzen. Das kostete sie einige Überwindung, aber eine Blöße geben wollte sie sich nicht: »Nein, diese australischen Männer sollen keine Gelegenheit haben, sich über eine Schweize-

Lady Mary Montagu mit ihrem Sohn, um 1717.

Lady Mary Montagu trug gern orientalische Gewänder, um unbemerkt durch die Bazare streifen zu können.

Ida Pfeiffer in Wien, 1856.

Dieses Porträt von Ida Pfeiffer im Reisekostüm erschien 1856 in der Modezeitung »Die Wiener Elegante«.

Isabella Bird nach ihrer Rückkehr aus den Rocky Mountains.

Ihre große Leidenschaft war die Fotografie. Die Fotos entwickelte sie oft unter primitiven Bedingungen, während ihrer Chinareise sogar im Wasser des Yangtze-Flusses.

Isabella Bird in einem chinesischen Gewand der Manchu-Dynastie.

Dieses Porträt stellte May Sheldon der Originalausgabe ihres Buches »Sultan to Sultan« voran.

May Sheldon in ihrem »weißen Elefanten«, wie ihre Träger die monströse Sänfte aus Rattan tauften.

Mit ihrem weißen Seidenkleid und der blonden Perücke beeindruckte May Sheldon auch feindlich gesinnte Stammesfürsten.

Lina Bögli nach der Rückkehr von ihrer zehnjährigen Weltreise, 1902.

Zurück aus Japan und China, 1913.

Lina Bögli in Nanking, China.

rin lustig zu machen. Es muss geritten werden, sagte ich mir.« Geschickt sorgte sie dafür, dass sich die Gruppe nur langsam fortbewegte, und nach einigen Stunden fragte sie sich ganz selbstbewusst, »warum man denn gewöhnlich so lang reiten lernen muss; denn so außergewöhnlich schwer ist es ja am Ende doch nicht«[22].

Besonders beeindruckt war die Schweizer Bauerntochter von den riesigen Schaffarmen. Sie erkundigte sich immer detaillierter nach den Arbeitsabläufen, den Preisen der Tiere und dem Einkommen der Besitzer.

Im dritten Jahr in Sydney fand Lina Bögli eine Anstellung als Hauslehrerin für fünf Mädchen, eine Arbeit, die ihr sehr viel mehr Spaß machte als der Sprachunterricht an einer Privatschule. Nun hatte sie sich mit Australien versöhnt: »Wo ich nur hinkomme, finde ich gute Menschen, und in allen Klassen der menschlichen Gesellschaft.«[23] Ihre Schülerinnen bestanden im Juli 1896 das so genannte Universitätsexamen, und Lina Bögli, stolz auf ihren Erfolg, beschloss, nun Australien zu verlassen. Mit ihrem ersparten Geld wollte sie sich einige Monate Ferien auf verschiedenen Inseln im Stillen Ozean gönnen, bevor sie in die USA weiterreiste.

Auf ihrer ersten Station in Neuseeland war sie besonders beeindruckt vom gesellschaftlichen Status der Frauen: »Ich glaube, es ist nicht allgemein bekannt in Europa, dass die Neuseeländerin ganz dieselben politischen Rechte hat wie ihr Mann und ihr Bruder. Für keinen Fremden könnte die Frauenemanzipation lange ein Geheimnis bleiben; er braucht nur durch eine der Geschäftsstraßen von Auckland zu gehen und die Messingtafeln neben den Haustüren anzusehen, da wird er solche Namen lesen: Dr. Mary soundso, Fräulein Mabel, Advokat, Frau Amy, Aktienhändlerin usw. Auch weibliche Geschäftsführer finden sich nicht selten und in einigen der kleineren Orte der Insel haben es die Frauen sogar bis zum Gemeindeamtsmann und Ortsvorsteher gebracht. So stehen die Dinge in diesem kleinen Inselreich der Südsee, das wir in unserer europäischen Überlegenheit meist noch zu den Ländern der Dunkelheit rechnen!«[24]

Die Ureinwohner Neuseelands interessierten Lina Bögli besonders, und so besuchte sie wiederholt eines der Maori-Dörfer und schilderte ausführlich die Lebensgewohnheiten dieser Menschen. Ihre Beobachtungen waren zwiespältig. Sie attestierte den Maori eine große Intelligenz und bewundernswerte rhetorische Fähigkeiten, gleichzeitig aber kritisierte sie ihre Faulheit und ihren Stolz, da sie nicht als Dienstboten für die weißen Herren arbeiten wollten. Ihnen gestand sie die Unabhängigkeit nicht zu, die ihr selbst so wichtig war; sie übernahm auch hier die rassistische Haltung der europäischen Kolonialisten.

Auf der Weiterfahrt nach Samoa lernte sie die Vorsteherin der dortigen englischen Missionsschule kennen, die sie einlud, bei ihr zu wohnen. Diese Bekanntschaft ermöglichte ihr auch hier einen guten Zugang zu den Einheimischen, von deren Lebensweise sie sehr beeindruckt war. Einen Deutschen, der die Inselbewohner als Faulenzer und Diebe bezeichnete, wies sie energisch zurecht: »Ihr Stehlen darf man auch nicht gar zu streng beurteilen. Man muss eben bedenken, dass sie, seit ihre Welt existiert, gewohnt waren zu genießen, was die Götter auf ihre Insel geschickt … Der Samoaner isst, wenn er hungrig ist, und pflückt sich die Nahrung, wo er sie gerade findet. Dass ein Mensch mehr wollen könnte, als er zu seinem Unterhalt braucht, das kann er noch nicht verstehen.«[25]

Nach drei Wochen reiste Lina Bögli mit dem Dampfer »Zealandia« weiter nach Hawaii. Überrascht vom Einfluss der amerikanischen Zivilisation fühlte sie sich hier dennoch gleich »wie im Paradies« und beschloss, länger als ursprünglich geplant zu bleiben. Von September 1897 bis Juni 1898 arbeitete sie als Lehrerin am einzigen Gymnasium der Insel, hielt Vorträge über deutsche und französische Literatur und erteilte Privatstunden. Als die Nachricht über die Annexion Hawaiis durch die USA am 22. Juni 1898 die weiße Bevölkerung in einen Freudentaumel versetzte, ließ auch Lina Bögli sich zunächst mitreißen. Erst später wurde ihr bewusst, dass dies für die einheimischen Menschen den Verlust ihrer nationalen Eigenständigkeit bedeutete, und beschämt stellte sie fest, »dass ich vor einer Stunde mich freuen konnte über etwas, das ein Volk um seine Unabhängigkeit bringt. Das war einer Schweizerin unwürdig!«[26] Ihre persönlichen Beziehungen zu den Einheimischen, nicht die grundsätzliche Ablehnung des Kolonialismus, ließen sie einmal das imperialistische Verhalten der Weißen hinterfragen.

Wenige Wochen später kam Lina Bögli auf dem Dampfer »Moana« bei Sonnenuntergang im Hafen von San Francisco an. Die Stadt und ihre Bewohner gefielen ihr auf Anhieb und sie fand bald eine Stelle als Französischlehrerin an einem privaten College. Wie zuvor schon in Australien, bewunderte sie auch hier das große Selbstbewusstsein der Frauen und jungen Mädchen. Fasziniert beschrieb sie das Verhalten einer amerikanischen Familie in ihrer Pension in San Francisco: »Ist es bei einer solchen Erziehung zu verwundern, dass die junge Amerikanerin überall so frei und selbstbewusst auftritt? Glückliches Wesen, das die Leiden, die aus Schüchternheit und zu großer Bescheidenheit entstehen, nie kennen lernt!«[27]

Dass die reichen jungen Amerikanerinnen nach Abschluss der Schule nicht gleich an eine Ehe dachten, sondern ihre Zeit mit Vergnügungen und Wohltätigkeitsveranstaltungen verbrachten, war ganz in ihrem Sinn: »Es [das amerikanische Mädchen] verbringt die schönsten Jahre seines Lebens nicht mit dem Anfertigen seiner Aussteuer und hat daher nicht das jahrelange Vergnügen, ein erwartetes Glück in seine zukünftigen Handtücher und Staublappen hineinzuträumen; denn erstens versteht das amerikanische Mädchen gar nicht zu träumen, weil es kein Atom von Sentimentalität in seiner Natur hat; zweitens ist nicht immer die Ehe das Ziel, wonach es strebt, und drittens findet es, dass es früh genug sei, an die Aussteuer zu denken, wenn der Mann gefunden ist.«[28]

Umso mehr war Lina Bögli erstaunt über die Tatsache, dass in den USA die Frauen noch kein Stimm- und Wahlrecht besaßen. Am 8. November 1898, dem amerikanischen Wahltag, stellte sie überall große Aufregung fest: »Denn jeder Mensch in diesem Lande der Freiheit hat heute ein Wort mitzureden und fühlt sich daher ungeheuer wichtig, ausgenommen Idioten, Verbrecher, Chinesen, Frauen und Kinder ... Wenn man die Sache so recht ins Auge fasst, scheint es höchst absurd, dass eine Frau von Miss Hamlins [die Vorsteherin der Schule] Charakter und Bildung, die ein bedeutendes Vermögen besitzt und jedenfalls dem Staate schwere Abgaben bezahlt, keine Stimme hat in der Wahl der Männer, die ihr Land und ihre Stadt verwalten sollen, und dass ihr Diener, der nichts weiß, nichts ist und nichts hat, überall mitsprechen darf, nur weil er eben ein männliches Menschenkind ist.«[29]

Dass in ihrer Schweizer Heimat die Verhältnisse

ganz ähnlich waren, störte Lina Bögli weniger. Dort hielt sie ihre männlichen Landsleute für »gebildet« genug, um für sie mit abzustimmen. Es bleibt offen, ob sie die Vorgänge um die erste promovierte Juristin Emilie Kempin-Spyri kannte, die 1887 vom Schweizer Bundesgericht keine Bewilligung für die Führung einer Anwaltspraxis erhalten hatte. Begründung: Sie besitze kein aktives Stimm- und Wahlrecht, und der Verfassungstext »Jeder Schweizer ist vor dem Gesetze gleich« sei nicht so zu interpretieren, dass Frauen mitgemeint seien.

So sehr Lina Bögli auch die Landschaft der amerikanischen Westküste gefiel, so schlecht vertrug sie das dortige Klima. Sie war anfällig für Erkältungen, litt an Zahnschmerzen und fühlte sich allgemein unwohl; am Ende des Schuljahres war sie völlig erschöpft. Kein Wunder, denn trotz aller Krankheiten war sie ihren beruflichen Verpflichtungen immer nachgekommen. Trotzdem gönnte sie sich nur ein paar Ferientage, bevor sie wieder einmal ihre Sachen packte, um den amerikanischen Kontinent zu durchqueren.

Manche ihrer Erlebnisse auf der dreimonatigen Reise hat sie in ihren Briefen festgehalten, so die unbequeme Fahrt im sonst hoch gepriesenen Pullman-Schlafwagen von San Francisco nach Salt Lake City, oder ihre Begegnung mit Mormonen, über die sie viel Negatives gelesen hatte. Nachdem die ihr aber offen entgegentraten und einleuchtende Gründe für das Zusammenleben mehrerer Frauen mit einem Mann nennen konnten, entschied Lina: »Im Vergleich mit unseren guten Ehen ist die Mormonenehe eine armselige Einrichtung, aber im Vergleich mit unseren schlechten ist die Mormonenehe sogar sehr gut.«[30]

Ein Höhepunkt dieses Reiseabschnitts war der Besuch in Concord, Massachusetts, dem Geburtsort der Schriftsteller Ralph Waldo Emerson, Henry David Thoreau und Louisa May Alcott, der Autorin des berühmten Buches *Little Women*, das Lina Bögli mit großem Vergnügen nochmals las.

Die letzten drei Jahre ihres freiwilligen zehnjährigen Exils verbrachte die Schweizerin in Ogontz, Pennsylvania, wo sie erneut als Lehrerin arbeitete. In den Ferien reiste sie durch den Osten der USA, besuchte Washington, New York und die Niagarafälle.

Während Lina Bögli in Australien die »Eingeborenen« als »Kinder der Wildnis, die sich von der Zivilisation so weit wie möglich zurückziehen«, betrachtet und beinahe erleichtert gemeint hatte, dass sie wohl schnell aussterben würden, konnte sie den schwarzen Amerikanern nicht ausweichen. Sie verfiel in höchst rassistische Bemerkungen: »Nicht dass man mir hier nicht genug zu essen vorlegt, aber alle Dienstboten in den Hotels und Restaurants sind Neger, und sosehr ich mich auch bemühe, ich kann mich nicht an sie gewöhnen. Ich kann noch so hungrig sein, sobald ich die schwarze Hand bemerke, die mir den Teller oder die Platte reicht, ist es um meinen Appetit geschehen.«[31]

Für die amerikanische Wirtschaft befürchtete sie große Schwierigkeiten, wenn die Schwarzen nicht mehr bereit wären, auf den Baumwollplantagen zu arbeiten. »Hoffen wir, dass der Fortschritt nicht etwa durch einen Negeraufstand gehemmt wird. Die Neger vermehren sich nämlich ganz ungeheuer; man zählt jetzt schon in einigen der Südstaaten hundert Neger auf einen Weißen, und dass sie endlich auch gern einmal nach oben kommen möchten, kann man ihnen am Ende nicht verargen; aber ich möchte nicht hier sein, wenn eine Negerrevolution ausbricht!«[32]

1902, auf den Tag genau zehn Jahre nach ihrer Abreise – so stellte Lina Bögli es jedenfalls dar –, kehrte sie nach Europa zurück. Sie ließ sich erneut auf dem Gut ihrer polnischen Wahlfamilie nieder, um dort ihr Buch – auf Englisch – zu schreiben. Denn nach all den Jahren in den verschiedensten englischsprachigen Gebieten der Welt fühlte sie sich in dieser Sprache am sichersten. 1904 erschien *Forward* bei der Lippincott Company, London, wurde danach ins Deutsche und Französische und später in weitere Sprachen übersetzt. Lina Bögli erhielt viele begeisterte Briefe und wurde auf ihren späteren Reisen immer wieder auf ihren Mut und ihr beeindruckendes Buch angesprochen.

Leben konnte sie von dem bescheidenen Honorar allerdings nicht. Doch inzwischen galt sie als erfahrene Erzieherin und fand schnell eine Stelle bei einer polnischen Aristokratenfamilie, deren verwöhnte Tochter sie unterrichten sollte. Die Unbelehrbarkeit dieser jungen Frau, die unsicheren politischen Verhältnisse und Lina Böglis inzwischen kritischer Blick für das rücksichtslose Verhalten vieler vermögender Familien gegenüber den Besitzlosen ließen sie das Land verlassen. Ihre Briefe aus dieser Zeit, die in der »Berner Volkszeitung« erschienen, zeigen ihr großes Verständnis für die streikenden und rebellierenden Polen: »12. Februar 1905: Gestern geschah nichts. Heute streiken die Fleischer, Bäcker und Drucker, weil sie nicht mehr sonntags arbeiten wollen. Recht haben sie. Sie sollten aber hören, wie die Gesellschaft gegen die armen Drucker schreit, weil sie einen Tag in der Woche nicht ihr Tageblatt bekommen soll. Ich habe mich heute schon ganz heiser gesprochen zugunsten der Drucker. Für die Leute, die ich verteidige, bin ich aber doch nur eine Privilegierte und werde mit diesen untergehen müssen, wenn ihr Untergang beschworen ist.«[33] Offenbar fühlte sich Lina Bögli nirgends mehr ganz zugehörig. Sie suchte einen Ausweg aus dieser Situation.

Vorerst blieb sie noch von reichen Leuten abhängig. Sie wurde Begleiterin zweier Familien, die mit dem Auto durch Europa reisten. So sehr Lina Bögli es genoss, neue Länder kennen zu lernen, so wenig konnte sie sich inzwischen mit der Einstellung der meisten

Privilegierten abfinden: »Diese Reise lehrte mich etwas, nämlich: das Übermaß von Reichtum zu verachten, in welchem Seele und Geist und alles Gütige im Menschen untergehen. Wie schätze ich einfache bürgerliche Verhältnisse!«[34]

Einige Jahre arbeitete sie danach als Lehrerin für Französisch am Königlichen Paulinenstift in Friedrichshafen am Bodensee. Doch auch dort konnte sie nicht bleiben, als die Schule 1910 verstaatlicht wurde und die gebürtige Schweizerin wegen der fehlenden deutschen Lehrberechtigung nicht weiterbeschäftigt werden durfte.

Wenn das kein Grund für eine weitere Reise war! Lina Bögli entschied sich kurz entschlossen für Japan und China, wobei sie von vornherein von einem mindestens dreijährigen Aufenthalt ausging. Als Einstieg wählte sie diesmal die 20-tägige Fahrt mit der Transsibirischen Eisenbahn über Moskau und Wladiwostok.

In ihren später veröffentlichten Berichten über diese zweite Reise – die 1915 unter dem Titel *Immer Vorwärts* erschienen – fällt eine größere Sensibilität für soziale Unterschiede auf. Bereits bei einem Zwischenstopp in Moskau meint Lina Bögli: »Von Moskau habe ich wenig gesehen; nur eine mehrstündige Fiakerfahrt durch die Stadt machte ich, wobei ich denselben traurigen Eindruck erhielt, den schon das Land auf mich gemacht hat: zu viel Reichtum auf der einen Seite, zu viel Armut auf der andern; hier prachtvolle Kirchen und Paläste und dicht daneben elende Hütten, schmutzige Straßen und unendlich armselig aussehende Menschen! Hätte ich den Kreml in einer würdigeren Umgebung gesehen, so würden mich seine Pracht und Schönheit entzückt haben; aber so stimmte er mich nur traurig.«[35]

In Japan konnte sich die Schweizerin zunächst unbeschwerter bewegen, denn sie hatte genug Geld gespart und war nicht sofort auf ein Einkommen angewiesen. Doch schon bald fühlte sie sich dort fremder als je zuvor in einem Land. Ihre Sprachkenntnisse genügten nicht mehr, um mit Menschen in Kontakt zu treten, und zudem empfand sie die Haltung der meisten Leute als »indifferent und fast feindselig«. Gelegentlich war sie so deprimiert, »dass auf einmal ein großes Sehnen nach Menschen meiner eigenen Rasse über mich kam«[36].

Dieses Gefühl des Fremdseins überwand Lina Bögli während ihres ganzen Aufenthalts in Japan und China nicht. Es lag nicht nur an der Sprache, sondern ebenso an den Wohnverhältnissen und den so anderen Umgangsformen. »Meine erste Reise führte mich in lauter Länder, wo die Angelsachsen Herren im Lande sind, bei denen eine Frau, wenn sie es will, immer mit Achtung behandelt wird, und wo es bei etwas Können und gutem Willen nicht so sehr schwer ist, sein Brot zu verdienen. Ich befand mich überall unter Menschen meiner eigenen Rasse, die im Fühlen und Denken sowie in der Erziehung mir verwandt waren und deren Sprache ich beherrschte.«[37]

Fast zwei Jahre lebte Lina Bögli in Tokio. Während dieser Zeit war sie immer auf Kontakte mit Menschen aus Europa angewiesen, um sich bei ihnen »von zu viel Orientalischem ein wenig ausruhen«[38] zu können. Auch die Größe der Stadt – schon damals lebten zwei Millionen Menschen dort – bedeutete für sie eine neue Herausforderung. Gerne erinnerte sie sich später an die Einladung des schweizerischen Botschafters zu einem Ball des japanischen Hofes. Sie war beeindruckt von der üppigen Dekoration und den Tanzgewohnheiten der Prinzen und Prinzessinnen: »Das Tanzen nach unserer Art, beide Geschlechter zusammen, war früher den Japanern ganz unbekannt; denn sie halten sich Tänzerinnen, Geishas, die da sind, um die Herrschaften mit ihrer Kunst zu unterhalten; aber dass eine Dame der guten Gesellschaft oder gar ein Mann zu ihrem und anderer Ergötzen in einem Zimmer herumhopsen könnten, das wäre ihnen wohl nie eingefallen, wenn nicht wir es sie gelehrt hätten. Heute noch tanzen nur die wenigen, die mit den fremden Gesandtschaften in Berührung kommen, an Hof- und Hausbällen. Den untern Klassen soll es sogar polizeilich verboten sein, nach europäischer Art zu tanzen, weil es moralgefährlich sei.«[39]

Nur langsam fand Lina Bögli genügend zahlungskräftige Schülerinnen und Schüler in Tokio. Am 12. Dezember 1910 erst ging die erste Anmeldung für Sprachunterricht ein. Danach sprach es sich schnell herum, dass da eine fähige Sprachlehrerin tätig war. Im Februar 1911 waren bereits 13 junge Leute angemeldet, darunter auch vier Töchter vornehmer japanischer Familien. Und Lina Bögli war zufrieden: »Ich habe also erreicht, was ich mir immer gewünscht hatte, japanische Damen unterrichten zu können, um auf diese Weise mit ihnen bekannt zu werden.«[40]

Durch diese Kontakte lernte sie so manche japanische Sitte besser verstehen: »Das Langebleiben ist sogar eine große Höflichkeit; denn es zeigt, wie wohl man sich da fühlt; gerade wie es auch sehr höflich ist, beim Essen zu schlürfen und ein großes Geräusch zu machen, um zu zeigen, wie gut es einem schmeckt.«[41]

Trotz ihrer auch positiven Erfahrungen riet Lina Bögli jungen Europäerinnen entschieden davon ab, sich in Japan niederzulassen. »Der Kampf ums Dasein [ist] für eine Frau hier schwieriger als irgendwo anders.«[42] Sie warnte auch dringend vor einer Ehe mit einem Japaner, da eine junge Frau nicht nur den Mann heirate, sondern seine ganze Familie, die sie oft tyrannisiere und sogar Japanerinnen zur Verzweiflung und in den Selbstmord treibe.

Im Sommer 1912 reiste die inzwischen 54-jährige Schweizerin durch das Land, um noch einige historische Orte Japans zu besuchen, bevor sie weiter nach

China fuhr. Auf Anraten von Bekannten hatte sie sich von Japan aus bereits eine Stelle gesucht und bei einer Missionarsfamilie in Nanking auch gefunden. Doch schon nach kurzer Zeit war sie ganz sicher, dass China kein passendes Land für sie sei. Besonders abgestoßen fühlte sie sich von den sozialen Missständen: »Ebenso frech und ekelhaft wie an den Kaisergräbern war auch die Bettelei in den Kaiserpalästen. Ehrwürdig aussehende alte Herren in seidenen Kleidern, die man ihrem Aussehen nach für Mandarine hätte halten können, bettelten uns mit Wort und Gebärden an.«[43] Das gebündelte Elend löste bei ihr ebenso viel Mitleid wie Ekel aus. Die Unorganisiertheit der Bahnbeamten empörte sie, die kahle chinesische Landschaft ohne Wälder schien ihr öde und am Ende hatte sie allen »frohen Mut und guten Humor« verloren. Auch die politischen Verhältnisse, die ein Jahr nach den revolutionären Veränderungen in China keineswegs stabil waren, machten ihr Sorge.

So entschied sie sich im Mai 1913, nach Europa zurückzukehren, obwohl ihr ein paar Wochen zuvor ein Lehrstuhl für Deutsch und Französisch an einer neu zu gründenden Frauenuniversität angeboten worden war. »Interessant wäre es ja schon … aber ich frage mich, ob es das Opfer, das ich bringen müsste, indem ich meine Heimreise um Jahre verschiebe, wert wäre. Ich glaube nicht. Auch werde ich wahrscheinlich auf die Ehre verzichten; denn es fehlt mir an genügendem

Ehrgeiz, und ich will viel lieber in Europa eine einfache Lehrerin sein als eine Universitätsprofessorin in China. Es ist traurig, wenn ein Mensch so wenig strebsam ist; aber da es mehr kleine Stellen zum Ausfüllen gibt in der Welt als große, muss es eben auch solch einfältige Menschen geben.«[44]

Hier kokettierte Lina Bögli wohl ein wenig. Ohne Zweifel war sie eine sehr strebsame Person, und auch diesmal schrieb sie, kaum auf dem Gut ihrer polnischen Freunde angekommen, ihre Erinnerungen an die zweite Reise sofort nieder.

Gleichzeitig bereitete sie sorgfältig ihre Rückkehr in die Schweiz vor. Sie hatte genügend Geld gespart, um es in einer Rente anzulegen und sich 1914 in Herzogenbuchsee im »Kreuz« einzurichten, dem ersten schweizerischen Gemeindehaus mit Pensionszimmern und einem alkoholfreien Restaurant. Es war von Amelie Moser, der Mutter ihrer Freundin Amy, gegründet worden. Die Miete für das Zimmer hatte Lina Bögli gleich für zwölf Jahre im Voraus bezahlt, damit sie sich darum nicht mehr zu kümmern brauchte. Aber mit 56 Jahren war die Weitgereiste noch zu jung, um sich ernsthaft zur Ruhe zu setzen. Weitere 27 Jahre erteilte sie Sprachunterricht und hielt Vorträge. Vielen jungen und alten Menschen war sie eine beeindruckende Gesprächspartnerin. Sie blieb bis ins hohe Alter die aktive, diszipliniert arbeitende Frau.

Als sie mit 83 Jahren – kurz vor Weihnachten 1941 –

starb, hatte sie sowohl ihren eigenen Grabstein als auch das Leichenmahl bestellt und bezahlt. Selbstbestimmung und Unabhängigkeit waren ihr bis zu den letzten Handlungen wichtig.

»Lieber sterben als umkehren«
Kate Marsden (1859–1931)

Von Susanne Broos

Das kleine Mädchen steckt in der Heizungsröhre fest. Sosehr Kate sich auch bemüht – es geht weder vor noch zurück. Erst der herbeieilende Gärtner kann sie aus ihrer misslichen Lage befreien. Dabei wollte Kate nur erkunden, wie das Gewächshaus im elterlichen Garten eigentlich beheizt wird. Schließlich ist es doch wichtig, zu wissen, wie alles funktioniert. Zu Hause wird Kate für ihr ungebührliches Benehmen sicherlich bestraft werden, denn Wissbegierde geziemt sich nicht für ein viktorianisches Mädchen.

Kate Marsden wird am 13. Mai 1859 als jüngstes von acht Geschwistern geboren. Ihr Vater, Joseph Daniel Marsden, ist ein angesehener Notar und leitet eine florierende Kanzlei in London. Die materielle Blüte, die England Mitte des 19. Jahrhunderts erfasst hat, ermöglicht auch Kates Familie einen gewissen Wohlstand. Sie ist zwar nicht übermäßig reich, aber das Einkommen reicht für ein angenehmes Leben.

Kurz nach Kates Geburt ziehen die Marsdens in das Haus No. 10 in der Silver Street im Londoner Vorort Edmonton. Hier wohnen ähnlich vornehme

Mittelschichtsfamilien, die sich ebenfalls ein Leben am Stadtrand, umgeben von Feldern, Obsthainen und Parks, leisten können. Die Silver Street mitsamt dem Haus No. 10 existiert heute übrigens nicht mehr. Sie wurde 1940 bei einem Luftangriff völlig zerstört.

Die typisch viktorianische Familie – kinderreich, streng, fleißig und fromm – wird in Kates Kinderjahren umsorgt von vier Hausangestellten. Während Joseph Marsden, von Kates Biograph Henry Johnson als »integrer Mann« beschrieben, täglich mit dem Zug nach London City fährt, um seinen Geschäften nachzugehen, sorgt Sophia Marsden dafür, dass das Lachen der Kinder nicht zu laut, ihre Spiele nicht zu übermütig werden. Disziplin wird groß geschrieben. Herumtollen ist, sehr zum Leidwesen der Jüngsten, äußerst verpönt. Die Erziehung der Kinder – in Kates Elternhaus die »natürliche« Aufgabe der Mutter – ist geprägt vom protestantischen Glauben und der genauen Vorstellung darüber, was sich für Jungen und was sich für Mädchen schickt. So sind Handarbeiten für wohlerzogene Mittelstandstöchter eine gern gesehene und angemessene Beschäftigung, Barmherzigkeit und Wohltätigkeit feste Verpflichtungen – und standesgemäß.

Die lebhafte, aufgeweckte Kate interessiert das nur wenig. Sie entwickelt schon früh eigene Vorstellungen von dem, was ihr gefällt und was nicht. Während ihre Schwestern sich sittsam und brav anpassen, ist sie nur schwer im Haus zu halten. Nichts ist schöner für Kate, als draußen zu sein, wo es so viel für sie zu tun gibt, wie etwa junge Vögel in ihren Nestern zu füttern. Eine ihrer Lieblingsbeschäftigungen ist Schreinern, wobei sie sich sehr geschickt anstellt. Kate hat auch ein weiches Herz. Sie tröstet im Garten die Rosenstöcke oder Buchsbaumhecken, wenn der Gärtner mit der Schere naht, um sie zu beschneiden. Oft sucht sie selbst Trost bei den Pflanzen und Tieren, denn sie ist sicher, dass diese sie genauso lieb haben wie umgekehrt.

Ein großer Platz in ihrem kindlichen Herzen gehört den kranken und hilflosen Tieren. Wenn einer ihrer Schützlinge trotz ihrer hingebungsvollen Pflege und inbrünstiger Gebete stirbt, ist dies für Kate »eine ernste Sache«[1]. Selbstverständlich ist für sie, dass dem toten Tier nun ein würdevolles Begräbnis zusteht. Sorgfältig zimmert sie kleine Särge und schaufelt Gräber, um die Tiere darin zur letzten Ruhe zu betten. Man kann sich leicht vorstellen, dass Kates Verhalten den Unmut ihrer Eltern erregt. Oft genug bekommt Kate »wegen ihrer unabhängigen und knabenhaften Liebhabereien« Vorwürfe zu hören, nicht selten wird sie dafür bestraft. Sie fühlt sich schuldig deswegen und ist wohl auch enttäuscht, dass ihr Tun so wenig Anerkennung findet.

Viel mehr im mütterlichen Sinne ist, dass sich Kate gerne und oft mit ihren Puppen beschäftigt. Wie jedes

Kind spielt sie dabei nach, was sie sieht. Ein beliebtes Thema ist Krankenpflege, denn damit wird sie schon früh konfrontiert. In ihrer Familie tritt die damals meist tödlich verlaufende Schwindsucht (Tbc) gehäuft auf. Den Töchtern wird aus diesem Grund angeraten, nicht zu heiraten.

Liebevoll umsorgt Kate ihre »Kranken« und verbindet mit Geschick deren imaginäre Wunden. So zeigt sich schon früh eine Neigung und Interesse für das, was später einmal ihr Beruf werden sollte.

Das christliche Elternhaus formt das kleine, wilde Mädchen zwar zu keinem völlig angepassten, aber zumindest zu einem frommen Kind. Jahre später erinnert sich Kate durch bestimmte Situationen an die frühe elterliche Prägung: »Alle diese Gaben [gemeint sind damit Spenden für den Bau der von ihr geplanten Leprakolonie] konnte ich nur als direkte Gebetserhörungen betrachten, wie ich es von Kind auf gewöhnt war zu tun.«[2]

1870, als Kate gerade elf Jahre alt ist, stirbt ihre Mutter. Das Leben in der Silver Street verläuft fortan in anderen Bahnen. Das Personal wird verringert, Kate kommt in ein Internat. Der Vater heiratet kurz danach ein zweites Mal, Sarah, über die nur wenig bekannt ist. Fünf Jahre später stirbt ebenso plötzlich wie seine erste Frau auch Joseph Marsden und hinterlässt seine Familie wider Erwarten in ungesicherten Vermögensverhältnissen. Eine durchaus prekäre Situation, wenn man bedenkt, dass Ehefrauen in der damaligen Zeit normalerweise von ihrem Gatten finanziell vollkommen abhängig sind. Nicht anders verhält es sich mit Sarah Marsden und die Folgen davon sind für alle unmittelbar spürbar. Sarah sieht sich gezwungen, das geräumige Haus in Edmonton aufzugeben, die Geschwister müssen nun selbst für sich sorgen.

Was hat Kate zu bieten, das ihr den Unterhalt sichern könnte? Die Antwort fällt ihr gewiss nicht schwer: Krankenschwester will sie werden, und sie beginnt, auf entsprechende Annoncen zu antworten. Dass Plätze für Schwesternschülerinnen angeboten werden, ist zu diesem Zeitpunkt in London noch recht neu. Erst seit der Gründung der ersten »Nightingale Training School for Nurses« im Jahr 1860 besteht für Töchter aus gutem Haus die Möglichkeit, sich professionell in Krankenpflege ausbilden zu lassen.

Dieser Berufswunsch entspricht zum einen durchaus Kates Neigungen, gleichzeitig ist er gewiss auch ganz im Sinne der restlichen Familie. Denn Krankenschwester werden zu wollen steht nach allgemeiner Auffassung in keinerlei Widerspruch zu der traditionellen Rolle als Frau. Selbst Königin Viktoria, die zeit ihres Lebens für emanzipatorische Bestrebungen nur wenig Verständnis hat, akzeptiert solche »Frauen der Tat wie Florence Nightingale«, die wohl berühmteste Krankenpflegerin Englands.

Florence Nightingale beeindruckt nicht nur die Königin. Sie ist das Vorbild einer ganzen Generation. Auch Kate eifert ihr nach: »Mein Ideal einer Engländerin ist Miss Florence Nightingale; sie steht unerreicht da als Verkörperung dessen, was eine Frau sein und leisten kann.«[3]

Berühmt wurde die Engländerin, die ihr Leben dem Kampf um soziale und gesundheitspolitische Reformen verschrieben hatte, durch ihren Einsatz als freiwillige Helferin im Krimkrieg (1854–1856). Dort hatte sie verwundete Soldaten gesehen, in vor Dreck und geronnenem Blut steifen Uniformen und von Ungeziefer übersät, die nur sehr mangelhaft versorgt werden konnten. Dieser schreckliche Anblick war der letzte Anstoß für sie gewesen, alles daranzusetzen, die militärische und auch die zivile Krankenpflege zu reformieren, wusste sie doch aus eigener Anschauung, dass es den Kranken in den Spitälern ihres Heimatlandes kaum besser erging als den Soldaten in den Lazaretten. Zu Nightingales Zielen gehörte auch der Aufbau eines professionellen Ausbildungswesens. Allerdings war es nicht wenig, was sie von einer angehenden Schwester verlangte. Sie durfte keine »Klatschbase, keine leere Schwätzerin« sein, sie musste stattdessen ein »gottesfürchtiges und hingebendes Geschöpf«, »ein Weib von zartem und züchtigem Gefühl«[4] sein und Achtung vor dem Beruf haben. Kate dürfte vor diesen Anforderungen nicht bang gewesen sein. Sie bringt die geforderten Eigenschaften ohne Zweifel mit, als sie einen Ausbildungsplatz am Tottenham Hospital in Edmonton bekommt.

Das Dasein der im Krankenhaus lebenden Diakonissinnen in ihrer schwarzen Schwesterntracht wird von christlichen Lebens- und Glaubensgrundsätzen bestimmt. Es ist ein Christentum der Tat, bestimmt von helfender Anteilnahme am Leiden anderer. Ob es Kate schwer fällt, sich in den Tagesablauf zu fügen? Oder ist sie eher von der Atmosphäre aufrichtigen Glaubens, der aktiven Suche nach dem Heil durch gottgefällige Werke, beeindruckt? Ihren Vorgesetzten jedenfalls fällt sie bald schon durch ihr ausgesprochenes Talent für Krankenpflege auf. Vermutlich ist dies auch der Grund, warum sie nach nur acht Monaten Ausbildung für eine besondere Aufgabe ausgewählt wird. Zusammen mit anderen Schwestern darf sie den Leiter des Hospitals nach Bulgarien begleiten, wo Verwundete aus dem russisch-türkischen Krieg, der seit 1877 auf dem Balkan tobt, zu versorgen sind. Kate freut sich wahrscheinlich über die Möglichkeit, mitreisen und sich bewähren zu können. Es ist, soweit wir wissen, das erste Mal, dass sie England verlässt. In unbequemen, nur mit Stroh ausgelegten Waggons fährt der Hilfstrupp seinem Ziel entgegen – eine lange, anstrengende Zugfahrt.

Das nun hautnah erlebte Grauen des Krieges wird die junge Schwesternschülerin seelisch stark aufgewühlt haben, ihre Hingabe an den Beruf scheint dadurch aber eher noch gestärkt worden zu sein. Zu ihren Pflichten gehört nicht nur die Pflege verwundeter Soldaten, sie muss auch auf den Schlachtfeldern nach möglicherweise dort vergessenen Verwundeten Ausschau halten. Eines Tages stößt Kate dabei völlig unvorbereitet auf zwei leprakranke Bulgaren, die sich in einer Scheune versteckt halten. Dieses Erlebnis ist, trotz der Gräuel, die die knapp 18-Jährige zu diesem Zeitpunkt schon gesehen hat, ein Schock, der ihr Leben auf einschneidende Weise prägt. Der grauenvolle Anblick dieser verstümmelten hilflosen Menschen brennt sich unauslöschbar in ihr Herz. »Die Bewegung, die mich beim Anblick zweier durch diese Krankheit entsetzlich zugerichteter Bulgaren ergriff, lässt sich nicht beschreiben.«[5]

In ihr wächst die Überzeugung, dass es ihre Lebensaufgabe ist, »jenen unglücklichen Geschöpfen beizustehen, für die am wenigsten gesorgt wird und die doch auch Gottes Kinder sind«. Der Gedanke »an die Not der Aussätzigen sowie der Wunsch, ihnen zu helfen«[6], lässt sie seit dieser Begegnung nie mehr los. Aber bis sie ihr Vorhaben in die Tat umsetzen kann, sollen weit mehr als zehn Jahre vergehen.

Zurück in England, vervollständigt Kate zunächst einmal ihre Ausbildung, diesmal am Westminster Hospital. Sie hat inzwischen so vielfältige praktische Erfahrung gesammelt, dass sie schon bald eine leitende Stelle übernehmen kann. Allerdings nicht in London, sondern in Liverpool, wo sie von 1878 bis 1882 das »Woolton Convalescent Home«, ein Genesungsheim, leitet. Ein enormer Erfolg, wenn man bedenkt, dass Kate erst knapp 20 Jahre alt ist. Zielstrebigkeit und ihre Fähigkeit, sich durchzusetzen, haben sie so weit gebracht.

Es sind glückliche Jahre, die Kate hier verlebt. Ihr gefällt das geschäftige Treiben und das Flair, das von den fremdländischen Menschen in der nordenglischen Hafenstadt ausgeht. Sie ist mittlerweile eine erwachsene Frau. Ihre Schwesterntracht – in ihren Augen die für alle Gelegenheiten passende Kleidung – verleiht ihr Sicherheit und Würde. Sie wird respektiert. »Tüchtigkeit« und »Können« bescheinigt man ihr in ihren Zeugnissen, als sie nach etwas mehr als vier Jahren das Genesungsheim wieder verlässt. Eine Lungenkrankheit, zum Glück nicht die gefürchtete Schwindsucht, ist der Grund für diesen Schritt.

Während Kate langsam wieder gesund wird, erkrankt jedoch eine ihrer mittlerweile in Neuseeland lebenden Schwestern gefährlich an Tuberkulose. Kates hilfsbereites Wesen, ihre sanften Hände werden jetzt in der Familie gebraucht. 1884 bricht sie mit dem Schiff in die britische Kronkolonie auf der anderen Seite der Erdkugel auf. Sie reist, weil sie sich dazu verpflichtet fühlt. Schließlich wartet, wie vorher schon in

Bulgarien und später in Sibirien, am Ziel dieser Reise eine Aufgabe auf sie. Wahrscheinlich hat es sie aber gleichzeitig gereizt, selbst etwas von jener weiten Welt zu sehen, deren fremdländischen Zauber sie in Liverpool verspürt hat.

Trotz ihrer Erfahrung kann Kate der Schwester nicht mehr helfen. Sie stirbt, wie andere Geschwister zuvor, an der auszehrenden Krankheit. Da in England weder Familie noch Arbeit auf Kate warten, beschließt sie, vorerst in Neuseeland zu bleiben.

Dank ihrer guten Zeugnisse bekommt sie eine Stelle als Leitende Oberin am Krankenhaus der Hauptstadt, dem malerisch gelegenen Wellington. Sie steckt ihre Energie nicht nur in die Pflege ihrer Patienten – zumeist raue Bergleute, die bei ihrer Arbeit in den Minen verunglückt sind –, sondern ihr gelingt es auch, das Krankenwagensystem der »St. John's Ambulance Brigade« zu verbessern.

Eigentlich könnte die 25-Jährige mit dem bisher Erreichten zufrieden sein. Aber der Schein trügt. Tüchtigkeit und Erfolg zeigen nur eine Seite von Kate, die helle, starke. Es gibt aber auch die andere Seite, die dunkle, schwache. Sehr empfindsam und sensibel, wird sie, nicht erst in Neuseeland, immer wieder von Zweifeln und dem Gefühl der Niedergeschlagenheit gequält. Aber nun wird daraus, soweit wir wissen, erstmals eine tiefe Depression. Was der Auslöser für die Krise ist, in die Kate Marsden Ende 1885 stürzt, bleibt im Dunkeln. Henry Johnson, ihr Biograph, spricht von einem »heftigen«, der Leiter des Krankenhauses von einem »unglücklichen Unfall«, was beides reichlich mysteriös klingt. Unklar bleibt ebenfalls, woran genau sie leidet. In der Biographie *Life of Kate Marsden* wird es als »äußerst unangenehme Nervenkrankheit« umschrieben, Kate selbst spricht lieber von einer »dunklen Zeit ihrer Seele«. Es ist durchaus denkbar, dass die Krankheit ein Aufbäumen ihrer Psyche gegen das strenge religiöse Korsett ist, in das Kate seit frühester Kindheit geschnürt worden ist und das sie vielleicht nur scheinbar so gut ausfüllt. Die Krise könnte aber auch noch eine ganz andere Ursache gehabt haben. Einem Artikel der *Times* zufolge scheint es möglich, dass Kate in Neuseeland – vielleicht erstmals – ihren lesbischen Neigungen gefolgt ist. Zwar sind homosexuelle Beziehungen zwischen Frauen zu diesem Zeitpunkt nicht gesetzlich verboten, aber sie gelten als zutiefst unmoralisch und als Sünde.

Was immer der Auslöser gewesen sein mag, die seelische Erschütterung ist existenziell und verbunden mit einer tiefen Glaubenskrise. Voller Zweifel wendet sich die Diakonissin zeitweilig sogar ganz von Gott ab, findet schließlich aber doch zu ihrem Glauben zurück. Es gelingt ihr, wieder Kraft daraus zu schöpfen. »Ich vermag alles, durch den, der mich mächtig macht, Christus«[7], sagt sie später einmal.

Psychisch wiederhergestellt, beginnt Kate nun erneut als Krankenschwester zu arbeiten. Außerdem hält sie jetzt öfter Vorträge über erste Hilfe und Hygiene. Neuseeländische Zeitungen berichten von dem »angenehmen« Stil, in dem sie über so düstere Dinge wie »Schmerz und Leiden, Breiumschläge und Senfpflaster«[8] referiert.

Kate ist inzwischen 30 Jahre alt. Vor rund 13 Jahren ist sie auf dem bulgarischen Schlachtfeld den ersten Aussätzigen ihres Lebens begegnet. Unvergessen der Gedanke, ihr Leben ganz »den Elendesten unter den Elenden« zu widmen. Möglicherweise leidet Kate auch aufgrund ihrer vorübergehenden Abkehr von Gott unter einem Schuldkomplex, der Triebfeder für ihr späteres aufopferndes Engagement für die Aussätzigen sein könnte. Sie selbst nennt ihrem Biographen gegenüber »Reue« als ein Motiv für ihre Mission, mit der sie vielleicht ihre vermeintliche Schuld sühnen möchte. Ein Artikel in der Dezemberausgabe der Zeitschrift »The Ninteenth Century« über »Das schreckliche Wiederaufleben von Lepra« und die Nachricht vom Tod des belgischen Priesters Damian müssen ihr in dieser Zeit wie Zeichen Gottes erscheinen.

16 Jahre lang hatte Pater Damian ohne Furcht vor Ansteckung auf der hawaiischen Insel Molokai das gesellschaftliche Ausgestoßensein der unheilbar an Lepra Erkrankten geteilt und durch praktische Hilfe viel zur Verbesserung ihrer Lebensbedingungen bei-

getragen. Sein Tod – er starb selbst an Lepra – lenkt für kurze Zeit die Aufmerksamkeit nahezu der gesamten »zivilisierten« Welt auf die Krankheit, eine der ältesten Seuchen seit Menschengedenken. Sie ist in Mitteleuropa kaum noch verbreitet, tritt dafür aber umso häufiger in Afrika und Asien auf, also auch in den britischen Kolonien. »Uns wurde klar gemacht, dass die Zustände in Indien und unserem gesamten Kolonialreich uns – zumindest zu einem gewissen Grad – verpflichten, seinem Beispiel zu folgen«[9], schreibt der Prinz von Wales, der spätere König Edward VII., tief beeindruckt von dem Lebenswerk des Priesters.

So viel Anerkennung von königlicher Seite löst natürlich auch bei den wohltätigen Damen in den englischen Salons ein geschäftiges Treiben aus. Kate Marsden, weitab von Nähkränzchen und Wohltätigkeitsbasaren, will mehr. Sie möchte die Lücke schließen, die Pater Damian hinterlassen hat. Doch ihr Gesuch wird vom Konsul von Hawaii abgelehnt – es gibt inzwischen genug Freiwillige, außerdem steht die Leprakolonie auf Molokai mittlerweile unter katholischer Leitung, so dass die Protestantin sowieso wohl wenig Chancen gehabt hätte.

Enttäuscht, aber nicht entmutigt, wendet sie ihre Aufmerksamkeit »Britisch-Indien« zu, wo rund 250000 Leprakranke der Hilfe bedürfen. Um sich auf diese Aufgabe vorzubereiten, kehrt sie von Neuseeland nach England zurück. Schon bald erhält Kate vom Roten Kreuz eine Einladung nach Russland, wo sie für ihre Verdienste während des russisch-türkischen Krieges mit einer Medaille ausgezeichnet werden soll – in ihren Augen eine göttliche Vorsehung. Sie wird nun also nach St. Petersburg reisen, um von dort aus das Los der russischen Leprakranken zu erkunden, sich mit »eigenen Augen« vom wahren Stand der Dinge zu überzeugen. Denn das, was sie bislang in Erfahrung gebracht hat über die generellen Lebensbedingungen dieser »verachteten, gemiedenen und von allem anderen heimgesuchten Menschen, die von jedem Umgang und den Wohltaten der Zivilisation ausgeschlossen und zu lebendigem Tod verurteilt sind«[10], ist widersprüchlich und befriedigt ihre Wissbegierde nicht. Kate leuchtet der Einwurf von Freunden sofort ein, dass ihr Vorhaben ohne die Hilfe einflussreicher Personen nicht durchführbar sei. Kühn bittet sie daher um eine Audienz beim englischen Hof – und wird erhört.

Der 5. März 1890, an dem sie die Ehre hat, ihr Anliegen der Königin vorzutragen, wird zu einem entscheidenden Tag in ihrem Leben. Offenbar gelingt es ihr, Königin Viktoria von der Dringlichkeit des Unternehmens zu überzeugen, denn kurz darauf beginnt Prinzessin Alexandra von Wales, sich dafür zu interessieren, und lädt Kate Marsden ein. Kate verlässt die Prinzessin mit einem persönlichen Empfehlungsschreiben an die Kaiserin von Russland, die dort zwar

Maria Feodorowna genannt wird, eigentlich aber Dagmar heißt und eine Schwester von Prinzessin Alexandra ist.

Als Kate in St. Petersburg bei der Kaiserin vorstellig wird, bekommt sie Geld und ein Schriftstück von »unschätzbarem Wert« überreicht: ein amtliches Schreiben, mit dem die Gattin von Alexander III. alle Regierungsbeamten auffordert, der Engländerin »nach besten Kräften beizustehen«.

Die Kaiserin ist auch diejenige, die Kates endgültiges Reiseziel beeinflusst, denn auch sie hatte von dem Gerücht gehört, das Kate schon zu Ohren gekommen war. Man erzählt sich nämlich, dass im fernen Sibirien, genauer in der Region Jakutsk, wo es viele Aussätzige gibt, ein Heilkraut gegen Lepra wachse.

Jahrtausendelang ist die Krankheit eine Herausforderung für Ärzte gewesen. Der Erreger, ein stäbchenförmiges, säurefestes Bakterium, ist bereits 1869 entdeckt worden, trotzdem muss der Lepraforscher Adolf von Bergmann noch 1897 das »Kapitel der Behandlung von Lepra mit der traurigen Erkenntnis schließen, dass wir in der radikalen Heilung des Leidens es nicht weiter gebracht haben, als die Tausende von Generationen, die sich vor uns darum bemüht«[11]. Erst 1943 wurde mit dem chemisch hergestellten Medikament »DDS« ein wirksames Gegenmittel entwickelt und Lepra heilbar.

Obwohl die Existenz eines Heilkrauts gegen den

Aussatz recht unwahrscheinlich ist, will Kate jede noch so kleine Chance nutzen und versuchen, dieses sagenhafte Gewächs zum Nutzen der Aussätzigen »im ganzen russischen Reich und womöglich in allen Ländern der Erde« zu finden. Unablässig grübelt sie darüber nach, ob »die Eingeborenen« ihr das von ihnen angeblich »eifersüchtig gehütete Geheimnis« überhaupt enthüllen würden. Kann sie wirklich hoffen, dass »diese Halb-Barbaren mir ihre Kenntnisse offenbaren würden, wenn ich sie im Namen Christi und der leidenden Menschheit darum bäte«[12]?

Sie kehrt zunächst noch einmal nach London zurück – wohl um erste Vorbereitungen zu treffen und weitere Informationen zu sammeln. Unter anderem fährt sie nach Paris, wo sie das St. Louis Hospital besucht und den Leiter, den Mikrobiologen Louis Pasteur, über die Krankheit und Behandlungsmöglichkeiten befragt. Bevor sie sich endgültig auf den Weg nach Sibirien macht, bereist sie mit finanzieller Hilfe von Freunden und Bekannten den Vorderen Orient, um sich auch dort über den Stand der Krankheit zu informieren.

Kate selbst erzählt über die Umstände dieser langen und sicher sehr beschwerlichen Reise nichts – für sie scheinen nur die Ergebnisse ihrer Erkundungen in Zypern, Alexandria, Jerusalem, Konstantinopel und Tiflis zu zählen. Etwa dass es in Jerusalem inzwischen ein Krankenhaus gibt, wo Leprakranke ärztlich betreut werden, während andernorts diese Menschen immer noch »schmählich vernachlässigt« werden. So auch in Konstantinopel, dem heutigen Istanbul, wo Kate beim Anblick der Kranken erneut »Grauen und Entsetzen« ergreifen, weswegen sie mit »unbeschreiblicher Inbrunst Gottes Beistand« für ihr Unternehmen erfleht.

Auch wenn christliche Nächstenliebe vordergründig das Hauptmotiv für alle ihre Reisen gewesen ist, so könnte es durchaus sein, dass es Kate Marsden auch Spaß gemacht hat, legitimiert durch ihren Beruf ein aufregendes Leben außerhalb der Konventionen führen zu können. Allerdings gab sie dies, vielleicht eingedenk ihrer Kindheitserfahrungen, wo alles Abweichende bestraft worden war, nicht offen zu. Vorstellbar ist auch, dass sie unbewusst immer wieder mit sich selbst darüber in Konflikt geriet, ob es wohl rechtens sei, nach eigenen Vorstellungen zu leben.

Von Konstantinopel aus über das Schwarze Meer und den Kaukasus erreicht Kate Marsden im November 1890 Moskau, den Ausgangspunkt für ihre Expedition nach Sibirien. Nochmals knapp drei Monate braucht sie dort für ihre Reisevorbereitungen, zweimal muss sie in dieser Zeit nach St. Petersburg fahren, um Geldmittel aufzutreiben und sich der ideellen Hilfe einflussreicher Russen zu versichern. »Eine Reise, die zwölf Stunden in Anspruch nimmt«, wie sie in ihrem

Reisebericht lapidar vermerkt. Das »Treiben« der Engländerin wird einerseits wohlwollend, dann wieder argwöhnisch beobachtet. Der Argwohn wird geschürt, als in einer Londoner Zeitung ein Artikel erscheint, der den in Moskau lebenden Engländern suggeriert, Kate sei eine politische Spionin. Ob dieses Gerücht böswillig in die Welt gesetzt wurde, ist auch heute noch unklar. Denkbar wäre es. Kates Mission wird in der englischen Öffentlichkeit von Anfang an von einem Misstrauen begleitet, das sich nie ganz legen wird.

Ein absurder Verdacht! Kate Marsden ist weit davon entfernt, eine Spionin zu sein. Oder auch eine militante Sozialreformerin. Sie will den Armen, Unglücklichen und Leidenden in ihrem Elend helfen, nicht etwa politisch agieren oder agitieren, um die bestehenden Verhältnisse zu verändern. Sie leidet sehr »unter dem unangenehmen Druck dieses Misstrauens«, lässt sich davon aber nicht unterkriegen.

Am 1. Februar 1891 ist es endlich so weit. Ausgestattet mit Sardinen in Dosen, Plätzchen, Brot, Tee und rund 40 Pfund Plumpudding, »der für besonders nahrhaft galt und mir sehr willkommen war«[13], mit Kerzen, Decken, Schals, warmer Unter- und Oberkleidung, die Kate bis zur eigenen Unbeweglichkeit übereinander trägt, bis übers Knie reichenden russischen Filzstiefeln, einem Fußsack, einer pelzgefütterten Mütze für den Kopf, einer Rotkreuzbinde am linken Ärmel und etlichen Exemplaren der Bibel zum Verteilen macht sich Kate auf ihren Weg nach Jakutsk. Begleitet wird sie von ihrer »treuen Freundin und Gefährtin« Ada Field, die im Gegensatz zu Kate fließend Russisch spricht.

Die erste Etappe von Moskau nach Zlatoust legen die beiden Frauen noch vergleichsweise gemütlich mit der Eisenbahn zurück. Wäre Kate einige Jahre später, nämlich nach dem Bau der Transsibirischen Eisenbahn, aufgebrochen, wäre auch der Rest der Reise um einiges bequemer gewesen. So steht in dem Städtchen am Fuß des Urals jedoch nur ein gemieteter Pferdeschlitten für die Weiterfahrt bereit.

Dieser hoch gebaute Schlitten muss nun irgendwie bestiegen werden. Kein leichtes Unterfangen, »eingehüllt und verpackt, wie ich war«. Kate ist »ratlos, wie es möglich sein würde, hineinzukommen. Es war kein Tritt da, der es mir erleichtert hätte; und die Augen zahlloser Männer, Frauen und Kinder waren neugierig auf mich gerichtet. Was sollte ich tun. Ich versuchte meine Lage humoristisch aufzufassen, was unter diesen Umständen das Beste war«[14]. Und später: »Wir wussten nicht, ob wir lachen oder weinen sollten, entschieden uns fürs Erstere und harrten fröhlich der Dinge, die da kommen sollten.«[15]

Doch nun geht die Schlittenfahrt durch das Zarenreich erst einmal los. Mit einem romantischen Dahingleiten durch weiße Winterlandschaften ist dies jedoch nicht zu vergleichen. Kilometer um Kilometer bahnt sich der Schlitten über »riesige gefrorene Schneeklumpen und durch tiefe Löcher« seinen Weg. »Von ruhigem Sitzen ist keine Rede; eben mit aller Gewalt nach vorn auf den Kutscher geworfen, wird man im nächsten Augenblick nach rückwärts geschleudert, um bald darauf, wenn man es am wenigsten erwartet, einen Stoß in die Seite zu bekommen.«[16] Ganz auf die Geschicklichkeit der meist betrunkenen und oftmals unverschämten Kutscher angewiesen, deren »russischer Heftigkeit« die Reisenden, wenn gar nichts mehr hilft, »englische Kaltblütigkeit« entgegensetzen, kommen die beiden Ladys am Abend oftmals als »leblose Holzblöcke« am Tagesziel an.

Genächtigt wird meist in wenig komfortablen Poststationen. »Schaffelle und Decken (die nicht gerade rein sind) werden in Ermangelung einer Bettstelle auf dem Boden ausgebreitet.«

Trotzdem findet die engagierte Kate Marsden die Kraft, die an der Wegstrecke liegenden Gefängnisse zu besuchen. Sie will sich über die Zustände informieren und Bibeln an die Sträflinge verteilen. Als »Schutzbefohlene der Kaiserin« wird sie überall empfangen, auch wenn sie manchmal erst ihren Willen durchsetzen muss, um in den »Kerker einzudringen«. Das Gefängnis in Jekaterinburg ist das erste, das sie aufsucht. Es erscheint ihr, wie viele danach, »schlecht beleuchtet, schlecht ventiliert und schlecht gehalten ... Das Rasseln der Ketten, die den Gefangenen vom Gürtel bis zu den Knöcheln reichen, ist ein Geräusch, das sich nie mehr vergisst«.

Über Irbit, wo sie von einem Kaufmann wertvolle Auskünfte über die Aussätzigen erhält und einen Schlitten kauft, »da es billiger war, im eigenen zu reisen, als an jeder Station einen anderen zu mieten«, geht die Reise in dichtem Schneegestöber weiter nach Tjumen.

In dieser alten Stadt mit ihren weißen Kirchen und den grünen Kuppeln erwartet sie eine »angenehme Überraschung«. Ein dort lebendes englisches Ehepaar nimmt die Reisenden gastfreundlich auf. »Die Wohlthat eines warmen Abendessens und eines weichen reinlichen Bettes war unbeschreiblich«, erinnert sich Kate. Solche kleinen Erholungspausen für Körper und Seele haben die beiden Reisenden auch bitter nötig. Immer wieder gibt es Situationen, »die auf meine Stimmung drückten, und die Größe der zu überwindenden Schwierigkeiten drohte manchmal, meine Willenskraft zu lähmen«.

Während Ada Field den Strapazen nicht standhält und in Omsk krank umkehren muss, hält Kate der Gedanke an die Qual der Aussätzigen im fernen Jakutsk aufrecht. Schon auf dem Weg dahin nutzt sie jede Gelegenheit, Leid zu lindern. Bauern, die entlang der Strecke leben, bringen ihre Kranken zu ihr, sobald sie das auf den Schlitten gemalte rote Kreuz entdecken. »Ich half ihnen, so gut ich konnte, und sie lächelten glücklich, als wir ihnen kleine Testamente und Evangelienbücher schenkten.«

Viel mehr als Bibeln und heißen Tee mit Zucker kann Kate Marsden auch den Sträflingstrupps nicht anbieten, denen sie unterwegs mehrmals begegnet. Rund 40000 Sträflinge gibt es Ende des 19. Jahrhunderts in Sibirien, die meisten sind politische Gefangene, vom Zar in die Verbannung geschickt. »Allmählich gewöhnte ich mich daran, diesen Gefangenentransporten zu begegnen. Zuerst sieht man in der Ferne eine schwarze Masse, dann unterscheidet man das Glitzern der Bajonette im Sonnenlicht, noch etwas später hört man das trübselige Klirren der Ketten und jetzt ist der Haufe ganz nahe. Jeder Gefangene, der zu entwischen sucht, wird ohne Barmherzigkeit niedergeschossen.« Kate dagegen bringt es nicht einmal fertig, in ihrer warmen Kleidung den frierenden Sträflingen gegenüberzutreten. Deshalb nimmt sie immer ihre Pelze ab, bevor sie ihre Gaben verteilt.

In Tomsk – ungefähr die Hälfte der Reise liegt jetzt hinter ihr – wird sie vor der Gefährlichkeit der vor ihr liegenden Flüsse und Wege gewarnt. Sie wechselt deshalb ihr Gefährt und benutzt zur Weiterfahrt einen Tarantas, ein Fuhrwerk ohne Federung, das auf Rädern läuft und zur Zeit der Eisgänge benutzt wird. »Wenn der Tarantas mit allen Paketen beladen ist, auf denen man liegen muss, ist es nötig, sich für die tausend Meilen, die auf diese Art zurückgelegt werden sollen, mit Geduld und Ergebung zu waffnen.« Aber selbst bei den Qualen, denen sie während der äußerst unbequemen Fahrt ausgesetzt ist, verliert Kate ihren Humor nicht, wenn er auch diesmal eher schwarz ausfällt. Sie bezeichnet die Schmerzen in ihren Gliedern als »Tarantas-Rheumatismus«. Mehrmals muss sie in ihrem Gefährt zugefrorene Flüsse überqueren. Oft hört Kate dabei ein verdächtiges Knacken im Eis. »Mir schwindelte und ich schloss die Augen, verlor aber doch keinen Augenblick das Vertrauen, dass Gott mich beschützen und mich mein Ziel, die Aussätzigen, erreichen lassen würde.«

Anfang Mai – Kate ist jetzt drei Monate unterwegs – erreicht sie Irkutsk und atmet erleichtert auf: »Die große Anzahl hübscher Kirchen, der breite schöne Fluss, die wellenförmigen Hügel – alles erinnerte wieder an zivilisierte Länder.«

Kate kommt ihrem Ziel immer näher. Sie schlägt in Irkutsk mit Erfolg vor, ein Komitee »zum Wohl der Aussätzigen« zu bilden, dessen erste Sitzung genau an ihrem 32. Geburtstag stattfindet, der so zu einem »der glücklichsten Tage meines Lebens wird«. Sie bekommt Einsicht in offizielle Berichte über das Los der Aussätzigen in der Region, die schon »64 Jahre lang vergeblich um eine dauernde Unterkunft flehten«. Was sie in diesen Berichten liest, übertrifft wahrscheinlich ihre schlimmsten Erwartungen und bestärkt sie zugleich in ihrer Mission. »Sowie es bekannt wird, dass ein Mensch mit Aussatz behaftet ist, wird er von seiner Gemeinde verstoßen und wie ein gefährliches Tier in die Wälder oder Sümpfe verwiesen, wo er zu einem lebendigen Tod verdammt ist … Seine erste Pflicht ist, ein Kreuz zu zimmern, das er außen an die Türe hängt als Warnungszeichen für etwaige Vorüberkommende. Und so beginnt er sein Verbannungsleben, das so entsetzlich und elend ist, dass nur ein Aussätziger es ganz verstehen kann.«

Versehen mit einem zusätzlichen Empfehlungsschreiben vom Gouverneur von Jakutsk verlässt Kate Marsden Irkutsk. Nach rund 250 Kilometern über Land erreicht Kate das Ufer des Lena, wo ein neues Transportmittel auf sie wartet. Drei Wochen dauert die Flussfahrt auf der primitiven Barke aus Holz, voll beladen mit Waren, die so von Irkutsk nach dem rund 10000 Kilometer von Moskau entfernten Jakutsk transportiert werden.

Im Juni erreicht sie endlich ihr Ziel. »In den öden Straßen begegneten wir mehreren Karren, von Ochsen gezogen, und die Männer, die auf ihnen ritten, sahen mit ihren hohen Hüten, langen hochschultrigen Mänteln und hohen Stiefeln sehr merkwürdig aus.« Ein letztes Mal muss Kate bürokratische Hindernisse überwinden, bevor sie endlich die letzte große Etappe zu den Aussätzigen in Angriff nehmen kann. Sie kauft

Vorräte ein: in Fischhäute eingepacktes gedörrtes Brot, Tee, Zucker, Tabak, eingemachtes Fleisch, Obst und Plätzchen – denn noch immer liegt ein weiter Weg vor ihr, den sie diesmal zu Pferde zurücklegen muss.

Am 22. Juni 1891 reitet Kate los. Begleitet wird sie von einer Gruppe Einheimischer und von Ivan Procopieff, einem ihr wohl gesonnenen Kosaken, der kostenlos die Pferde für alle stellt. Hoch aufgerichtet und gezwungenermaßen im Herrensitz sitzt Kate auf dem Pferd: »Mein Reiseanzug war praktisch, aber unschön und bestand aus einer Jacke mit sehr langen Ärmeln und der Binde mit dem roten Kreuz am linken Arm, und weiten Beinkleidern, die bis an die Knie reichten. Dazu trug ich einen einfachen Lodenhut, einen Revolver, eine Peitsche und über den Schultern einen kleinen Reisesack.«

Es gibt keine Straßen zu den weit verstreut lebenden Aussätzigen. Oft führt der Ritt durch Sumpf und Morast, Scharen von Stechmücken quälen die Reisenden. »Es war unmöglich, sie zu vertreiben, denn ich konnte die Zügel nicht loslassen, die, nebenbei bemerkt, von sehr harter und primitiver Beschaffenheit waren – aus Pferdehaar gewoben – und sehr bald meine Hände wund gerieben hatten.« Die Anstrengungen zehren an ihren Kräften, sie übernachtet unter freiem Himmel oder im Zelt, in der Dunkelheit werden ihr »Traumbilder der fernen Heimat« vorgegaukelt, die aber gleich wieder den »Schreckgestalten der Aussatzkranken« weichen. Trotzdem behält sie ihr Gespür für die Schönheit der Natur. »Sehr bald erlebte ich mein erstes Gewitter in Sibirien und es war unbeschreiblich heftig und großartig. Die Blitze erschienen wie Feuergarben und der Regen floss in Strömen.«

Wochen später bietet sich ihr ein weiteres »wunderbares« Naturschauspiel: »Die ganze Erde, so weit die Augen reichten, schien ein Feuermeer zu sein; vielfarbige Flammen – rote, goldne, blaue und violette – blitzten überall auf, leckten am Boden hin, züngelten und schossen wie Raketen in die Höhe.« Der einzige Wermutstropfen ist die Tatsache, dass sie durch dieses Feuer hindurchreiten muss. Aber: »Lieber sterben als umkehren.«

Die eisige Kälte ist mittlerweile einer tropischen Hitze gewichen, deshalb reitet die Gruppe manchmal nur nachts, tagsüber wird gerastet. »Zu Tode ermattet« kommt Kate Marsden in Viluisk an. Auch hier bespricht sie sich wieder mit den »oberen Stadtbehörden«, zu denen auch der Priester gehört, der sie zu den Aussätzigen begleitet.

Von Viluisk aus erkundet sie in mehreren Etappen die Wälder, wo die kranken Frauen, Männer und Kinder ihr Dasein fristen. Ihre Unterkunft ist zumeist eine ärmliche Hütte, in der gewohnt, geschlafen, gekocht, gegessen und gestorben wird – und von der ein unbeschreiblicher Geruch ausgeht.

Kate ist am Ziel. Auf einmal »glaubte ich in der Entfernung ... zwei Hütten zu erblicken, und es bewegte mich unaussprechlich, nach langen Monaten des Reisens nun wirklich die Unglücklichen erreicht zu haben, denen ich helfen wollte. Wir ritten noch eine Weile auf den in beständigen Windungen geführten Pfaden dahin und plötzlich sah ich ... einen kleinen Haufen Menschen vor mir. Einige der Leute kamen hinkend und auf Stöcke gestützt uns entgegen, mit verrenkten Gliedern und verzerrten Gesichtern. Ein unglückliches Geschöpf konnte nur mit Hülfe eines Stuhles kriechen, und alle hatten den unbeschreiblichen, trost- und hoffnungslosen Ausdruck in den Augen, den diese Krankheit mit sich bringt. Ich stieg vom Pferd herunter und begab mich, so rasch ich konnte, unter diese traurige Versammlung von Lahmen, Blinden und Krüppeln«.

Ganz im Gegensatz zu ihren Begleitern, die sich nahezu ausnahmslos weigern, sich den Aussätzigen zu nähern, lässt Kate den zerlumpten Gestalten ohne Angst vor Ansteckung »alle Hülfe zuteil werden, die in meiner Macht stand, und mit lächelnden Gesichtern deuteten sie dann gen Himmel, um mir begreiflich zu machen, dass sie von dort Segen für mich erflehen wollten«. Das größte Geschenk, das Kate ihnen mitbringt, ist das Versprechen, dass in der Region eine Krankenstation gebaut werden wird.

Unermüdlich reitet sie weiter, erkundigt sich nach

dem Heilkraut, von dem hier niemand jemals etwas gehört hat, sucht nach anderen Kranken, bis ihre Kräfte sie endgültig verlassen. Unfähig, sich auf dem Pferd zu halten, muss Kate auf einem eilends gemieteten Karren zurück nach Jakutsk transportiert werden. Sie trägt es mit Gelassenheit. »In dieser Verfassung hielt ich wie ein verwundeter Soldat nach der Schlacht Einzug in Jakutsk.«

Im Spätsommer tritt Kate Marsden ihre Rückreise nach Westen an, die sich ebenso unbequem und schwierig gestaltet wie der Hinweg. Schon unterwegs beginnt Kate, mit Leidenschaft und Nachdruck bei Regierungsbeamten, Bischöfen, Ärzten, Nonnen, bei allen, denen sie über das Gesehene berichtet, Geld für den Bau eines Leprosoriums, einer Leprakolonie, zu sammeln. Innerhalb von fünf Monaten kommen 25 000 Rubel zusammen. In Tjumen, das sie, »an allen Gliedern gerädert, zu Tode erschöpft«, erreicht, erwartet sie Ada Field, und Kate ist »glücklich, sie wieder um sich zu haben«.

Sie gönnt sich kaum Zeit zur Erholung, denn sie will so schnell wie möglich nach St. Petersburg, um dort ihre Arbeit zu beenden. Im Dezember kommt sie in der Stadt an, fast elf Monate sind seit ihrer Abreise vergangen, insgesamt hat sie über 20 000 Kilometer zurückgelegt. Kate bleibt noch vier weitere Monate in Russland, in denen ein detaillierter Plan für die Anlage der mustergültigen Leprakolonie entsteht und mit Unterstützung der Kaiserin ein Fonds zu ihrem Bau eingerichtet wird. Ein mit einem Spendenaufruf versehener Artikel in einer Kirchenzeitung, als Broschüre 40 000fach nachgedruckt, macht ihre Mission im ganzen Land bekannt. Außerdem unternimmt Kate noch einen »Abstecher in die Ostseeprovinzen«, um sich über die Lage der dortigen Aussätzigen kundig zu machen. Insgesamt gibt es um die Wende zum 20. Jahrhundert im Zarenreich vermutlich weit über 10 000 Leprakranke, noch heute sind auf dem Gebiet der ehemaligen Sowjetunion ungefähr 4000 Fälle registriert, davon rund 1200 in Russland.

Im Frühjahr 1892 kehrt Kate Marsden schließlich nach England zurück, aber der Empfang ist wenig herzlich. Der Erfolg ihrer Reise, ja die Reise überhaupt werden angezweifelt, das ganze Unternehmen wird als unglaubwürdig hingestellt. Weder die Tatsache, dass die »Royal Geographical Society« sie noch im gleichen Jahr als eines der ersten weiblichen Mitglieder aufnimmt – eine große Auszeichnung, die Kate durch das Kürzel F. R. G. S. (Fellowship of the Royal Geographical Society) hinter ihrem Namen stolz nach außen trägt –, noch die offenkundige Anerkennung durch die Königin, die ihr persönlich eine Brosche überreicht, ändern daran etwas.

Kate unternimmt Vortragsreisen durch England

und Amerika – 1893 präsentiert sie auf der Weltausstellung in Chicago ein Modell der geplanten Leprakolonie –, die Honorare sind für die Realisierung des Projektes bestimmt. Dies gilt auch für ihren ebenfalls 1893 erscheinenden Reisebericht, den sie wohlweislich mit einem umfangreichen Anhang und offiziellen Schreiben, die ihre Reise bestätigen, versieht.

Als ein Jahr später die deutsche Übersetzung erscheint, plant Kate gerade eine Reise zu den Aussätzigen auf der sibirischen Halbinsel Kamtschatka. Aber die Exkursion in den Nordosten des russischen Reiches findet nie statt, wahrscheinlich ist Kate weder körperlich noch seelisch dazu in der Lage.

Die aufregende Sibirienreise hat ihre Gesundheit auf immer ruiniert, dazu schwächen sie die üblen Nachreden, die ihren Höhepunkt in einem vernichtenden Brief früherer Unterstützer finden, der im August 1894 in der *Times* veröffentlicht wird. Kate versucht zwar, sich gegen die Verleumdungen zu wehren, aber ihr fehlt das Geld für eine gerichtliche Auseinandersetzung, und möglicherweise hat sie auch Angst, öffentlich als Lesbe bloßgestellt zu werden. Letztlich scheint sie jeder Lebenskraft beraubt. Zeitweilig soll sie geistig verwirrt gewesen sein, sogar religiöse Wahnvorstellungen gehabt haben. Doch 1897 wird im sibirischen Viluisk nach ihren Plänen tatsächlich ein Hospital für Leprakranke gebaut, das bis Mitte des vergangenen Jahrhunderts in Betrieb ist.

1906 wird Kate noch einmal am englischen Hof empfangen. Dennoch verbringt sie Jahre mit weiteren verzweifelten Versuchen, ihre Glaubwürdigkeit wiederherzustellen. Selbst noch 1919 schreibt sie an den Präsidenten der »Royal Geographical Society«: »Ich bin so krank und arm und hilflos«, aber trotzdem will sie alle, die nie an ihr gezweifelt haben, wissen lassen, dass sie »ihr Leben gegeben und die Gefahr der Ansteckung auf sich genommen«[17] habe, um den Leprakranken zu helfen.

Ein letztes Mal bäumt sie sich 1921 auf. Sie veröffentlicht das Buch *My Mission On Sibiria. A Vindication* (Meine Mission in Sibirien. Eine Rechtfertigung), das unter anderem Briefe von Augenzeugen, russischen Behörden und Leprakranken enthält. Ansonsten ist über ihre letzten 30 Lebensjahre kaum etwas bekannt.

1931 stirbt Kate Marsden in Middlesex. Schon bald gerät sie in Vergessenheit. Erst die englische Neuauflage ihres Buches im Jahr 1986 bringt uns die ungewöhnliche Frau wieder ein bisschen näher.

»Was ist das Leben ohne ein Handtuch!«
Mary Kingsley (1862–1900)

Von Magdalena Köster

»Im Jahr 1893 verfügte ich zum ersten Mal in meinem Leben über eine freie Zeit von fünf, sechs Monaten, eine Zeit, die noch nicht fest verplant war. Ich fühlte mich wie ein kleiner Junge, der ein Halbkronenstück in der Tasche hat, und heckte mir einen Plan aus, was ich jetzt alles anfangen könnte. ›Geh und studiere die Tropen‹, sagte mir eine innere Stimme.«[1]

Als die Engländerin Mary Henrietta Kingsley rückblickend von dieser Eingebung erzählte, war sie erst seit wenigen Jahren ein freier Mensch. 30 Jahre lang hatte sie sich ausschließlich um die Bedürfnisse von Mutter, Vater und Bruder gekümmert, bis beide Eltern innerhalb von nur sechs Wochen starben und der Bruder sich auf den Spuren Buddhas nach Asien aufmachte. Mary Kingsley hat sich selten über all die verlorenen Jahre beklagt. Als sie später in den Londoner Clubs über ihre Reisestudien berichtete und die Gäste auch etwas über ihre persönliche Geschichte hören wollten, wehrte sie solche Fragen gern ab: »Ich bin 1862 in Islington geboren, aber lassen wir das doch, das interessiert doch niemanden!«[2]

Zeitzeugen haben dagegen recht ausgiebig über sie

und ihre exzentrische Kingsley-Verwandtschaft geplaudert. Zusammen mit den Aussagen Marys und Aufzeichnungen ihres Vaters ergibt sich daraus das Bild einer viktorianischen Familie, in der die Männer für Skandale sorgten und Frauen und Töchter ungeachtet ihrer Begabung eine dienende Rolle zu übernehmen hatten. Eine harte Zeit für eine so vielseitige Persönlichkeit wie Mary Kingsley, die unter anderen Lebensbedingungen sicher schon als junger Mensch ihre eigenen Wege gegangen wäre.

Bei den Kingsleys hatte es Tradition, die Männer studieren zu lassen. Marys Großvater väterlicherseits, Charles senior, war Rektor an einer Schule, von seinen drei Söhnen studierte der erstgeborene Charles Theologie und Geschichte, Henry, der jüngste, probierte verschiedene Studienfächer aus, ohne sie abzuschließen. George Kingsley, der mittlere der Brüder und Marys Vater, hatte dagegen schon mit 20 sein Medizinstudium abgeschlossen. Danach aber zog er erst einmal jahrelang durch Europa, wanderte am liebsten durch deutsche Landschaften und übersetzte Heinrich Heine ins Englische. Er scheint sein Leben lang nur gemacht zu haben, was er wollte, und das war vor allem reisen, auf die Jagd gehen und sich amüsieren. Für ihn galt, was man schon von seinem Vater, Charles senior, behauptete: »Er besaß alle Talente, nur das eine nicht, sie auch zu nutzen.«[3] Dessen Frau Mary Lucas, Mary Kingsleys Großmutter, war es wohl, die einige hervorstechende Wesensarten an die nächsten Generationen weitergegeben hat: eine starke Empfindungsfähigkeit, eine besondere sprachliche Begabung und eine kaum zu bändigende »Wanderlust«, wie die Engländer dieses Lebensgefühl auf Deutsch ausdrücken. »Sie war eine patente, außerordentlich praktische Frau, dabei charmant und fröhlich wie ein junges Mädchen.«[4] Mary Lucas gehörte zur vierten Generation von weißen Plantagenbesitzern auf der Insel Barbados und hatte Berge von Reisebüchern mit nach England gebracht.

Als Mary Henrietta am 13. Oktober 1862 im Haus der Kingsleys im englischen Islington zur Welt kam, hatte George Kingsley die Mutter des Kindes, Mary Bailey, gerade erst geheiratet. Sie war die Haushälterin der Familie gewesen, und über ihren eigenen familiären Hintergrund ist nur bekannt, dass ihr Vater als Gastwirt arbeitete. Der 36-jährige George hätte es wohl bei einer Affäre mit der gleichaltrigen Frau gelassen und ein uneheliches Kind in Kauf genommen, wenn seine Familie ihn nicht entsprechend unter Druck gesetzt hätte. Dennoch warfen ihm die Verwandten später immer wieder vor, unter seinem Stand geheiratet zu haben.

Nur wenige Wochen nach Marys Geburt nahm er das Angebot an, den Duke of Edinburgh als Leibarzt auf einer Kreuzfahrt durchs Mittelmeer zu begleiten. Von Syrakus aus schilderte er der jungen Mutter brieflich in allen Einzelheiten, wie er soeben ein Segelunglück überlebt hatte. Mary Bailey musste sich damit abfinden: Ihr Mann war immer unterwegs, und immer passierte ihm irgendetwas, egal, ob er mit Lady Herbert of Lea und ihren Kindern durch Spanien reiste oder für ein paar Jahre mit dem Earl of Pembroke durch die Südsee nach Australien und Neuseeland unterwegs war.

Auf seine Tochter hat er als Kind wahrscheinlich wie die Figur aus einem Abenteuerroman gewirkt. Die Mutter war mit Mary und dem zwei Jahre nach ihr geborenen Bruder Charley in ein Haus in Highgate bei London gezogen, wo das Mädchen von der Außenwelt isolierter lebte als der Vater je auf irgendeiner Insel. So ließ sie sich von der begnadeten Erzählkunst in seinen Briefen besonders mitreißen. Und er sparte keine seiner Überlebensgeschichten aus: löschte vor den Augen der Familie einen riesigen Waldbrand in den Rocky Mountains, wehrte die Attacke eines Elchbullen ab, erschoss mitten in der Nacht einen Berglöwen, stand einem Grizzly so nah gegenüber, »dass ich genau seine rosa Zunge betrachten konnte, mit der er sich die Lippen leckte«[5]. Seine Frau reagierte ängstlich und eifersüchtig auf seine sporadisch eintreffenden Neuigkeiten, und auch Mary mag sogar den Hund beneidet haben, mit dem er in den Rocky Mountains unterwegs war.

Wenn der Vater zwischendurch – manchmal erst

nach Jahren – nach Hause kam, verwandelte sich das stille Haus in einen Taubenschlag. Alle seine Freunde kamen vorbei, ebenso seine Brüder, die sich genauso wie er auf Kosten anderer ein schönes Leben machten. Charles, der ein hohes Amt in der Kirche bekleidete, als Professor für Geschichte arbeitete und mehrere Bücher schrieb, setzte sich zwar gern in flammenden Reden für einen christlichen Sozialismus und die unterdrückten Landarbeiter ein, lebte aber selbst in »verbotenen Tiefen«, wie er es nannte. Er malte nicht nur schöne Landschaftsbilder, sondern auch nackte Frauen, die gequält und gefesselt wurden. Jeder wusste das in der Familie, doch solche Eigenarten wurden ebenso unter den Tisch gekehrt wie das Wissen um die Unfähigkeit des anderen Bruders Henry, beim Goldsuchen in Australien oder als hoch gelobter Literat *(Ravenshoe)* glücklich zu werden. Henry lebte abwechselnd mit Männern und Frauen, trank und rauchte von morgens bis abends. Mary hat später einmal beschrieben, wie er sich auf dem Rasen hinter dem Haus aalte und Pfeife rauchend vor sich hin murmelte: »Ich kann hier in England nicht den Sonnenschein in meinen Knochen fühlen.«[6] Er starb mit 46 an Zungenkrebs.

Mary hatte es auch mit ihrer Mutter nicht leicht, an der sie ebenso hing wie am Vater. Mary Bailey war sehr sensibel, steigerte sich in Angstzustände hinein und wurde immer depressiver. Wenn ihr Mann wieder einmal abreiste, ließ sie alle Fensterläden zur Straßenseite hin schließen und zwang ihre Kinder, monatelang mit ihr im Halbdunkel zu leben. Mary musste sich schon sehr früh um alles kümmern. »Ich war ihr Erster Offizier von dem Tag an, als ich ein Staubtuch halten konnte.«[7]

Eine Schule durfte sie nicht besuchen, zum Spielen mit anderen Kindern blieb keine Zeit. Einmal musste sie mit der Mutter zu Onkel Henry gehen, um Geld für die nächsten Wochen zu leihen, weil der Vater als »Leibarzt auf Reisen« nicht genug zum Leben schickte. Mutter und Kinder lebten ohnehin völlig zurückgezogen und beschränkten alle Ausgaben auf das Nötigste. Da blieben die Briefe des Vaters über Wochen hinweg oft die einzige Abwechslung. Wie aber mag Mary schriftliche Anweisungen wie diese empfunden haben: »Sag dem Jungen, dass ich ... Adlerrochen gefangen habe. Er soll das in dem Fischlexikon nachschlagen.«[8] Sie muss als Kind manchmal das Gefühl gehabt haben, gar nicht vorhanden gewesen zu sein. Nicht einmal kleine Vorbilder fand sie in den *Wasserbabys*, dem Kinderbuch von Onkel Charles, mit dem er in ganz England berühmt wurde. Mädchen kamen in der Handlung nicht vor – er hatte es zudem nur seinem Sohn »und allen anderen guten kleinen Jungen« gewidmet.

Marys Bruder bekam mehr Aufmerksamkeit. Allein für seine Ausbildung brachte die Familie 2000 Pfund auf. Genutzt hat es wenig. Charley blieb immer ein unschlüssiger Mensch, der es nie zu etwas brachte. Marys einziger Ausbildungsplatz war über Jahrzehnte hinweg die Bibliothek des Vaters. Falls sie nicht gerade bei der Hausarbeit war oder am Bett der leidenden Mutter sitzen musste, las sie die Bücher des Forschungsreisenden Sir Richard Burton oder die Thesen des Naturforschers Charles Darwin. Wenn im Haus mal wieder irgendetwas nicht funktionierte oder ihr niemand sonst die Welt erklären konnte, schlug sie in Büchern wie *The English Mechanic* und in *Solar Physics* nach.

Als Mary um die 20 war, wagte sie es zweimal, selbst auf Reisen zu gehen. Beim ersten Mal musste sie nach zwei Tagen aus Wales heimkehren, weil ihre Mutter krank wurde, später brachte sie es immerhin auf eine Woche Paris. Über die Einsamkeit der Mutter schrieb sie einmal: »Sie … ging nur aus, wenn in der Nachbarschaft jemand krank im Kopf oder Körper war oder wenn sonst irgendwas in Haus und Hof nicht stimmte. So habe ich lange geglaubt, ich hätte kein Recht, einfach nur so andere Leute zu treffen, wenn alles mit ihnen in Ordnung war.«[9]

Ihren Vater hat Mary immer verteidigt: »Sicher hätte mein Vater mehr Geld verdienen können, wenn er als Arzt in England gearbeitet hätte.« Er aber liebte nun einmal »die strahlenden Augen der Gefahr« und »hatte das instinktive Gefühl, dass es seine Aufgabe als Familienvater war, zu jagen und zu kämpfen«. Immerhin gab sie zu, dass sein ausschweifender Lebensstil die Mutter krank gemacht habe. »Die Krankheit, an der meine Mutter letztlich starb, ist auf seine Art, das Leben zu sehen, zurückzuführen.«[10]

In ihren Erinnerungen idealisierte Mary Kingsley ihren Vater: »Er war auf eine besondere Weise attraktiv, geschmeidig, breitschultrig, sein Gesicht sonnengebräunt und vom Wetter gegerbt wie das eines Seglers, seine leuchtenden, grauen Augen schauten jedem, mit dem er sprach, direkt ins Herz.«[11] Seitenlang lobt ihn die ansonsten so zurückhaltende Engländerin, spricht über seine Qualitäten wie eine Geliebte. Kein Wunder, dass ihr kein Mann mehr begegnete, der diesem Übervater gewachsen zu sein schien. Ihre Schwärmerei wird verständlicher, wenn man das Foto George Kingsleys betrachtet, das sie für ein Buch von ihm und über ihn ausgewählt hat. Es zeigt einen jugendlich wirkenden Mann mit einem selbstbewussten, amüsierten Zug um Mund und Kinn. Unkonventionell und zeitlos in Pullover und Tweed gekleidet, die Schlägermütze keck auf dem langen Haar, könnten wir ihm auch heute in den Londoner Straßen begegnen. Manche mögen ihn anerkennend ein verwegenes Mannsbild genannt haben – oder auch nur einen selbstsüchtigen Menschen.

Und seine Tochter? Sie hatte einiges von seinem sympathischen Äußeren geerbt – von der Mutter gibt es keine Fotos –, doch fehlte es ihr wohl lange Zeit an

Luft und Sonne und an der Muße, ein paar Pfund zuzunehmen. »Sie war ein zierliches Persönchen, dünn und blass, mit glatten, hellen Haaren, einer hohen Stirn und strahlend blauen Augen«[12], beschreibt sie eine Zeitzeugin. Auch spätere Fotos zeigen eine sehr schlanke Frau im eng taillierten Kleid der viktorianischen Mode, mit streng gescheiteltem, zusammengestecktem Haar und dem scheinbar für sie unvermeidlichen kleinen Hut auf dem Hinterkopf. Der Kontrast zwischen ihrem freimütigen Blick und der eher angespannten Mundpartie erinnert an den langen Kampf um Freiheit und Selbstbestimmung dieser Frau.

Ende der Achtzigerjahre kehrte George Kingsley endgültig nach England zurück, jetzt immerhin schon über 60 und von Rheumatismus geplagt. Die Familie zog gemeinsam nach Cambridge, damit Charley an der dortigen Universität studieren konnte.

Marys Vater hatte sich schon zeitlebens für die Opferriten einzelner Völker interessiert und über die Jahre hinweg Fetische und Notizen zu diesem Thema gesammelt. Mary war ihm beim Ordnen »ein wertvoller Gehilfe«, und er engagierte für sie sogar einen Deutschlehrer, weil sehr viel Forschungsmaterial in dieser Sprache vorlag. Mit großer Sorgfalt und scheinbar auch viel Vergnügen registrierte Mary all die Totenmasken, Amulette, Pfeilspitzen und ausgestopften Tiere, die das Kingsley'sche Haus schon seit ihrer Kindheit in ein Museum verwandelt hatten.

Im Februar 1892 fand Mary ihren Vater morgens tot in seinem Sessel. Ein rheumatisches Fieber hatte seinen Körper besiegt, Tribut für ein ruheloses Wanderleben. Nur sechs Wochen nach ihm starb die Mutter. Bei ihr war es ein »Nervenleiden«. Sicher hätte der Arzt auch schreiben können: »Sie starb an gebrochenem Herzen.«

Mary Kingsley nutzte ihr kleines Erbe, um erst einmal den Schatten dieses Totenhauses zu entfliehen, und reiste für einige Monate auf die Kanarischen Inseln. Dort hat sie sicher eine erste Lebensbilanz gezogen. Sie war 30 und hatte sich bisher nur nach anderen Menschen gerichtet. Jetzt wollte niemand mehr etwas von ihr. Ein ungeahntes Gefühl. Aber auch gefährlich. Möglich ist, dass sie die düstere Prognose der Krankenpflegereformerin Florence Nightingale vor Augen hatte: »Mit 17 voller Ambitionen und Träume, mit 30 verdorrt, gelähmt und ausgelöscht.«[13]

Nach Nightingales Erfahrung standen einer Engländerin ihrer Zeit nur drei Möglichkeiten offen: zu heiraten, zu schreiben oder als Krankenschwester zu arbeiten. Geheiratet hat Mary Kingsley nie, aber sehr einfühlsam und amüsant geschrieben und später Verwundete gepflegt. Als sie beim Wandern über die grüne Insel Gomera jedoch einmal in Ruhe über die eigenen Sehnsüchte nachdenken konnte, siegte zunächst die Kingsley'sche Wanderlust. Kaum hatte sie den Gedanken des Alleinreisens im Kopf, wurden anscheinend ungeahnte Kräfte in ihr freigesetzt. Schon machte sie konkrete Pläne. Das Wohin stand dabei weniger im Vordergrund: »Tropen bleiben Tropen ... ich schaute in den Atlas, und weil die malaiische Region zu weit entfernt und zu teuer war, musste Südamerika oder Westafrika mein Ziel sein.«[14] Entschieden hat sie sich sicher auch deshalb für Afrika, weil dieser Kontinent einer der wenigen weißen Flecken war, die der reisesüchtige Vater nicht erreicht hatte.

Auf keinen Fall wollte sie eine dieser frivolen Frauen sein, die ohne ernsthafte Aufgabe herumreisen, wie konservative, englische Kreise es etwa der Amerikanerin May Sheldon vorwarfen. Deshalb war sie dankbar über die Anregung Dr. Günthers vom Britischen Museum, Fische und Insekten auf ihrer Reise zu sammeln. Später wertete sie ihre Arbeit wieder ab: »Es waren sicher keine Novitäten für ihn. Doch ... er gab mir das Gefühl, was jeder Arbeiter braucht, das Gefühl, etwas Vernünftiges zu tun.« Dr. Günther sah es anders: »... sie brachte mir in bestem Zustand 18 verschiedene Reptilien ... etwa 65 Fische und ebenso viele Insekten.«[15]

Eine Erleichterung wird es für Mary Kingsley mitten in ihren Vorbereitungen gewesen sein, dass sich auch ihr Bruder Charley nach langem Hin und Her auf eine Reise begab, um den Buddhismus in Asien zu studieren. Denn sie kannte das ungeschriebene Gesetz ihrer Zeit: eine unverheiratete Schwester kümmert sich um den Haushalt des unverheirateten Bruders. – Inzwischen trafen bei Mary die seltsamsten Ratschläge über Krankheiten und Gefahren in Westafrika ein. Man warnte sie vor dem »Grab des weißen Mannes«, dem »absolut tödlichsten Flecken dieser Erde«, und klärte sie darüber auf, wer an der Küste »ein anständiges Begräbnis ausrichten« könne. Denn dass eine allein reisende »englische Jungfer« spätestens im Urwald von Kannibalen gefressen würde, sahen etliche Zeitgenossen als selbstverständlich an. Aufmunternde Unterstützung fand Mary in den *Tips für reisende Frauen*, die Lilias Campbell Davidson 1889 herausgebracht hatte. »Natürlich kann eine Frau unbegleitet und unabhängig reisen, ich warne allerdings davor, in Hosen loszuziehen, wo doch ein Rock, der eine Handbreit unter dem Knie endet, eine sehr viel weiblichere Reisekleidung ist.«[16] Eine Meinung, ganz im Sinne Mary Kingsleys, die lieber »auf dem Schafott enden« wollte, als Hosen zu tragen. Sie packte genau die altmodischen Kleider ein, die sie bisher getragen hatte, den schweren, schwarzen Wollrock, die hochgeschlossenen Blusen, den kleinen, runden Hut. »Sie sieht nach allem anderen als nach einer Forscherin aus«, wird man noch des Öfteren über sie herziehen. »Sie könnte eher als Haushälterin bei einem Grafen arbeiten.«[17] Sie aber war der Ansicht, man habe kein Recht, »in Afrika in Sachen herumzulaufen, für die man sich zu Hause schämen würde«[18].

Ende des 19. Jahrhunderts waren es neben den weißen Farmern vor allem drei Gruppen von Europäern, die sich auf dem afrikanischen Kontinent eingerichtet hatten. Staatsbedienstete kümmerten sich in den Kolonien um die Infrastruktur und das Wohlergehen ihrer Landsleute, ein Clan von Händlern hatte sich ein Monopol von Tauschstationen aufgebaut und die Missionare verließen sich bei ihrer Arbeit mit den schwarzen Heidenkindern auf den besonderen Schutz Gottes.

Mary Kingsley zog allein los. Ohne Netzwerk und Protektion, mit nichts als ihrem Koffer, einem wasserdichten Seesack, ein paar Sammelbehältern für ihr Getier und einem schmalen Portemonnaie. »Ich startete zur Küste mit 300 Pfund und handelte ein wenig mit Gummi und Elfenbein, damit ich zurechtkam.«[19] Ein wahrlich kleines Budget hatte sie da, benötigte der berühmte Forscher Stanley Livingstone auf seiner Expedition doch immerhin 50000 Pfund. Die karge Ausstattung aber trug wesentlich dazu bei, dass die Engländerin einen weit tieferen Einblick in den afrikanischen Kontinent bekam als manche anthropologisch geschulten Feldforscher nach ihr. Denn sie reiste wie die Einheimischen, zu Fuß und mit Booten, nahm fast nur einheimisches Essen zu sich und schlief, wo es sich ergab, auf dem Boden, auf einem Holzbrett, in den Hütten der Schwarzen.

Im August 1893 kauft Mary Kingsley sich ein One-

Way-Ticket und klettert ohne Abschiedszeremonie in Liverpool auf das Frachtschiff »Lagos«. Als die Besatzung herausbekommt, dass sie keine Missionarin ist, die den Männern das Trinken abgewöhnen will, stufen sie sie unter die »harmlosen Wahnsinnigen« ein. Ein Titel sicher nach ihrem Geschmack. Denn ihr ist deutlich bewusst, dass ihr als Frau allein unterwegs nicht sehr viele Rollen zur Verfügung stehen. Sie nutzt die Zeit der Schifffahrt, um sich von den mitreisenden Händlern über das »Überleben in Afrika« aufklären zu lassen, und diskutiert mit ihnen über die Kolonialpolitik. Damit ist der Grundstein für ihre ungewöhnlich enge Beziehung zu den rauen Händlern der Westküste gelegt. Auf sie lässt die Engländerin später nichts mehr kommen.

Als die »Lagos« im Hafen von Freetown in Sierra Leone Zwischenstation macht, geraten die Reisenden gleich ins Chaos des Markttages. Die Straßen sind voller Menschen, die riesige Bündel auf dem Kopf tragen, es herrscht 85 Prozent Luftfeuchtigkeit, und in der Luft liegt eine Geruchsmischung von »Frangipani, Orangenblumen, Magnolien, Oleander, Rosen und solcherart, die beweist, dass die Einwohner hier keinerlei Interesse für sanitäre Angelegenheiten haben«. Die Szenerie ist so vital, der Lärm so unbeschreiblich, dass Mary davon überzeugt ist, »ein stilles Afrika wäre ein krankes Afrika«[20]. Wo andere Besucher dieses so fremden Kulturkreises erst einmal einen ordentlichen Schock erleiden, streift sie stundenlang durch die Straßen und schreibt ihrer Bekannten Violet Roy: »Noch nie habe ich einen so vergnüglichen Tag erlebt.«

Der afrikanische Alltag hat nichts gemein mit dem monotonen Leben daheim in Highgate. Kapitän Murray wird von einem Straußenvogel gebissen, ein junger Passagier von einem Affen, Freetown wird verdunkelt von einem fresswütigen Heuschreckenschwarm, die ersten Krokodile umkreisen das Schiff. Auf der Weiterfahrt entlang der Goldküste in Ghana, an den Sümpfen des Bonny-Flussdeltas in Nigeria vorbei, wirkt die Luft förmlich »geladen mit dem Fieber der Malaria«. Das berührt Marys Faszination nicht. Schon sieht sie diese Reise nur als Vorbereitung für eine größere Expedition. »Ich warnte die Küste vor meiner Rückkehr«[21], ebenso den Kamerunberg, den höchsten Berg an der Küste, dessen mächtige Erscheinung Mary magisch anzieht.

Beim Besuch einer Schwesternstation am Rio del Rey in Kamerun blickt sie nachts auf der Terrasse in die »großen grünen Feuerbälle« eines riesigen dunklen Tieres: »... es duckte sich, um mich anzuspringen, was ein Fehler war, gab es mir doch die Gelegenheit, nach einem ausgehöhlten Kürbis voller Limonenwasser zu greifen und ihm direkt an den Kopf zu schleudern. Die Kreatur drehte sich um und verschwand im Dunkeln. Es war ein ausgewachsener Leopard ... zehn Fuß, zwei Inches lang.«[22]

In Saint Paul, dem heutigen Luanda in Angola, verlässt sie den alten Frachter, reist monatelang allein umher. Dabei kann sie sich immer wieder auf die »Liebenswürdigkeit« der Händler verlassen. »Wann immer ich vor einer Faktorei auftauchte ... unerwartet, uninformiert ... in einem heruntergekommenen Zustand mitten aus dem Busch, wurde ich mit großzügiger Gastfreundschaft empfangen.«[23] Längere Zeit wohnt Mary im ehemaligen Haus des Forschers H. M. Stanley in Cabinda, freundet sich mit zwei portugiesischen Damen ebenso wie mit dem örtlichen Medizinmann an und wandert durch die kleinen Dörfer der Umgebung.

»Dort gab es eine Invasion wilder Ameisen, die eine Hütte besetzt hielten«, erzählt sie. »Die Eltern hatten das meiste ihres Besitzes schon herausgeholt, machten mir aber mit so unmissverständlichen Zeichen von Pein klar, dass noch etwas in der Hütte war, dass ich dachte, es sei ein Baby.« Tapfer kriecht Mary in die Hütte und holt aus der Ecke ein kleines Bündel, schwarz von hunderten von Ameisen. Die Mutter jubelt, taucht es tief in eine Wassertonne, der Mann hält es dort mit der Hacke fest ... »... doch zitter nicht! Das Ding war kein Kind – es war ein Schinken.«[24]

Typisch Kingsley! Sie hat eine besondere Art von Humor, bemerkenswert vor allem deshalb, wenn man bedenkt, wie wenig sie in ihrer Kindheit zu lachen hatte. Besonders gern macht sie sich über sich selbst lustig. »Diese verwahrloste Lady ... fiel [dauernd] ins Wasser. Wenn nicht andere auf mich aufgepasst hätten, nur Gott wüsste, was aus mir geworden wäre.«[25]

In Matadi am Kongo trifft sie wieder auf Kapitän Murray und seine Besatzung und wagt mit ihnen zusammen einen »Ritt auf der Eisenbahn«. Es ist mehr ein Rütteln und Schütteln denn ein Vergnügen, und an einer Stelle müssen die Fahrgäste die Schiene mit einem Brecheisen festhalten, während der Zug darüber fährt.

Noch einmal zieht Mary allein los, durchstreift das Nachbarland Französisch-Kongo, das heutige Gabun. Die Region zwischen den Flüssen Kongo und Niger ist für sie ein »ethnologisches Paradies«, eine Gegend, in der sie das »wahre, unerwachsene Afrika« studieren kann.

Die Ankunft des englischen Schiffes »SS Rochelle« im Hafen von Libreville bestimmt Mary Kingsleys weitere Planung. Sie lässt sich von »acht nackten Eingeborenen« mit dem Kanu an Bord des Frachters bringen und kehrt nach fünfmonatiger Reise nach England zurück.

Im Januar 1894 ist sie wieder zu Hause, doch schon jetzt empfindet sie Afrika als ihre geistige Heimat. Sie hat erfahren, wie leicht es ihr fällt, allein zu reisen, wie viel Zuwendung und Hilfe sie dabei von völlig fremden Menschen bekommt, wie viel sie sich an Strapazen zumuten kann und wie überhaupt die Dinge gut laufen, wenn sie sich an ihren Wahlspruch hält: »Entweder das alles genießen oder daran sterben.« Sie hat gelernt, sich nicht nur auf Englisch und Deutsch zu verständigen, sondern auch portugiesisch, französisch und holländisch zu radebrechen. Das Essen der Einheimischen hat ihr keinerlei Schaden zugefügt. Zwar ist sie noch einmal um ein paar Pfunde leichter geworden, fühlt sich aber gesünder als je zuvor und eingehüllt in ein neues Selbstvertrauen.

Dafür aber entdeckt sie die gleiche Ruhelosigkeit in sich, die sie allzu gut an ihrem Vater erlebt hat: »Ich hab mir schon Methoden überlegt, wie ich in London mit dem Geld haushalte. Kein Theater, keine extra Omnibusfahrt oder Kleidung, bis ich wieder den schweren, scharfen Geruch des Landes rieche, sehe, wie der blaue Ozean sich in einer scharfen Linie kakaofarben färbt und ich die Musik des Donners an den Sandbänken des Bonny höre.«[26]

Bruder Charley ist inzwischen aus Asien zurückgekehrt und für zwölf Monate fügt Mary sich wieder in die Rolle der Dienenden. Die Geschwister haben das Elternhaus in Highgate aufgegeben, wohnen in einer kleineren Wohnung in London. Tagsüber kümmert Mary sich um die Hausarbeit und Charleys Ansprüche, abends liest sie anthropologische Bücher und präpariert sich mit Wissen über religiöse Rituale in Westafrika. Denn auf ihrer nächsten Reise möchte sie sich um zwei wissenschaftliche Bereiche kümmern:

»Fisch & Fetisch« nennt sie das kurz und bündig. Dr. Günther vom Britischen Museum ist mit der Ausbeute ihrer ersten Reise sehr zufrieden und stattet sie für den nächsten Trip mit einer finanziellen Unterstützung und einer Reihe professioneller Sammelbehälter aus.

Der Verleger George Macmillan bringt Mary dazu, die Erfahrungen ihrer ersten Reise schriftlich festzuhalten. Sie fühlt sich auf diesem Gebiet sehr unsicher. Allzu sehr spürt sie jetzt, dass sie ohne jede Schulbildung aufgewachsen ist. Mängel in der Rechtschreibung machen ihr besonders zu schaffen. Sie bittet ihre Bekannten, ihre orthographischen Fehler zu berichtigen, bevor sie Macmillan ihren »Sumpf von Wörtern« auf den Schreibtisch legt: »Machen Sie damit, was Sie wollen.« Gern aber würde sie verschleiern, dass sie eine Frau ist: »Ich möchte lieber nicht unter meinem Namen publizieren ... aber wenn Sie es wollen, würde es dann nicht genügen, M. H. Kingsley zu schreiben?«[27]

Ihre Begründungen für diese Bitte wirken ziemlich verdreht, unterscheiden sich auffallend von ihrer ansonsten so direkten und klaren Denk- und Ausdrucksweise. Sie hat Angst, dass man jetzt Fotos in Hosen von ihr erwartet, die es nicht gibt, und fürchtet dennoch, als undamenhaft und lächerlich bezeichnet zu werden. Sie weiß genau, dass sie das bürgerliche Rollenverständnis mit ihrer Reise durchbrochen hat, sie nennt es selbst »unnatürlich«. Sie hat aber nun einmal an der Küste »Männerarbeit gemacht«, also sollen die Leute sie doch für einen Mann halten.

In diesem Londoner Jahr hat Mary Kingsley viele neue Freunde gefunden. Sie wird in die Salons der besseren Gesellschaft eingeladen und immer wieder gebeten, über ihre Reise zu berichten. Dass ihre Zuhörer dabei selten an einem differenzierten Gespräch über die schwarze Bevölkerung oder die Kolonialpolitik interessiert sind, hat sie auch später noch oft geärgert. Meistens wird sie nur gefragt, wie viel Leute sie erschossen hat. Eine der wichtigsten Freundschaften entwickelt sie zu Sir George Goldie und seiner Frau Mathilda, denen die »Royal Niger Company« in Nigeria gehört. Er ist ein strenger Verfechter des britischen Weltreichs, hat aber durchaus eigene Vorstellungen darüber, wie man erfolgreichen Handel treibt. Er arbeitet in Afrika weitgehend mit einheimischen Agenten zusammen und ist wie Mary der etwas verwegenen Ansicht, dass es richtig sei, den Schwarzen »ungiftigen« Gin zu verkaufen, damit sie nicht nur den selbst gebrauten Palmwein trinken.

Bruder Charley entscheidet sich nach dem üblichen Zögern für eine erneute Asienreise und befreit Mary vorübergehend von der Bürde, ihm zur Verfügung zu stehen. Als Lady MacDonald sie bittet, sie auf der Fahrt nach Calabar zu begleiten, wo ihr Mann als britischer Verwalter Nigerias arbeitet, sagt sie sofort zu.

An Weihnachten 1894 verlassen die beiden Frauen gemeinsam London und Mary wird die britische Hauptstadt erst elf Monate später während des gleichen schlechten Wetters wieder sehen.

Viele tausend Kilometer legt die Engländerin in diesem Jahr auf Schiffen und Booten zurück. Ihre Route führt sie an der gesamten afrikanischen Westküste entlang über Sierra Leone, Ghana, Nigeria, Kamerun und Gabun. Immer wieder macht sie Abstecher durch die flussreichen Gebiete ins Landesinnere, verbringt die Nächte in stickigen Kabinen oder auf den Holzplanken an Deck, in den Handelsstationen oder den Hütten der schwarzen Bevölkerung. Inzwischen ist sie ein Profi im Tauschgeschäft geworden, liebt es, zu feilschen und zu handeln, heißt das doch auch, dass ihr Geld wieder etwas länger reicht. Angelhaken gegen Unterkunft, Tabak gegen Essen, Kleidung gegen Transport. So kommt es einmal zu einem besonders aparten Tausch – den sie in ihren Büchern verschweigt, über den aber mehrere ihrer BiographInnen berichten. Demnach hat sie einigen Häuptlingen eine Reihe von Blusen verkauft, die diese dann später beim gemeinsamen Tee auch tragen – »mit nichts anderem als ein wenig roter Farbe und ein paar Leopardenschwänzen«[28].

Die Männer an den Handelsstationen haben ihren Spaß an der ebenso liebenswürdigen wie exzentrischen Lady, die immer einen trockenen Witz parat hat, wenn sie abends zusammen auf der Terrasse sitzen, die als Frau aber auf Distanz bleibt. Sie nennen sie »Unsere Tante« – sie ist 32! – oder »Only Me«, weil sie überall mit einem vergnügten »It's only me – ich bin's nur« an die Tür klopft. Diese besondere Kameraderie mit den Händlern der Westküste hat manche ihrer Zeitgenossen irritiert. Für sie aber waren die Männer wohl so etwas wie eine Ersatzfamilie, auf die sie immer zählen konnte und für die sie sich sehr eingesetzt hat.

Den europäischen Missionaren steht Mary Kingsley von Anfang an skeptisch gegenüber und begegnet ihnen mit großer Kritik. »Sie produzieren mit ihrer Erziehung hier keine guten Christen, sie machen aus den Menschen Diebe und Lügner.«[29] Mary wirft ihnen vor, sich nicht mit den durchaus sinnvollen Wurzeln der Polygamie auseinander zu setzen, mit der doch sehr viele Frauen und Männer gut zu leben wüssten. Es ärgert sie, wie die Missionare am Bild der Schwarzen als »betrunkenen Idioten« festhalten. »Sie werden in Westafrika in einer ganzen Woche nicht ein Viertel so viele Betrunkene treffen wie in ein paar Stunden am Samstagabend in der Vauxhall Road.«[30] Ihr ungewöhnlicher Vorschlag: Afrika sollte Missionare nach England senden, statt umgekehrt, dann könnte man dort vom Humor der Afrikaner, ihrer Freude und ihrem Glücklichsein profitieren.

Es könne ohnehin niemand etwas über das »Walddenken« der Schwarzen aussagen, ehe er nicht mitten unter ihnen gelebt habe. Dieser etwas merkwürdige Begriff zeigt, dass auch Mary nicht immer souverän mit rassistischen Vorurteilen umgeht, die sie seit ihrer Kindheit kennt. In ihren Aufzeichnungen tauchen die üblichen Klischees auf: der Geruch eines Negers, dumm vor sich hin starrende Dorfbewohner, Afrikaner, die handwerklich noch nie etwas zustande gebracht haben. Ihre Sitten nennt Mary mehr oder weniger barbarisch, aber »Wilde« sind sie für sie nicht. Auch nicht dumm und kindisch, sondern auffallend scharfsinnig, beteuert sie, aber sie hätten eben doch einen anderen Geist, seien eine geringere Rasse als die Weißen.

Dennoch kommen ihr das afrikanische Denken und Fühlen sehr entgegen. Immer mehr identifiziert sie sich in ihren Briefen mit den Afrikanern, die sie für Spiritualisten und nicht für Materialisten hält. Religiöse Zeremonien und Fetischverehrung üben eine große Faszination auf sie aus. Sie widmet diesen Bräuchen mehrere Kapitel in ihrem späteren Reisebericht und stellt sich eine nägelgespickte, blutverschmierte Skulptur namens »Muvungo« in den Hausflur, mit der sie sich nach afrikanischer Tradition die Feinde »vom Leib hält«.

Ihr Lieblingsstamm sind die »Fang«, die zu den Bantuvölkern gehören und vor allem in Kamerun und Gabun leben. Mary Kingsley hält sie für die intelligentesten Menschen der Westküste. Andere Besucher bezeichnen sie als verräterische, diebische Kannibalen, die Engländerin aber hat auf wochenlangen Buschwanderungen ihr »Feuer, Temperament und ihre Unternehmungslust« entdeckt. Über eine gemeinsame, strapaziöse Expedition durch den Urwald von Gabun schreibt sie: »Uns Schwächlinge rettete nur ihr Appetit. Alle zwei Stunden machten die Fang Rast und verzehrten etwa ein Pfund Fleisch ... Danach rauchten sie eine Pfeife und bei diesen Pausen holten wir sie jeweils ein.«[31] Den Männern gibt sie Spitznamen, nennt sie Gray Shirt, graues Hemd, und Singlet, Unterhemd, da ist Silence, der Stille, Pagan, der mit Fetischen behängte Heide, und der Duke »mit den Manieren eines Herzogs und den Angewohnheiten eines Abfalleimers«.

Zusammen mit ihnen steht sie plötzlich einer Herde Elefanten gegenüber und erinnert sich an den Tipp, in einem solchen Fall im Zickzack um die Bäume zu laufen. Sie aber ist so fasziniert, dass sie so nah an die sich im Sumpf suhlenden Tiere herankriecht, bis ihr die Schlammklumpen um die Ohren fliegen. Das Vorankommen unter den riesigen, lianenbewachsenen Bäumen ist häufig eher ein Rutschen, Einsinken, Abstürzen. Wann immer sie durch dichtes Unterholz steigen oder einen Sumpf durchwaten, muss die Engländerin ertragen, dass der Duke den schmutzigen Stofffetzen um seine Lenden »auf eine skandalöse Weise schürzt«. Sie übersteht sowohl dies wie den tiefen Sturz hinunter auf die gespitzten Pfähle einer Großwildfalle: »Das sind die Augenblicke, wo die Segnungen eines guten festen Rockes so richtig zur Geltung kommen. Hätte ich mich an die Ratschläge vieler Leute in England gehalten ... und mich für männliche Kleidung entschieden, wäre ich bis auf die Knochen durchbohrt gewesen.«[32]

In einem Fangdorf darf sie in der Hütte des Häuptlings schlafen, ein höchst zweifelhaftes Vergnügen. »Durch jedes Loch in der Seitenwand sah mich ein Auge an, und ich hörte, wie von allen Seiten neue Löcher gebohrt wurden.« Das heißt für sie, sich nicht zu waschen, die Stiefel anzulassen. Nachts macht sie eine makabre Entdeckung: »Ich bemerkte einen strengen Geruch in der Hütte ... eindeutig organischen Ursprungs ... Die Spur führte zu den Taschen. Also holte ich die größte herunter und merkte mir genau, auf welche Weise sie verschlossen worden war ... Dann schüttete ich den Inhalt in meinen Hut, um nichts Wertvolles zu verlieren. Es handelte sich um eine menschliche Hand, drei große Zehen, vier Augen und andere Teile des menschlichen Körpers. Die Hand war frisch, die anderen Dinge schrumpften bereits.«[33]

Die Sümpfe zwischen den großen Strömen Ogowé und Rembwé in Gabun stellen ein fast unüberwindliches Hindernis dar. Doch soll es gerade hier seltene Fischarten geben, und überhaupt hat Mary sich vorgenommen, »vor keiner Sache zu kapitulieren«. An einem Fluss dient ein glitschiger Baumstamm als Brücke, fünf Meter über dem reißenden Wasser. Die anderen kämpfen sich unten durch die Strömung, dafür aber fühlt sich die Engländerin nicht mehr stark genug. Einer der wenigen Momente, in denen sie nicht mehr weiterweiß. »Ich war entsetzlich müde, meine Beine zitterten nach all den Stürzen … und meine Stiefel waren voll gesogen mit Wasser, dazu noch rutschig.«[34]

Nach längerem Zögern rennt sie todesmutig über den Stamm und – kommt heil an. Tagelang gehen die Strapazen weiter und in den Mangrovensümpfen taucht sie noch zweimal »ganz und gar« in der teigigen Brühe unter. Am Ende kleben allen die Blutegel »wie ein spanischer Kragen« um den Hals. »Es sah sehr lustig aus, wie wir uns gegenseitig salzten.«[35]

Sobald Mary ein Hindernis überwunden hat, scheinen bei einer Tasse Tee die Aufregungen schon wieder in den Hintergrund zu rücken, und sie grübelt nicht weiter darüber nach, warum ausgerechnet sie nach Afrika gekommen ist. Dafür ist der Blick in die Landschaft oberhalb der Sümpfe einfach zu überwältigend. »Durch die Bäume erspähten wir ein Amphitheater aus nebelblau verhangenen Bergen … Nie werde ich die überragende Schönheit des Tales vergessen, das

Blattwerk der Bäume um uns, die zarten Girlanden und Gehänge der Kletterpflanzen, die feinen, ineinander verflochtenen Fächer der Palmen.«[36]

Diesen fast undurchdringlichen Waldgürtel um den Ogowé-Fluss herum bezeichnete Mary Kingsley als die »großartigste Region« in Westafrika. Fünf Jahre vor ihr, 1890, war der Schriftsteller Joseph Conrad hier unterwegs gewesen und hatte in seinem Buch *Herz der Finsternis* ein Bild des Grauens von dieser Gegend gezeichnet, in der Horror und Alpträume lauern. Auch Albert Schweitzer, der nach Mary Kingsley den Ogowé hinauf nach Lambarene fuhr, besaß keinen Sinn für das faszinierende Flussgebiet. »Jede neue Ecke, jede neue Flusskrümmung ist wie die letzte. Immer der gleiche Wald, immer das gleiche gelbe Wasser.«[37]

Nur ein paar Tage Ruhe gönnt sich Mary beim Fischesammeln in der Corisco-Bucht in Gabun. Obwohl sie weiß, dass es in den Bergen »so gut wie keine Fische und äußerst wenige Fetische« gibt, ist jetzt ihr »großer Versucher« an der Reihe. Im September 1885 besteigt sie den Kamerunberg, der sie schon auf der ersten Reise mit aller Macht angezogen hatte. Sie will »der dritte Mensch aus England« sein, der den Gipfel erreicht, und der erste, der von der Südostseite kommt. Dieser »Thron des Donners«, mit 4000 Metern die höchste Erhebung Westafrikas, hält auch den Rekord der höchsten Niederschläge im gesamten afrikanischen Raum. Der Vulkan war zuletzt 1852 ausgebrochen und hatte nach dem waghalsigen Besuch der Engländerin bis heute noch vier weitere Eruptionen.

Mit dem üblichen Understatement berichtet sie in ihren Reisenotizen über diese äußerst zähe Eroberung. Sie gerät in mehrere Tornados, stürzt zweimal ab und fühlt sich wie eine »aufgeregte Ente«. Jetzt wünscht sie sich »ihre« Fang zurück, denn die einheimischen Begleiter sind auf dieser Tour nicht zu gebrauchen, »Hasenfüße«, die sich mit dem Essen auf und davon machen. Dazu der ewige Regen. Er lässt die Welt in einer trüben Nebelsuppe versinken, als sie endlich auf dem Gipfel steht. Beim äußerst riskanten Abstieg sticht dafür die Sonne herab, Marys Haut wirft Blasen, bricht auf und blutet. Unten im Tal kann sie sie in Fetzen vom Gesicht ziehen. Sie wäscht sich am Fluss, reibt sich den Morast aus den Röcken und seufzt: »Was ist das Leben ohne ein Handtuch!«[38]

Was steckte eigentlich hinter diesen wilden Abenteuern, auf die Mary Kingsley sich einließ? War das nun Mut, Übermut oder gar Lebensüberdruss? Von allem wohl etwas. Die so intensiv Reisende scheint fast geahnt zu haben, dass sie nicht als alte Frau in den Kissen sterben würde, sie hat wohl auch alles andere als dies angestrebt. Vier Jahre nach dieser Reise stellte Mary in einem Brief ihre Motive so dar: »Ich hatte ein komisches Leben. Todmüde und in dem Gefühl, dass niemand mich brauchte, nach dem Tod meiner Eltern … ging ich nach Westafrika, um zu sterben. Westafrika amüsierte mich und war nett zu mir und war wissenschaftlich interessant – und hat mich seither nicht getötet …«[39]

Ihre langjährige Freundin Alice Green vertrat dazu die Idee, Mary habe ihre Reisen auf der »Suche nach einer sündenlosen Form von Selbstmord« angetreten. Tatsächlich ist sie ja oft ein auffallend hohes Risiko eingegangen – aber nach Afrika gehen, um zu sterben? Da vermischte Mary Kingsley vielleicht doch ihre spätere depressive Stimmungslage mit ihren Aufbruchsgefühlen von 1893.

Denn die Engländerin hat unterwegs durchaus um ihr Leben gefürchtet und sich immer couragiert verteidigt. Als ihr auf einer Sandbank plötzlich ein Flusspferd entgegenkam, attackierte sie es mit ihrem Regenschirm, ein Krokodil, das sich auf ihr Boot hinaufziehen wollte, verscheuchte sie mit dem Paddel. Und als sich vor ihrer Nase eine oberschenkeldicke Giftschlange vom Ast herunterließ, fing sie sie mit Hilfe der Fang ein und briet sie abends unter der Anleitung des vornehmen Duke über dem Feuer. Auf die Frage, ob sie jemals wirklich Angst gehabt habe, meinte sie später: »Wann immer ich in echter Gefahr war, die einfach jede Anstrengung in jedem Teil von mir nötig machte, hatte ich einen strengen Salzgeschmack in meinem Mund. Wenn ich den fühlte, wusste ich, dass ich so gut wie nur möglich auf mich aufpassen musste.«[40]

Mary Kingsley hat auf alle Herausforderungen des afrikanischen Kontinents besonnen und klug reagiert. Sie hat ihre Sinne geschärft und ihre körperlichen Abwehrkräfte gestärkt. Von der gefürchteten Malaria bleibt sie verschont, beendet ihre zweite Reise im November 1895 allerdings mit der »abscheulichsten Erkältung aller Zeiten«. In ihrem letzten noch tragbaren Kleid besteigt sie in Kamerun das englische Schiff »Bakana« und reist, komfortabel wie lange nicht mehr, zurück in die britische Heimat. Im Gepäck hat sie viele seltene Fische und Insekten, sorgfältig in Spiritus eingelegt. Außerdem ist es ihr gelungen, wie ihre Biographin Katherine Frank berichtet, eine lebende Eidechse und einen Affen mit an Bord zu nehmen.

In London lebt Mary Kingsley von nun an in zwei Welten. Die öffentliche Mary steht schon bald im Mittelpunkt des Interesses. Die britische Presse hat ihre elfmonatige Reise sorgfältig registriert und kommentiert. Sie hält Vorträge, schreibt Artikel, wird durch die Salons gereicht, mischt sich immer mehr in die Politik ein.

Die private Mary leidet unter Kopfweh und Rheuma, versinkt in Depressionen, unterliegt als allein stehende Frau wieder der strengen Etikette. In England spürt sie ihre Einsamkeit viel mehr als in den Monaten in Afrika, wo sie eine ganz andere Art des Umgangs unter den Menschen kennen gelernt hat.

Charley ist keine Stütze für sie. »Hol mich am Albert-Dock mit Geld ab«, schreibt er ihr nach einer Reise, und seine dilettantischen Versuche, die Briefe und Aufzeichnungen des Vaters zu einem Buch zusammenzustellen, scheitern an seiner Unfähigkeit, eine Sache zu Ende zu bringen. Mary übernimmt später diese Aufgabe, ergänzt die *Notes on Sport and Travel* von George Kingsley durch einige biographische Kapitel über ihn und die Familie.

Der Verleger Macmillan will außerdem ein Buch über ihre eigene Reise herausbringen, eine Arbeit, der sich Mary mit großem Elan widmet. Gewissenhaft bittet sie im Herbst 1896 einen befreundeten Wissenschaftler, den Text noch einmal auf Ungenauigkeiten hin zu lesen. Als der es aber wagt, an ihrem Stil herumzufeilen und nautische Begriffe zu verändern, reagiert sie mit einem für sie ungewöhnlichen Wutanfall. Sie verbietet, auch nur einen Satz von ihm zu übernehmen. Als Forscherin habe sie keinen Ruf zu verlieren, wohl aber »als Seemann«. Das Buch erscheint im Januar 1897 unter dem Titel *Travels in West Africa*, wird von der Presse hoch gelobt und mehrmals wieder aufgelegt (auf Deutsch in Auszügen unter dem Titel *Die grünen Mauern meiner Flüsse*).

Mary aber hat nicht nur Probleme, Berufliches und Privates besser in Einklang zu bringen, sie scheint auch manchmal zu vergessen, welchem Geschlecht sie angehört. Sie hüllt sich zwar weiterhin brav in etwas altbackene Kleider und Röcke, doch ihr Kopf spricht eine andere Sprache. In Briefen an Bekannte meint sie: »Jura zu studieren ist nur etwas für Leute wie mich, die weder eine Frau noch Familie haben.« Begriffe wie »wir einfachen Seeleute«, »wir praktisch veranlagten Männer«, »ich bin ein solider Buschmann« tauchen immer wieder auf. Wie schwer es ihr fällt, die strengen Grenzen der Geschlechter einzuhalten, zeigt sich nach einer Teeparty im Gespräch mit Rudyard Kipling (*Das Dschungelbuch*). Die beiden sind so vertieft in ihre Schwärmereien über den afrikanischen Kontinent, dass der Schriftsteller ihr anbietet, noch mit zu ihm zu kommen, um dort weiterzureden. Erst stimmt sie zu und meint dann plötzlich: »Oh, ich habe vergessen, dass ich eine Frau bin. Tut mir Leid, ich kann nicht.«[41]

Geprägt vom Weltbild des angehimmelten Vaters und den als Kind verschlungenen Thesen Charles Darwins (der gern schwarze Menschen und weiße Frauen auf eine untere Stufe stellte), hat sie Mühe mit dem Frausein. Sie ist zwar gern mit ihresgleichen zusammen und gewinnt immer mehr weibliche Freunde, will aber selbst eher als »alte Schachtel« denn als »neue Frau« gesehen werden. Ein Stimmrecht für Frauen hält sie nicht für nötig. Als sie gebeten wird, sich für die Kampagne der Suffragetten einzusetzen, lautet ihre befremdliche Antwort an »die schrillen Feministinnen und androgynen Frauen«: »Männer sind immer ritterlich zu Frauen und bemühen sich, deren Interessen zu schützen. So ist jeder wählende Mann ein Stellvertreter der Frauen.«[42]

Eine äußerst fragwürdige These, die Frauen auch heute noch in vielen Ländern ohne weibliches Stimmrecht auf ihren Wahrheitsgehalt hin überprüfen können. Ambivalent, wie Mary Kingsley war, gibt es auch ein trostvolles Wort von ihr, das sie zum Thema »Frauen in der Politik« äußerte: »Frauen sind im Allgemeinen aufrichtiger und selbstloser und kein bisschen gemeiner als Männer. Dennoch sind sie für die Arbeit im Parlament nicht geeignet, da ihr unabhängiger Geist es nie zulassen würde, dass sie ihre Überzeugungen auf dem Altar der Politik opfern.« Und sie schränkt weiter ein: »Eine große Frau übertrifft sowohl geistig als körperlich einen mittelmäßigen Mann, aber keine Frau kann sich mit einem wirklich großen Mann messen.«[43]

Um die Wende zum vergangenen Jahrhundert ist aus der unbekannten, linkischen Kingsley-Tochter eine viel beschäftigte Person des öffentlichen Lebens geworden. Sie hat nach der Herausgabe ihres ersten, eigenen Buches und dem ihres Vaters jetzt auch die Arbeit an ihren *West African Studies* mit Vorschlägen für die politische Weiterentwicklung der Kolonien beendet. Alle drei Werke verkaufen sich gut, sie hat keinerlei Geldsorgen mehr, wird ständig um neue Artikel für Zeitungen und Fachzeitschriften gebeten und ist häufig auf Vortragsreise.

Joseph Chamberlain, der seit 1895 als Staatssekretär für die Kolonien zuständig ist, lädt sie zu Hintergrundgesprächen ein. Sie tritt nicht gegen die Kolonialpolitik an, kämpft aber gegen deren Methoden. Für sie ist der Handel der einzige akzeptable Grund, warum Engländer etwas in Afrika zu suchen haben. Alles andere soll man den Schwarzen selbst überlassen. Wenn sie Elektrizität und das Telefon haben wollen und es bezahlen können, soll man es ihnen bringen, aber England dürfe dies nicht forcieren. Chamberlain aber befürwortet eine schnelle »Entwicklungshilfe« in den Ländern Afrikas und Asiens, will Zugverbindungen schaffen, Krankenstationen und Schulen einrichten, die Verwaltung straffen. Um das finanzieren zu können, führt er in Sierra Leone die so genannte Haussteuer ein. Die Häuptlinge weigern sich, das Geld einzutreiben. Es kommt zu gewalttätigen Auseinandersetzungen, am Ende sterben mehr als 1000 Menschen.

Mary Kingsley ist empört, schreibt wiederholt an Chamberlain und an die Zeitschrift »Spectator«. Ohne Einfühlungsvermögen und Wissen habe man das in sich stimmige afrikanische Recht missachtet. Sie fordert, Anthropologen als Berater der Politiker zu engagieren, um ihren Landsleuten mehr Wissen über Afrika zu vermitteln. Als selbst ernannte Lobbyistin ihrer alten Freunde, der Händler, schlägt sie vor, diesen ortskundigen und erfahrenen Leuten größere Kompetenzen innerhalb der Kolonien zu übertragen. Das trägt ihr manche Beschimpfung in der Öffentlichkeit ein.

Immer wieder plant Mary eine neue Reise, möchte wieder nach Afrika, fühlt sich aber nach wie vor für ihren Bruder verantwortlich und beruflich durch die Kämpfe in der Kolonialpolitik an London gebunden. Abends fällt sie häufig in tiefe Depressionen, bezeichnet sich Freunden gegenüber als wertlose Person, die nichts Vernünftiges zustande gebracht hat. Zu viele menschliche Bedürfnisse scheint sie versäumt zu haben. Sie hat kein Kind, keine Familie und war nach ihrem eigenen Bekunden nie verliebt: »Ich weiß nichts über Liebe. Ich habe darüber gelesen … aber ich war nie verliebt und auch in mich war niemals jemand verliebt.«[44]

Das hat wahrscheinlich nicht ganz gestimmt. Im Februar 1899, drei Monate bevor sie dies schrieb, hatte sie den jüdischen Offizier Matthew Nathan kennen gelernt, der wenige Wochen später seinen Dienst in Sierra Leone antrat. Ihm gegenüber bezeichnete sie sich »mehr als einen Windstoß denn ein menschliches Wesen« und enthüllte ihm nach der Abreise in einem ungewöhnlich offenen Brief ihr Seelenleben: »Alles, was ich von dir erhoffen kann, ist, dass du nichts gegen mich hast ... Wenn es dich nicht gäbe, wäre ich nicht entehrt, ich wäre nur hart, und nichts würde mich berühren. Es gibt keinen Grund auf der Welt, warum dich ... interessieren sollte, wer ich bin ... Ich bin ohne Bedeutung für dich. Daran weide ich mich nicht und sollte dir das auch nicht schreiben.«[45]

Mary Kingsley scheint in diesen Brief an den gleichaltrigen 36-Jährigen alles hineingepackt zu haben: die unerfüllten Sehnsüchte, ihre ziellosen Gefühle und die Träume von einem anderen Leben. Wahrscheinlich ging es ihr gar nicht um die reale Person Nathans, den sie ja auch nur wenige Male gesehen hat. Auf jeden Fall war er für sie die falsche Wahl. Sein Biograph schrieb über den späteren Gouverneur: »Er war ein eingefleischter Junggeselle. Für ihn war der Platz einer Frau im Haus, aber nicht in seinem Haus.«[46] Nathan hat den Brief Marys nie beantwortet und die beiden haben sich nur noch ein Mal kurz im Januar 1900 in London gesehen.

Es ist sehr gut möglich, dass diese unglückliche Liebe den Ausschlag für Marys plötzlichen Entschluss gab: Sie wollte den Verletzten im Burenkrieg, der seit Oktober 1899 in Südafrika tobte, helfen. Dabei war sie selbst nicht gesund, immer erkältet und überarbeitet. Als Alice Green ihre Freundin am 10. März 1900 zum

Schiff begleitet, wirkt die Reisende kraftlos und geschwächt auf sie.

Nach einer chaotischen Fahrt mit einer Horde schießwütiger Soldaten und zwei lauten Militärbands an Bord bleiben Mary Kingsley nicht einmal drei Monate für die Kranken im Lazarett von Simonstown. Wie sehr sie hier noch einmal gefordert wird, schildert sie am 11. April 1900 in einem ihrer letzten Briefe an Alice Green: »Ob ich hier heil rauskomme – ich weiß nicht … Diese viele Arbeit, der Gestank, das Waschen, die Klistiere, die Bettpfannen, das Blut – das ist meine Welt. Nicht etwa die Londoner Gesellschaft, die Politik … Pass auf Dich auf. Du kannst viel mehr als ich in der ›haut[e] politique‹ erreichen, und denk daran, es ist die ›haut[e] politique‹, die mich dazu bringt, kräftige Familienväter an ihren Nachthemden festzuhalten, dass ich über ihnen stehen muss, wenn sie zusammenbrechen, dass ich ihre Kiefer hochbinde, wenn sie tot sind. Fünf bis sechs Kiefer binde ich jede Nacht hoch. Verdammte ›haut[e] politique‹.«[47]

Mary beginnt zu rauchen und Wein anstelle des unsauberen Wassers zu trinken, um sich vor den grassierenden Infektionskrankheiten zu schützen. Typhussalmonellen aber werden auch durch direkten Kontakt mit den Kranken übertragen und finden in ihr ein leichtes, weil geschwächtes Opfer. Heute gibt es eine Typhusschluckimpfung und verschiedene, schnell wirkende Antibiotika. Damals gab es nichts dergleichen.

»Mary wusste, was diese Krankheit bedeutete«, berichtete später der Arzt des Lazaretts. »Als sie ihre eigene Diagnose kannte, wollte sie wie ein Tier sterben. Sie verkroch sich in einen dunklen Raum und bat nur darum, auf See bestattet zu werden.«[48]

Welcher der zahlreichen Nachrufe nach ihrem Tod am 3. Juni 1900 ihr wohl am besten gefallen hätte? In dem an ihren »köstlichen Humor« erinnert wurde, ihre »schriftstellerische Begabung«, ihren »beeindruckenden Intellekt«? In dem man sie »eine besonders weibliche Frau mit dem Geist eines Staatsmanns« nannte oder »unsere kluge Frau in westafrikanischen Angelegenheiten«? Oder sie gar als »Joker im Kartenspiel aller Reisenden« bezeichnete?

Eines hätte Mary Kingsley auf jeden Fall zu Lebzeiten gut getan: mehr von diesen Tagen voller Lust und Kraft zu erleben, wie sie sie auf ihren Reisen erfuhr und die sie während einer Ruhepause am Ogowé-Fluss in Gabun einmal so beschrieb: »Allen meinen Freunden an der Küste ist wohl bekannt, dass ich jedes Gefühl für Datum und Uhrzeit sowie meine Haarnadeln verliere, wenn ich zufrieden und glücklich bin.«[49]

»Allein, auf immer allein«
Isabelle Eberhardt (1877–1904)

Von Christina Bylow

Vernier, ein zersiedeltes Dorf fünf Kilometer westlich von Genf. Die Großstadt legt ihre Verkehrsadern wie Schlingen um den kleinen Schweizer Ort. An der Straße nach Meyrin, dort, wo sich heute ein Industriegebiet in die Landschaft frisst, stand früher ein großes graues Landhaus, die Villa Neuve.

Nichts ist übrig geblieben, als das Haus Ende der Siebzigerjahre abgerissen wurde. Kein Fliederbusch aus dem weiten verwilderten Garten, der die Villa umgab. Keines der Treibhäuser, in denen seltene Kakteen wuchsen. Nur die Aussicht hat sich nicht verändert: schneebedeckte Berge nach Süden, Osten und Westen hin.

Isabelle Eberhardt hat diesen Blick oft beschrieben. Es ist der Blick ihrer Kindheit, begrenzt, aber voller Verheißungen. Was mochte hinter den hohen Tannen sein, jenseits des Juragebirges und der schimmernden Fläche des Genfer Sees? Abends stand sie am Fenster ihres Zimmers, sah in den »großen fernen Himmel« und versank in »die schönsten Träume«. Jahre später, als sie Europa längst verlassen hatte, dachte sie immer wieder an die »poetische Einsamkeit« der Villa Neuve. Hier verbrachte sie den größten Teil ihres kurzen Lebens.

Eine Eintragung im Grundbuch von Vernier rückt die Kindheit Isabelle Eberhardts aus dem Imaginären ins Amtliche. Im Oktober 1879 kaufte ein russischer Hauslehrer namens Alexandre Trophimowsky das abgelegene Anwesen im Niemandsland zwischen den Dörfern Vernier und Meyrin. Wenig später zog er mit einer 40-jährigen russischen Adeligen deutscher Herkunft, Nathalie de Moerder, und ihren sechs Kindern dort ein. Das jüngste unter ihnen, Isabelle, war knapp drei Jahre alt, geboren am 17. Februar 1877. Es trug den Mädchennamen der Mutter – Eberhardt –, denn in der Geburtsurkunde stand das böse Wort »fille illegitime« – uneheliche Tochter. Trophimowsky, der wahrscheinlich ihr Vater war, hat sie offiziell nie anerkannt.

Isabelle Eberhardt hat sich schon früh als Außenseiterin empfunden, als Fremde innerhalb einer Familie, die sich gegen die äußere Welt verschloss. Isabelle war keine Ausreißerin, aber sie sah sich als Reisende, lange bevor sie sich wirklich auf den Weg machte. »Nomadin war ich schon als Kind; damals träumte ich, den Blick auf die Straße gerichtet, die anziehende weiße Straße, die unter der mir besonders strahlend scheinenden Sonne geradewegs ins zauberhafte Unbekannte führte ... Nomadin werde ich mein ganzes Leben lang bleiben, verliebt in wechselhafte Horizonte, in noch unerforschte Fernen.«[1]

Mit 20 Jahren brach sie nach Nordafrika auf. Gekleidet wie ein arabischer Mann, ritt sie durch die Wüsten von Tunesien, Algerien und Marokko und führte sieben Jahre lang, bis zu ihrem Tod, ein Wanderleben jenseits der Konventionen ihrer Zeit. Was sie sah und erlebte, verdichtete sie zu farbigen Stimmungsbildern, die sie auf mehr als 1000 Seiten festhielt. Fast ihr gesamtes Werk – Tagebücher, Notizen und Erzählungen – wurde erst Jahrzehnte nach ihrem Tod veröffentlicht. Vieles verschwieg sie in ihren Aufzeichnungen. Ihre Neigung, die eigenen Spuren zu verwischen, sich zu maskieren oder falsche Fährten zu legen, hat die Legendenbildung um ihre Person gefördert. Doch Isabelle Eberhardt war keine Abenteurerin, keine Vorkämpferin weiblicher Selbstbefreiung, keine gelangweilte Aristokratin auf der Suche nach exotischen Reizen. Sie reiste ohne äußeres Ziel, getrieben von einer Sehnsucht nach Einsamkeit, Ekstase, Lebensintensität und Befreiung von einer Vergangenheit, die sie quälte.

Über das Leben in der Villa Neuve gibt Isabelle wenig Auskunft. Ihre Erinnerungen an die Zeit ihrer Kindheit und Jugend gleichen knappen, bruchstückhaften Rückblenden, in denen sie immer wieder dieselben Bilder verwendet. Sie sieht sich als Einzelgängerin, umgeben von einer unglücklichen, zerrissenen

Familie. Ob Trophimowsky ihr Vater ist oder nicht, scheint sie nicht zu wissen. Sie wird später verschiedene Versionen ihrer Herkunft liefern, angepasst an die jeweiligen Umstände und Adressaten. Mal ist sie das Kind eines Arztes, der ihre Mutter vergewaltigt haben soll, mal die Tochter »eines russischen Staatsangehörigen muslimischen Glaubens«[2], der kurz nach ihrer Geburt in Genf gestorben sei. Isabelle wird ihre uneheliche Geburt zeitlebens als Stigma empfinden. Sie ist das äußere Zeichen ihrer Ausgeschlossenheit, und sie weiß, dass sie dadurch der »dummen und grausamen Verachtung der Leute ausgesetzt«[3] ist.

»Vava«, wie der 1826 im armenischen Kishon geborene Alexandre Trophimowsky im Familienjargon genannt wurde, war etwa 1870 in die Dienste der Familie de Moerder getreten. Folgt man der romantischen Fassung der Familiensaga, so soll Isabelles Mutter ihren Mann, den General Pawel Karlowitsch de Moerder, schon bald nach der Geburt ihres vierten Kindes verlassen haben – aus Leidenschaft für Trophimowsky.

Die weniger aufregende, aber wahrscheinlichere Version: Nathalie kränkelte ihr ganzes Leben hindurch. Den Gewohnheiten der Aristokratie gemäß sollte sie sich in der Schweiz erholen. Von den Kindern wollte sie sich nicht trennen und so wurde Trophimowsky von General de Moerder als Begleiter und Erzieher engagiert. Der Hauslehrer, Nathalie und die Kinder reisten zunächst kreuz und quer durch Europa, bis sie sich in Genf niederließen. 1872 brachte Nathalie einen Sohn – Augustin – zur Welt, den Pawel Karlowitsch anerkannte. Ein Jahr später starb der General und hinterließ Nathalie ein beträchtliches Vermögen, über das sie aber von der Schweiz aus nicht verfügen konnte. Trotzdem kehrte Nathalie de Moerder nicht nach St. Petersburg zurück. Die Aristokratie, der sie entstammte, hätte die Mutter eines unehelichen Kindes nicht mehr aufgenommen.

Das reiche, neutrale Genf ist zu dieser Zeit ein Tummelplatz politischer Flüchtlinge. Russische Anarchisten suchen hier Schutz vor der Geheimpolizei Alexanders III., der den revolutionären Ideen nach der Ermordung seines Vaters, Alexanders II., den Kampf angekündigt hatte. Auch in der Villa Neuve finden die Anarchisten zeitweilig Zuflucht. Isabelle nimmt deren Gedankenwelt wahr, bleibt aber distanziert. In ihrer späteren Erzählung *Die Doktorprüfung*[4] beschreibt sie den heroischen Idealismus einer tuberkulösen russischen Studentin, die leben will, um den Armen zu helfen. Nachsichtig, aber mit unverkennbarer Herablassung, kommentiert Isabelle: »In dieser kleinen, sehr eigenen Welt der russischen Studenten mit ihrer Verliebtheit in den sozialistischen oder den noch weiteren Traum der Anarchie, wird die Überzeugung sehr ernst genommen: Die soziale Pflicht der gegenseitigen Hilfe wird unumwunden in Anspruch genommen ... Ah! dieses Glück der Fanatiker, die ihr Dasein in einem Traum vom Absoluten verbringen.«[5]

Unklar bleibt, ob Trophimowsky Anarchist war. Entgegen allen freieren Eberhardt-Biographien, die aus ihm einen Vertrauten Michail Bakunins[*] machen, mit dem er in Genf konspiriert haben soll, scheint Trophimowsky wohl eher Leonid Tolstois Ideen gefolgt zu sein. Ebenso wie der russische Dichter verficht er das naturnahe Leben. Die Kinder müssen häufig im Garten arbeiten, und wenn die Genfer Polizei, die die russische Familie immer im Visier behält, ab und zu Pakete aus der Villa Neuve öffnet, findet sie statt politischer Traktate oft Kakteen. Trophimowsky unterhält regeren Austausch mit Botanikern als mit Revolutionären.

Außer Zweifel steht, dass er sich, obwohl ehemaliger orthodoxer Priester, »dank der Wissenschaft zu keiner Religion«[6] bekennt, wie er selbst einmal schrieb. Gegen diese »Ungläubigkeit« aber rebelliert Isabelle, als sie sich mit etwa 17 Jahren für den Islam zu interessieren beginnt.

Ihre Gefühle gegenüber Trophimowsky sind zwiespältig. Sie hat immer wieder vermutet, er halte sie schlicht für eine Verrückte. Sie fürchtet ihn, aber sie

---

[*] Michail Bakunin (1814–1876), russischer Anarchist

wächst auch an ihm. Überzeugt, die Kinder vor Mittelmaß und bravem Schweizer Biedersinn bewahren zu müssen, lässt Vava keinen Einfluss außer dem seinen gelten. Er lehrt die Kinder Philosophie, Geschichte und – vor allem – Sprachen: Griechisch, Latein, Türkisch, Deutsch, Italienisch und Arabisch. Er öffnet Isabelle seine gewaltige Bibliothek und sie liest: Dostojewski, Tolstoi, Zola, die Reisebeschreibungen der russischen Literatin Lydia Paschkoff, vor allem aber die »orientalischen« Romane des Franzosen Pierre Loti, der später ihr literarisches Vorbild wird. Seine Haremsszenen, Moscheen und türkischen Schönheiten enfalten in der abgeschiedenen Welt der Villa Neuve eine besondere Magie. Dass Loti und Paschkoff eher mittelmäßige Vertreter einer Zeiterscheinung sind, kann Isabelle nicht wissen.

Seit der Mitte des 19. Jahrhunderts grassiert – als Folge der französischen Eroberungen in Nordafrika – die modische Orientverklärung in den Pariser Salons. Die mondäne Welt besucht orientalische Cafés und türkische Bäder. Malermodelle posieren hingegossen auf Diwanen wie Haremsdamen. In der französischen Literatur dieser Zeit lebt die Imagination des Orients als sinnliche, farbige Gegenwelt zum konventionsverkarsteten Europa. Gustave Flaubert verleiht einigen seiner Frauenfiguren Wesenszüge einer ägyptischen Tänzerin, die er auf einer Reise kennen gelernt hatte. Victor Hugo besingt in seinem Gedichtzyklus *Les*

Orientales Schönheit, Liebe und freie Moral der Morgenländer. Théophile Gautier verherrlicht in seiner Erzählung *Une Nuit de Cléopâtre* einen ausschweifenden orientalischen Lebenswandel.

Isabelle Eberhardt aber will von Anfang an mit der ersehnten Welt verschmelzen und ist damit weit entfernt von jenem literarischen Tourismus, der Exotik sucht, aber unbeteiligt bleibt. Schritt für Schritt nähert sich Isabelle ihrer inneren Traumlandschaft. Um ihre Sprachkenntnisse zu verbessern, beginnt sie als 18-Jährige einen Briefwechsel mit dem in Paris lebenden ägyptischen Orientalisten Abou Naddara – in klassischem Arabisch. Ihre ersten Briefe unterzeichnet sie mit dem Pseudonym N. Podolinsky. Erst später entdeckt sie sich ihm als »sehr unerfahrenes, junges Mädchen – Russin zwar, aber erfüllt von tiefster Verehrung für den Islam«[7]. Etwa zu dieser Zeit veröffentlicht Isabelle ihre ersten Erzählungen in der Pariser Zeitschrift »Nouvelle Revue Moderne«. Ihr Debüt *Infernalia. Schwarze Wollust* fällt so morbide und schwülstig aus, wie der Titel ahnen lässt. Eine Geschichte von Liebe und Leichenschändung, passend zum Salongeschmack des Fin de Siècle. Mit ihrer nächsten Erzählung *Vision vom Maghreb*, der Leidensgeschichte eines islamischen Märtyrers, deutet sich Isabelles Weg schon an.

Innerhalb des undurchlässigen Mikrokosmos der Villa Neuve erfindet sich Isabelle ihre eigene Welt, ein Innenleben, das sie zunächst noch mit ihrem Lieblingsbruder Augustin teilt. Die vier älteren Geschwister aus Nathalies Ehe mit dem General de Moerder lehnen sich bald gegen die Allmacht Trophimowskys auf, der sich in ihren Augen nur Nathalies Erbes bemächtigen will. Die Gestalt der Mutter bleibt in Isabelles Aufzeichnungen blass. Sie idealisiert sie bis zur Unkenntlichkeit. Nach ihrem Tod wird Isabelle die Mutter »weißer Geist« nennen, eine Beschwörungsformel, die sie nie mit lebendigen Erinnerungen füllt.

Nathalie scheint eine sanftmütige, dem Leben nicht gewachsene Frau zu sein, der die Kinder zusehends entgleiten. Eines nach dem anderen verlässt die Villa, um von Russland aus gegen Trophimowsky zu agitieren – Familienintrigen, die sich bis in Isabelles Kampf um ihr Erbe fortsetzen werden.

Nur Augustin, sechs Jahre älter als Isabelle, träumt wie seine Schwester vom »Maghreb«, dem arabischen Afrika. Isabelle verehrt ihren Bruder als Kind grenzenlos. Sie eifert ihm nach, liest seine Bücher, streift mit ihm durch das Jura. Als sie in die Pubertät kommt, beginnt sich das Verhältnis umzukehren. Neben einer frühen Melancholie, die beiden eigen ist, zeigt sich Isabelles Widerstandsfähigkeit. Sie ist hartnäckiger als Augustin, der trinkt, Drogen nimmt, stiehlt und immer wieder ausreißt. Obwohl sie seine

Schwäche sieht, entwirft sie eine gemeinsame Zukunft in ihren Traumwelten, doch Augustin flüchtet auf seine Weise aus der Villa Neuve.

Ende des Jahres 1895 erhält Isabelle eine niederschmetternde Nachricht aus Sidi-bel-Abbès in Algerien. Augustin ist Fremdenlegionär geworden. »Hier also, meine Geliebte, die ganze traurige Wahrheit«[8], teilt er ihr knapp mit. Isabelle ist verzweifelt. Sie schreibt, hinter dem Rücken der Eltern, Brief um Brief an den abgöttisch geliebten Bruder. Sie macht Pläne für ihn und sie beschwört ihre gemeinsamen Phantasien in arabisch geschriebenen Versen:

> »*Mein Körper ist im Abendland*
> *Und meine Seele im Orient*
> *Mein Körper ist im Land der Ungläubigen*
> *und mein Herz ist in Stambul*
> *Und mein Herz ist in Oran ...!*«[9]

Es soll nicht mehr lange dauern, bis Isabelle die »schillernde geheimnisvolle Welt« ihrer Phantasien zum ersten Mal betritt. Im Mai 1897, gerade 20 Jahre alt, bricht sie mit ihrer Mutter und Trophimowsky nach Bône in Algerien auf. Die Gründe für diese Reise bleiben vage. Mag sein, dass die geschwächte Nathalie auf Luftveränderung drang. Mag sein, dass sie Augustin in ihrer Reichweite haben wollte. Im Dezember 1896 war er nach kurzer Rückkehr in die Villa Neuve zum zweiten Mal in die Fremdenlegion geflüchtet. Augustin hatte das Bündnis mit seiner Schwester gebrochen. Sie wird sich noch ein paar Jahre für ihn verantwortlich fühlen – doch sie weiß nun, dass sie ihren Träumen allein nachgehen muss. Augustin de Moerder wird 1920 in Marseille Selbstmord begehen.

Bône, wie die algerische Hafenstadt Annaba bis 1963 hieß, trug im Jahr 1897 deutliche Spuren französischer Kolonialherrschaft. Breite Boulevards, platanengesäumte Promenaden, Hotelpaläste und noble Banken: das Gesicht einer mondänen, europäischen Küstenmetropole. Zwei Generationen von »Roumis«, wie die Algerier die französischen Eindringlinge nannten, lebten seit 1830 – dem Jahr der Besetzung Algeriens – in der Stadt. 20000 der insgesamt 50000 Einwohner waren Europäer.

Isabelle und ihre Mutter – Vava kehrte nach Genf zurück – bewohnen zunächst eine Villa im französischen Viertel, ziehen aber bald in ein traditionelles, weiß getünchtes Lehmhaus am Rand der arabischen Altstadt. Isabelle sucht das orientalische Leben; das Gebaren der Europäer stößt sie ab. »Was die Europäer in Algerien betrifft, ziehe ich es zu ihren Gunsten vor, zu schweigen«[10], schreibt sie an Ali Abdul Wahab, einen jungen Tunesier, mit dem sie durch die Vermittlung Abou Naddaras schon in Vernier einen Briefwechsel begonnen hatte. Im nächsten Brief fügt sie hinzu: »Ich

Kate Marsden beim Empfang der britischen Königin Viktoria, 1890.

Aufbruch von Jakutsk, Sibirien, 1891.

Kate Marsden im »Reisekostüm« vor ihrer Reise nach Sibirien. Hinter ihr die Landkarte mit der geplanten Reiseroute, 1890.

Mary Kingsley im Alter von 34 Jahren nach ihrer zweiten Afrikareise.

Isabelle Eberhardt als 18-Jährige in Genf. Sie liebte es, im Matrosenanzug auszugehen.

In Algerien kleidete sich Isabelle Eberhardt wie ein arabischer Mann und nannte sich »Mahmoud«.

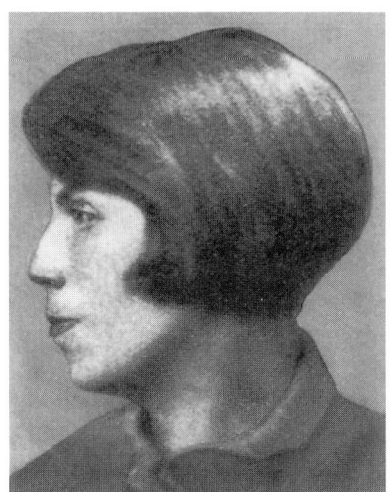

Maria Leitner, um 1925. Dieses Foto stand über ihrer Reportagenreihe »Unbekanntes aus Amerika« in der Zeitschrift »Uhu«.

Die Jugenddelegation des 2. Kongresses der Kommunistischen Internationale, Moskau, im Sommer 1920. Sitzend zweite von links: Maria Leitner.

Ella Maillart und ihr Begleiter Peter Fleming auf Yaks während ihrer abenteuerlichen Reise durch Zentralasien, 1935.

Ella Maillart mit Reisebegleitern während ihrer Expedition nach Turkestan, 1932.

Ella Maillart vor ihrem Chalet im Wallis, 1989.

werde Ihnen nur sagen, dass mich die Mohammedaner mit offenen Armen empfangen haben und dass ich weder <u>einen einzigen Franzosen</u> noch eine <u>Französin</u> kennen gelernt habe. Was mir hier zuwider ist, ist das unausstehliche Verhalten der Europäer gegenüber den Arabern, dem Volk, das ich liebe, Inch'Allah[*] wird dieses Volk meines werden. Ich bin seit einem Monat hier und beginne das algerische Arabisch zu sprechen und zu verstehen.«[11]

Die Ablehnung der Kolonisten wird sich mehrfach in Isabelles Erzählungen niederschlagen. Vor offener Parteinahme für den schwelenden Widerstand moslemischer Studenten nimmt sie sich jedoch in Acht.

Die Araber – ihr Volk? Kaum ist Isabelle in einem der »Länder Mohammeds« angelangt, will sie schon ein Teil davon sein. Sie ist keine Reisende, die sich mit der Rolle des Zaungastes zufrieden gibt. Sie will dazugehören und sie tut alles dafür. Nach wenigen Monaten beherrscht sie das algerische Arabisch mühelos. Sie trägt den weißen Burnus – das lange formlose Gewand arabischer Männer – und verbirgt ihr kurz geschnittenes Haar unter einem weißen, geschlungenen Tuch. In dieser Aufmachung streift sie durch das Labyrinth der Kasbah, erlangt Zutritt zu Kaffeehäusern

---

[*] arabisch: Wenn Gott es will

und Bars – Orten, die nur Männern offen stehen. »Dieses Leben lohnt die Mühe, es zu beschreiben, wenn man bedenkt, dass es in nichts dem Leben gleicht, das junge Damen normalerweise führen«[12], berichtet sie ihrem tunesischen Freund.

Sie ist glücklich in jenen ersten Monaten in Bône, und sie weiß mehr denn je, dass sie schreiben will. Nicht der Ehrgeiz, sich »einen Namen und eine Position zu schaffen«, treibt sie an: »Ich schreibe, weil ich den Prozess des literarischen Erschaffens liebe. Ich schreibe, wie ich liebe, weil dies wahrscheinlich meine Bestimmung ist. Und das ist mein einziger Trost.«[13]

Zwei Monate später verliert Isabelle ihre Mutter. Am 21. November 1897 stirbt Nathalie de Moerder an einer Rippenfellentzündung. Weil sie wenige Monate vor ihrem Tod zum Islam übergetreten war, wird sie auf dem muslimischen Friedhof von Bône begraben.

Mit dem Tod der Mutter beginnt Isabelles vollständige Ablösung von der Familie. Krank vor Trauer verlässt sie Bône und quartiert sich für einige Wochen in Algier ein. Sie versucht zu schreiben, fühlt sich aber wie versteinert. Aus Geldmangel kehrt sie noch im Dezember nach Genf zurück – Nathalie de Moerder hat ihr nichts hinterlassen. Für die Beerdigungskosten soll Trophimowsky aufgekommen sein, nicht ohne Schwierigkeiten.

In der Schweiz sieht sich Isabelle gezwungen, ihren

Lebensunterhalt selbst zu verdienen. Von Vernier aus fleht sie den reichen, in den Pariser Salons eingeführten Ali Abdul Wahab um Hilfe an: »Ich suche also, unter welchen Bedingungen auch immer, literarische Arbeit, die mir ein wenig Geld einbringt. Ich habe Schulden, keine hohen, aber ich muss sie bezahlen ... Wenn Sie mich lieben, helfen Sie mir, Arbeit zu finden, ich bitte Sie.«[14]

Der tunesische Freund, dem sie während ihrer Monate in Bône nach einem überbordenden Briefwechsel auch begegnet war, wird in dieser Zeit zum Helfer in allen Nöten. Sorgen um Augustin, der sich noch immer in Algerien aufhält, Geldprobleme, seelischer Kummer aller Schattierungen – Ali hört zu und schafft Abhilfe, wo er kann. Sein anfangs beharrliches Liebeswerben um sie bleibt erfolglos. Isabelle trauert noch einer unglücklichen Passion aus ihren ersten Wochen in Bône nach und versorgt Ali mit allen Details dieser erotischen Begegnung. Drei Jahre dauert die intime Brieffreundschaft zwischen den beiden, bis sie in einer Reihe von Kränkungen untergeht.

Im Frühjahr 1898 weiß Isabelle nicht, ob sie ihre »geliebte afrikanische Erde« wieder sehen wird. Wie in vergangenen Zeiten findet sie sich eingekerkert in der Villa Neuve, in der sich im April ein weiteres Drama abspielt. Wladimir, ein geistesschwacher Halbbruder Isabelles, nimmt sich in einem Anfall von Verfolgungswahn das Leben. Vava beklagt zynisch den Tod seines »Kakteenfreundes«. Isabelle enthält sich jeden Kommentars.

Gemeinsam mit dem zurückgekehrten Augustin muss sie sich jetzt um den krebskranken Vava kümmern. Ein Jahr noch harrt Isabelle in der Villa aus, liebäugelt ein paar Wochen lang mit einer Kehrtwendung zum normalen Dasein höherer Töchter – der standesgemäßen Heirat –, bleibt aber dann doch ihrem eigenen Willen treu. Der potenzielle Bräutigam, ein türkischer Botschaftssekretär aus Genf, sollte nach Den Haag versetzt werden. Kein Ort für Isabelle. Und auch kein Lebensziel: »Mehr denn je möchte ich meine Zeit ernsthaften Studien und dem Schreiben widmen«[15], notiert Isabelle. Von der Idee zu heiraten habe sie für immer Abstand genommen. Sie wird sich nicht daran halten.

Zunächst aber hat sie andere Sorgen: Am 15. Mai 1899 stirbt Alexandre Trophimowsky in der Villa Neuve. Isabelles Jugend ist nun endgültig zu Ende. Nichts hält sie jetzt mehr in Vernier zurück. Anfang Juni nimmt sie in Marseille das Schiff nach Tunis, bleibt ein paar Wochen in einem verwinkelten, mosaikgeschmückten Haus und zelebriert ihren »Traum vom strahlenden und trostlosen alten Orient«[16]. Abends lässt sie sich durch das Labyrinth der Kasbah treiben, streift über den verfallenen jüdischen Friedhof. Die Tage verschläft sie. Nur das Rufen des Muezzins durchbricht die Stille in Isabelles selbst gewähltem Versteck. Doch dann zieht sie fieberhaft weiter, schlägt Haken wie ein gehetztes Wild. Von Tunis nach Constantine in Algerien, dann südwärts nach Batna, Biskra, bis nach El-Oued, einer Wüstenstadt inmitten weißer Dünen. Kein Ort in Algerien hat so viel Bedeutung auf Isabelles innerer Landkarte. Mehrmals wird sie in die »ganz und gar arabische Stadt« mit den lichtweiß gekalkten Häusern zurückkehren: »El-Oued [erschien] mir als eine Offenbarung zutiefst geheimnisvoller, visueller Schönheit; eine nie geahnte Vision dieses Landes ergriff Besitz von meinem irrenden, unsteten Wesen.«[17]

Während der Reisen jener Monate nimmt Isabelle eine zweite Identität an. »Si Mahmoud Saadi« oder »Mahmoud Es-Saadi«* verdrängt den blassen »N. Podolinsky« ihrer Jugend. Niemand, so wenigstens glaubt Isabelle, vermutet in der hoch gewachsenen, schmalen Gestalt mit den arabischen Reitstiefeln eine Frau. Der weiße Burnus verhüllt zwar ihren Körper, gibt aber ein Mädchengesicht mit fast kindlichen Zügen frei: über den wachen, grünen Augen wölbt sich eine hohe Stirn. Die Nase strebt nach oben, der Mund, den sie auf keiner Fotografie zu einem Lächeln verzieht, ist weich geschwungen. Isabelle gibt vor, einer jener reichen jungen Tunesier zu sein, die durchs

---

* Mahmoud, von Mohammed, »der Gepriesene«. In Verbindung mit Es-Saadi etwa: »Dank an das Glück«

Land reiten, um bei den Marabouts, den islamischen Gelehrten, ihre Bildung zu erweitern. Eine Tarnung, die ihre algerischen Reisegefährten wahrscheinlich durchschauen, aber diskret ignorieren. In den wie atemlos hingeworfenen Aufzeichnungen über ihre erste große Wüstenodyssee notiert Isabelle, wie respektvoll sie von den Scheichs aufgenommen wird.

Die französischen Besatzungsoffiziere beobachten die Frau in arabischer Männerkleidung mit einer unseligen Mischung aus Misstrauen und Lüsternheit. Ein gewisser Hauptmann de Susbielle bietet ihr an, sich seiner Kolonne anzuschließen. Isabelle lehnt ab, weil sie von seinen araberfeindlichen Umtrieben gehört hat, und da sie es sich mit den »Einheimischen nicht verderben« will, verzichtet sie auf die Begleitung des Hauptmanns. Die Quittung folgt prompt: An ihrer nächsten Station liegt ein Ausweisungsbefehl gegen sie vor. Nicht länger als 24 Stunden darf sie sich in der Oase aufhalten. Eine Strapaze für die erschöpfte, von Fieberkrämpfen geschüttelte Isabelle. Während dieser Reise leidet sie vermutlich zum ersten Mal unter Malariaanfällen.

Eine Europäerin – nicht einmal Französin –, die sich den unterworfenen Algeriern nähert, deren Sprache spricht und von den Scheichs respektiert wird, das genügt, um den Verdacht der Frankreich-Feindlichkeit zu wecken. Ein paar Jahre später wird sich Isabelle Eberhardt öffentlich dagegen wehren müssen.

Auf einer ihrer Stationen, in Biskra, wirft sie ekstatisch Geld aus dem Hotelfenster, wahrscheinlich um ihre Verachtung für irdische Reichtümer zu demonstrieren. Nach dem Tod Trophimowskys muss ihr ein Teil des Erbes zugeflossen sein, aber ihr »Reichtum« ist letztendlich nur inszeniert. Der Ruf, vermögend zu sein, hält ihre Feinde – so wenigstens hofft sie – in respektvollem Abstand. In Wirklichkeit sind Isabelles Geldquellen bald erschöpft. Nur wenige Jahre später wird sie so arm sein, dass sie kaum noch Briefmarken bezahlen kann.

Das Jahrhundert geht seinem Ende zu. Um sich in den Pariser Literaturzirkeln einen Namen zu machen, kehrt Isabelle im Herbst 1899 zurück ins »Exil«, wie sie Europa nennt. In eineinhalb Monaten reist sie über Paris, Marseille, Genua und Livorno nach Cagliari auf Sardinien und wieder zurück nach Marseille. Ihr Kursbuch gleicht einem Fluchtplan. Um die »enorme Beweglichkeit« ihrer Natur, »die Instabilität« ihrer »geistigen Zustände«[18] weiß sie selbst. Erstarrung und zügelloser Bewegungsdrang folgen bei ihr unmittelbar aufeinander.

Isabelles Reiserouten sind auch ein Seismogramm ihrer Stimmungen. Im Januar 1900 fühlt sie sich verlorener denn je: »Ich bin allein, sitze vor der riesigen grauen Weite des murmelnden Meers ... Ich bin <u>allein</u> ... allein, wie ich es schon immer und überall war ... <u>allein</u>, hinter mir eine ganze Welt enttäuschter Hoffnungen, abgestorbener Illusionen und Erinnerungen, die von Tag zu Tag in weitere Ferne rücken.«[19]

Wie der Refrain eines monotonen Klagelieds zieht sich das Wort »allein« durch Isabelles Tagebücher. In ihren »Tagwerken«, den »Journaliers«, wie sie sie nennt, führt Isabelle ein Zwiegespräch mit sich selbst. Hier erzieht sie sich zu dem Menschen, der sie sein will, entwirft literarische Pläne und treibt ihre Verzweiflung aus, indem sie sich tief in ihre Traurigkeit hineinversenkt. Zu dieser Zeit ist es der Schmerz über den endgültigen Verlust Augustins an eine Frau, die sie herablassend »Jenny, die Arbeiterin« nennt und die er im Herbst zuvor geheiratet hat. Isabelle weiß, dass sie im ärmlichen Haushalt des Paares keinen Platz hat. Dort nicht und auch sonst nirgends.

Die Heimatlosigkeit der Isabelle Eberhardt ist bei allem Pathos, mit dem sie ihr Leid beschwört, keine sentimentale Pose. Den Platz auf dem Kanapee einer Botschaftervilla hat sie mit der Absage an die Heirat ausgeschlagen. Unehelich geboren, verwaist und mittellos, steht ihr auch zur französischen Aristokratie keine Tür offen. In den literarischen Kreisen ist sie noch ein Niemand; die hohle, pomadisierte Welt der Pariser Salons widert sie an.

Isabelle genießt das »seltsam traurige und lustvolle

Wohlgefühl des ›Heimatlos‹-Seins«[20] und sucht zugleich Trost in der Identifikation mit den Parias der Wüste, den Nomaden. »So werde ich als Nomade, mit keiner anderen Heimat als dem Islam, ohne Familie und ohne Vertraute, allein, auf immer allein in der erhabenen, dunkel sanften Einsamkeit der Seele meinen Weg durchs Leben fortsetzen, bis dass die Stunde des großen ewigen Schlafs im Grabe schlägt.«[21]

Der Islam als Behausung ihres schutzlosen Ichs: Isabelles Glaube entspringt mehr ihrem Bedürfnis nach Rettung als intellektueller Neugier. Die Tochter des Atheisten Trophimowsky spricht aus ihr, wenn sie Ali gegenüber den Islam als Heilmittel gegen die westliche Zeitkrankheit der Ungläubigkeit preist: »Was mich am islamischen Leben verzaubert, zu Recht oder zu Unrecht, genau dieser Anschein von Unbewegtheit, der Vertrauen in die Ewigkeit gibt und das Schwindelgefühl vor dem Nichts, das uns im Abendland quält, ein wenig mildert.«[22]

Unter den Grundfesten des Islam fasziniert Isabelle vor allem die Vorstellung von der Unausweichlichkeit eines Schicksals, das jedem Menschen vorbestimmt ist. Alles Unglück, das ihr widerfährt, gewinnt dadurch seinen verborgenen Sinn.

Mit den Jahren wird sie zunehmend mystischer, neigt zur Identifikation mit islamischen Märtyrergestalten. Sie wird die erste Frau sein, die einer geheimen islamischen Bruderschaft angehört – eine Ehre, die sie selbst weniger erstaunt, als sie ihre Umgebung befremdet.

Den arabischen Frauen und ihrer untergeordneten Rolle im alltäglichen Leben schenkt Isabelle kaum Beachtung. Sie bewundert deren Schönheit, aber sie verständigt sich nicht mit ihnen – weil sie nichts mit ihnen teilt. In der Villa Neuve lebte der anarchistische Gedanke von der Gleichheit der Geschlechter. Isabelle wuchs auf wie ihre Brüder; sie musste sie weder fürchten noch beneiden. Selbst dem sechs Jahre älteren Augustin fühlte sie sich bald ebenbürtig. Sie kann sich weder einem Mann unterordnen, nur weil er ein Mann ist, noch interessiert sie sich für Frauen, die dies tun. Bis auf eine Begegnung mit der wohl einzigen islamischen Gelehrten dieser Zeit, Lella Zeyneb, die sie in ihren Aufzeichnungen porträtiert[23], meidet sie die »langweilige Gesellschaft arabischer Frauen«[24]. Einmal, während ihres ersten Aufenthalts in Bône, wird sie nach einem Fest dem Schlafraum der Frauen zugeschoben. »Das war nicht gerade das, was ich suchte«, schreibt sie an Ali. »Luft zum Ersticken, plärrende Kinder, törichtes Geschnatter von Frauen.« Isabelle zieht ins Freie und nächtigt bei den islamischen Studenten, die draußen Wache halten und ihr den »sanften brüderlichen Respekt [erweisen], den Araber vor gebildeten Frauen haben«[25].

Schicksalsergebenheit, Barmherzigkeit, Rechtschaffenheit, Wahrhaftigkeit, Toleranz – unerschöpflich erscheint der Katalog der Tugenden, die sie im Islam sieht, ohne zwischen den einzelnen Lehren zu unterscheiden. Für Isabelle ist der Islam als Lebensform mit seiner, wie sie meint, klaren Werteordnung ein Gegenbild zur »schmutzigen, dummdreisten Zivilisation«[26], zur »modernen, mondänen Gleichgültigkeit«[27], die sie in Paris kennen lernt.

Fast ein halbes Jahr lang, vom Herbst 1899 bis Juni 1900, lebt Isabelle in Europa. In Genf kümmert sie sich um den Verkauf der Villa, in Marseille sieht sie Augustin wieder. Zweimal reist sie in dieser Zeit nach Paris und sucht nach Wegen, von ihrer Arbeit zu leben, auch wenn dies nicht der Grund ihres Schreibens ist.

»Die Arbeit«, predigt sie sich in ihrem Tagebuch, »gibt mir nicht nur die Möglichkeit, weiterzuleben, wenn meine bescheidenen Mittel erschöpft sind, sondern sie ist auch ein großer Schutz gegen das Leid.«[28] Solche Feinsinnigkeiten interessieren nicht in den Pariser Salons, in die sich Isabelle von ihrem alten Brieffreund Abou Naddara einführen lässt, um Verleger für ihre in der Wüste entstandenen Reiseskizzen zu finden.

Lydia Paschkoff, die welterfahrene Romancière und ehemalige Korrespondentin des »Figaro« in St. Petersburg, nimmt sich der Nachwuchsschriftstellerin an. In wohlmeinenden Briefen klärt sie die Debütantin auf, dass »der Journalismus nicht mehr bietet als ein kümmerliches Dasein und Publizität«. Frauen überlebten nur im Schlepptau einflussreicher Männer (»S... hat es dank ihrer Liebhaber Va... und Puy... geschafft«[29]) und Ausländerinnen wie Isabelle hätten es besonders schwer. »Die Franzosen«, weiß Madame Paschkoff, »sind trotz allem sehr spießig und mögen lieber häusliche Frauen – die Frau am Herd. Gebildete Frauen betrachten sie als ein überflüssiges Phänomen.«[30] Immerhin, nach so viel Abschreckung schickt sie Empfehlungsschreiben für angeblich einflussreiche Leute.

Der Feministin Madame Séverine erweist die junge Reisende nicht die devote Ehrerbietung, die die Vorkämpferin der lesbischen Liebe von ihren Anhängerinnen gewohnt ist. Und Isabelle selbst scheint in Paris auch niemanden wirklich für sich einnehmen zu können. Ihr exzentrisches Auftreten in arabischer Männerkleidung weckt zwar Neugier, literarische Aufträge bleiben aber aus. Dafür lockt eine andere Auftraggeberin mit viel Geld: Die Herzogin von Morès, deren Mann, ein politisch rechtsgerichteter Abenteurer, während der französischen Vorstöße in Algerien umgebracht wurde, bietet Isabelle 1500 Francs für die Suche nach den Mördern. Isabelle nimmt an, besucht in Genf noch ein paar russische Freunde, mit denen sie den Großteil des Geldes ausgibt, und setzt im Juli 1900 von Marseille aus nach Algier über. Ob sie ernsthaft versucht hat, ihre Auftraggeberin zufrieden zu stellen, bleibt im Ungewissen. Ihre Tagebücher schweigen über die Affäre Morès, stattdessen fällt in diesem Sommer zum ersten Mal der Name eines Mannes, der Isabelles Leben bis zum Ende begleiten wird.

Am 9. August, inzwischen wieder in der Wüstenstadt El-Oued angelangt, beschreibt sie eine der ersten Nächte mit dem Geliebten: »Keine Menschenseele im feuchten Schatten der Palmen. Erst setzten wir uns an einen Brunnen, aus dem ich mit einem zerschlissenen Ziegenlederbehälter vergeblich Wasser zu schöpfen suchte. Traurig saßen wir da, von einer im Grunde für uns beide vielleicht ähnlichen abgrundtiefen Traurigkeit – denn der Gedanke an die Schwierigkeiten, die aus den Indiskretionen des Viertels entspringen könnten, hatte für mich viel mit dieser Stimmung zu tun.«[31]

Isabelle fürchtet bösartigen Klatsch zu Recht. Slimène Ehnni, ein schmaler, 24-jähriger Algerier mit fast schwarzer Hautfarbe, ist Leutnant eines Einheimischenregiments im Dienst der Kolonialmacht. Da schon sein Vater aufseiten der Franzosen stand, besitzt Slimène die französische Staatsbürgerschaft. Was nichts daran ändert, dass die Liaison zwischen Isabelle und dem »Spahi« – wie die algerischen Soldaten genannt werden – als skandalös gilt. Schließlich gibt es genug Franzosen in den umliegenden Garnisonen, aber diese Person, »eine Frau von sehr zweifelhafter Moral«[32], wie es später in einer anonymen Denunziation heißen wird, zieht Araber anständigen Europäern vor.

Isabelle, glücklich in ihrem ersten erfüllten Liebeserlebnis, will aufziehendes Unheil nicht wahrhaben. Slimène ist für sie, was sie sich immer gewünscht hat, »Liebhaber und Gefährte«[33]. Sein »heiteres sanftes Naturell« beruhigt sie. Seine Erotik ist eine Offenbarung. »Auf sinnlichem Gebiet herrscht Slimène als einzigartiger, unangefochtener Herr. Nur er zieht mich an, nur er versetzt mich in jenen Geisteszustand, der notwendig ist, wenn man die Domäne des Intellekts verlassen, wenn man hinabsteigen will – ist es denn ein Abstieg? Ich bezweifele es sehr – in jene der grandiosen, sinnlichen Verwirklichungen.«[34]

Mit Slimène wagt Isabelle zum ersten Mal das Experiment der Sesshaftigkeit. Im November zieht sie mit ihm in das »schönste arabische Haus« von El-Oued, mit Pferd, Hund und Hühnern. Da sie vom Sold Slimènes allein nicht leben können, will Isabelle Gemüse anbauen. Ein Plan, wie er Trophimowsky gefallen hätte: »Der Boden des Souf ist sehr fruchtbar, er wirft prächtige Kartoffeln und anderes Gemüse ab, dennoch kultiviert ihn niemand.«[35]

Nach kurzer Zeit schon denkt Isabelle an Heirat. »Ich versichere dir«, schreibt sie an Augustin, »dass ich nichts bedauere und vom Schicksal nicht mehr verlange, als dass es mich in Frieden in meiner Wüste leben lässt, fern von der Heuchelei und der Gemeinheit der Menschen, und dennoch nicht allein, denn die beiden Extreme taugen gleich wenig.«[36] Ein Zukunftstraum, den die französische Militärverwaltung schon in seinen ersten Ansätzen zerstört.

Isabelles Persönlichkeit allein ist ein Angriff auf das fest zementierte Weltbild der Kolonisten. Der bereits erwähnte anonyme Briefschreiber lässt den Militärs keine Ruhe. Aus welcher Richtung der Spionageverdacht gegen Isabelle geschürt wurde, bleibt ungeklärt. Sicher ist nur, dass Isabelle und Slimène von Anfang an überwacht werden.

Hauptmann Cauvet, zuständig für die Region El-Oued, gibt zunächst eine Entwarnung an seine Vorgesetzten weiter: »Abgesehen von ihrem exzentrischen Verhalten und ihrer Kleidung ... wurden mir von ihr keinerlei Äußerungen und Handlungen berichtet, die nicht völlig korrekt gewesen wären ... physisch betrachtet ist sie eine nervöse, gestörte Person, und ich neige zu der Annahme, dass sie hauptsächlich nach El-Oued gekommen ist, um sich in einem Land, in dem sich wenige Europäer aufhalten, unüberwacht ihren lasterhaften Neigungen und ihrem Hang zu den Eingeborenen hinzugeben.«[37] Cauvet kann die Verleumdungsspirale nicht mehr zurückdrehen, auch wenn er bei all seinen moralischen Verurteilungen versichert, dass Isabelle Eberhardt »in keiner Weise gegen die Armee eingestellt ist«.

Anfang Dezember schon wird Isabelle aus El-Oued ausgewiesen. Slimène wird in den Norden, nach Batna versetzt.

> »Wird es lange Zeit mein Schicksal sein –
> o Leben – in der Welt umherzuirren?
> Wo bist du, Hafen, in dem ich ruhen kann?
> Wo ist der Blick, den ich bewundern kann?
> Wo ist die Brust, an die ich mich lehnen kann?
> Ewig allein ...«[38]

Nach der erzwungenen Trennung von Slimène zieht das fast verhallte Klagelied der Einsamkeit wieder in Isabelles Tagebücher ein. An ihrem Entschluss, Algerien zu ihrer Heimat zu machen, kann die Ausweisung aus El-Oued nicht rütteln: »Ich bin an dieses Land – doch eines der trostlosesten und düstersten, die da sind – zutiefst und für immer gebunden ... Dies Gefühl der Bindung kann nicht die vorübergehende Illusion eines Ästheten sein, dafür bin ich viel zu lange hier und dafür ist das Land zu <u>fesselnd</u>, zu einfach mit seinen Linien bedrohlicher Monotonie.«[39]

Die Landschaft als Spiegel der Seele. Gegen Ende ihres Lebens vermutet Isabelle, dass sie auf ihren Reisen nie etwas anderes gesucht hat als die Morbidität der

Wüste. Einem ihrer frühen Biographen, dem Schriftsteller Robert Randau, der sie noch selbst gekannt hat, soll sie gestanden haben: »Ich hasse die bepflanzten Äcker, die Getreidefelder und das Grün der Vegetation. Warum habe ich diesen morbiden Hang nach unfruchtbarer Erde und erstickendem Sand? Die Trostlosigkeit ist für mich das Salz des Lebens.«[40]

Isabelle Eberhardts Werk bestätigt den Blick für die Vergänglichkeit, die sie in allem Lebendigen sieht. Ihre Geschichten erzählen oft von Ausgestoßenen – von Prostituierten, Fremdenlegionären, von unmöglichen Lieben in einer feindlichen Welt. Aber auch Rausch und Ekstase – Erfahrungen, die sie bei ihren Ritten durch die Sahara, in ihren Haschischträumen mit den alten Kiff-Rauchern der algerischen Dörfer findet – webt sie in ihre Erzählungen ein. Sie begeistert sich am Farbenspiel der Wüste, an der Verwandlung des Lichts und erhebt jeden Sonnenuntergang zum Naturdrama.

In ihrer Skizze *Im Land der treibenden Sande* beschreibt Isabelle einen Abend in El-Oued: »Die engen Gassen mit den verfallenen Häusern öffneten sich verlassen der gewaltigen, in Feuer entflammten Weite der zerfließenden Friedhöfe ohne Mauern und ohne Grenzen. Unterdessen färbte sich der purpurne Himmel, der sich im Chaos der Dünen zu spiegeln schien, immer dunkler, immer phantastischer. Die übergroße rote und strahlenlose Sonnenscheibe versank endgültig hinter den niederen Dünen des westlichen Horizonts, bei Allenda und Araïr. Plötzlich traten aus all den ausgestorbenen Gassen lautlos bange Züge von Frauen, im antiken Stil mit dunklen, blauen und roten Lumpen verschleiert ... Im grenzenlosen Ozean des roten Lichts, das die Stadt und die Friedhöfe überschwemmte, wirkten sie wie über den Boden gleitende Phantome, diese Frauen mit ihrem dunklen Stoffüberwurf, der sie in hellenistische Falten kleidete, auf ihrer schweigsamen Wanderung zu den tiefen, in den Feuerdünen verborgenen Gärten. In weiter Ferne begann eine Rohrflöte unendliche Traurigkeit zu weinen, und diese zarte, modulierte, zugleich wie von Schluchzern unterbrochene Klage war der einzige Laut, der diese Traumstadt ein wenig belebte.

Doch schon ist die Sonne verschwunden, und beinahe im gleichen Moment verdunkelt sich der Glanz der Dünen und der Kuppeln, geht über in ein Violett, das an die Wasser des Meeres erinnert, und die tiefen Schatten, die dem verfinsterten Boden zu entspringen scheinen, steigen kriechend in die Höhe, um den Schein, der die Gipfel noch erleuchtet, nach und nach zu löschen.«[41]

Die Wüste versetzt Isabelle in einen Zustand fiebriger Euphorie, die sie durch Opium, Haschisch und Alkohol wahrscheinlich noch steigert. Trotz ihrer Sehnsucht nach einem rauschhaften Dasein ist Isabelle aber auch eine intellektuelle Beobachterin. Empfindlich für die Spannungen ihrer Epoche, deren Verunsicherung und utopische Gedankengebäude sie schon in der Villa Neuve kennen gelernt hat, sieht Isabelle im arabischen Afrika die Urform menschlicher Kultur: »Unter den Leuten des Volkes und bei den Nomaden habe ich schließlich verstanden, dass ich an die Quellen des Lebens zurückfinden wollte, dass ich eine Reise in die Tiefe der Menschheit unternahm.«[42]

Am 29. Januar 1901 entgeht Isabelle nur knapp einem Mordanschlag. Während sie im Haus eines islamischen Gelehrten in Béhima Briefe übersetzt, versucht jemand, sie mit einem Säbelschlag zu töten. Zum Glück verfängt sich die Waffe in einer über Isabelles Kopf gespannten Wäscheleine und verletzt so nur ihren Arm. Mit tiefen, aber nicht lebensgefährlichen Wunden wird Isabelle ins Krankenhaus von El-Oued gebracht. Der Täter, ein geistig verwirrter Algerier, der behauptet, auf »Geheiß Allahs« gehandelt zu haben, wird später zu 20 Jahren Gefängnis verurteilt. Vor Beginn des turbulenten Prozesses wird Isabelle vorläufig aus Algerien ausgewiesen und nimmt das Schiff nach Marseille.

Augustin, bei dessen Familie sie vorübergehend unterkommt, ist ihr fremd geworden. Sie will nach Algerien zurück, trotz aller Widrigkeiten, und sie versucht, ihrem schlechten Leumund als »Unruhestifterin« mit offenen Briefen an die dortige Presse entgegenzuwirken. »Ich bin keine Politikerin, ich bin keine Agentin, ich arbeite für keine Partei«[43], schreibt sie in der »Dépêche Algérienne«. Alle Beteuerungen sind umsonst: Isabelle kehrt zwar im Juni zur Gerichtsverhandlung nach Constantine zurück, doch danach wird sie offiziell aus dem Land ausgewiesen. Ohne Begründung.

Isabelle selbst nimmt an, dass ihre Verbindung zu einer der islamischen Bruderschaften den Ausschlag für den Ausweisungsbefehl gegeben hat. Dabei, so erklärt sie der Kolonialverwaltung in einem Artikel der »Dépêche Algérienne«, habe sie gerade dort »immer für die Sache Frankreichs«[44] plädiert. Mit jenen Bruderschaften, die franzosenfeindliche Aktionen befürworteten und die Dulder der Kolonialmacht als »Verräter« verfolgten, habe sie nie etwas zu tun gehabt. Die Ausweisung Isabelles ist ein Symptom der französischen Nervosität angesichts des überall aufflackernden muslimischen Widerstands.

Im Juli nimmt Isabelle mit Slimène das Schiff nach Marseille. Am 17. Oktober heiratet das Paar. Isabelle trägt an diesem Tag ausnahmsweise keinen Burnus, sondern ein dunkles »Halbtrauerkleid mit fliederfarbener Satinweste« und hat sich die etwas gewachsenen Haare kräuseln lassen. Durch die Heirat mit Slimène erwirbt sie die französische Staatsbürgerschaft, was sie zukünftig vor Ausweisungen aus französischem Hoheitsgebiet schützen wird. Noch aber wartet sie erst einmal auf eine neue Einreisegenehmigung.

Bis zum Ende des Jahres 1901 lebt Isabelle widerwillig geduldet bei Augustins Familie. Slimène musste bald nach der Hochzeit nach Batna zurück. Isabelle schreibt ihm zärtliche Briefe, die sie mit Symbolzeichnungen von »ihrem kleinen grünen Auge« und Slimènes »großem gelben Auge« verziert. Im Januar 1902 endlich setzt Isabelle, als Matrose gekleidet, an Bord eines Postdampfers nach Algerien über. Sie wird Europa nie wieder sehen.

In den letzten beiden Jahren ihres Lebens verwandelt sich Isabelle vollends zur schreibenden Nomadin. Ein kurzes Zwischenspiel in der Familie ihres Mannes endet im Unfrieden; die Beziehung zu Slimène ist brüchig geworden. Hartnäckig bereitet Isabelle den Gefährten auf eine Dolmetscherprüfung vor, die er schließlich mit Mühe besteht. Isabelle hat ihr Erziehungswerk an dem ehemaligen »Spahi« vollbracht: »Du wirst den herablassenden, araberfeindlichen französischen Herren das Beispiel eines Arabers geben, der sich vom Rang eines Spahi zweiter Klasse emporgearbeitet hat, beneidet und geschätzt wegen seiner Intelligenz und seiner Arbeit.«[45]

Die wirtschaftliche Existenz des Paares wäre damit gesichert. Doch Isabelle ist bereits zu sehr Schriftstellerin, als dass sie dadurch zu einer »gewöhnlichen Fathma« würde. Im März 1902 begegnet Isabelle dem Pariser Literaten Victor Barrucand, der in Algier die zweisprachige Zeitung »L'Akhbar« herausgibt, ein

Blatt, das der französischen Kolonialverwaltung auf die Finger sieht. Isabelle beginnt regelmäßig für »L'Akhbar« zu schreiben. Reiseerzählungen, die das Leben in den algerischen Dörfern ohne romantischen Zungenschlag nachzeichnen. Sie pendelt jetzt zwischen Algier und der Mittelmeerstadt Ténès, wo Slimène als Dolmetscher arbeitet.

Lange dauert die Ruhe um Isabelle Eberhardt nicht an. Im Frühjahr 1903 startet die Konkurrenzzeitung »Petite Gironde« eine von französischen Siedlern angezettelte Verleumdungskampagne gegen »Madame Ehnni«. Ganz davon abgesehen, dass Isabelle Eberhardt so weit gegangen sei, »die Kleidung ihres Geschlechts zu verleugnen«, predige sie den Einheimischen »eine Art humanitären Sozialismus« und mache »aus ihrer frankreichfeindlichen Haltung keinen Hehl«[46].

Isabelle reagiert gefasst und bestreitet wie schon 1901 jeden politischen Einfluss ihrerseits. Gleichzeitig plädiert sie für Barrucands Zeitung »L'Akhbar«, die den »Grundsatz von Gerechtigkeit und Wahrheit verteidige, der in diesem Land unterschiedslos auf alle angewendet werden muss, unabhängig von Religionszugehörigkeit oder Rasse«[47]. Die Kampagne gegen Isabelle legt den gesammelten Hass bloß, den ihr mutiges, unkonventionelles Auftreten in der ständig Gefahr witternden französischen Bourgeoisie auslöst.

Ein neuer, gefährlicher Auftrag lenkt Isabelle von den Angriffen gegen ihre Person ab. Im September 1903 durchkreuzen algerische Rebellen den Vorstoß französischer Militärs an der marokkanisch-algerischen Grenze.

Isabelle reist für »L'Akhbar« als Kriegsreporterin in die umkämpften Gebiete. In Aïn-Sefra, an der Grenze zu Marokko, trifft sie auf den französischen General Hubert Lyautey, dessen Idee von einer »friedlichen Kolonisation« Marokkos sie zu adaptieren scheint. Lyautey entspricht nicht der Karikatur des engstirnigen Herrenmenschen. Wie Isabelle liebt er das orientalische Leben. Seine Eroberungspläne unterscheiden sich aber nur in ihren Mitteln von denen anderer Feldherren. Geschickt nützt er die Rivalitäten miteinander verfeindeter marokkanischer Stämme für den französischen Vormarsch aus. Eine Taktik, bei der ihm »Mahmoud«, die Vertraute der Nomaden, besonders nützlich sein kann. Ob Isabelle in geheimer Mission Lyauteys zu den aufsässigen Scheichs gereist ist, um deren Absichten auszuspionieren, bleibt ihr Geheimnis.

Ihre letzte Reise führt Isabelle im Frühjahr 1904 in die marokkanische Festungsstadt Kenadsa. Isabelle wird von den Marabouts empfangen und in der Zaouia, einem islamischen Kloster, beherbergt. Man behandelt sie als Gast, bewacht sie jedoch wie eine Gefangene, was Isabelle nicht mehr zu stören scheint:

»Es werden Tage kommen, die langsam und wunschlos über mich hinweggehen, und meine Neugierde wird gedämpft sein wie das Nachtlicht im Zimmer eines Genesenden.«[48]

Hinter den undurchdringlichen Mauern von Kenadsa nimmt Isabelle Abschied von einem Leben, dessen Strapazen sie nicht mehr gewachsen ist. Geschwächt von Malariaschüben, die sie seit Jahren quälen, schleppt sie sich Anfang Oktober 1904 in das Hospital von Aïn-Sefra. Gegen den Rat des Arztes verlässt sie das Krankenhaus nach wenigen Wochen und trifft sich, noch immer erschöpft, in einem baufälligen Lehmhaus am Ufer des ausgetrockneten Flusses Oued-Sefra mit Slimène. Sie hat ihren Mann acht Monate nicht gesehen, und vieles spricht dafür, dass dieses letzte Treffen nur noch der formalen Trennung dient.

Am Morgen des 21. Oktober verwandelt ein gewaltiger Wolkenbruch das trockene Flussbett des Oued-Sefra in einen reißenden Strom. Die tiefer gelegenen Stadtviertel werden von den Wassermassen überflutet. In den Trümmern des eingestürzten Hauses findet ein Suchtrupp Lyauteys die Leiche Isabelle Eberhardts.

Ob sie sich in einem Moment der Todessehnsucht ihrem Schicksal überließ oder ob sie einfach zu schwach war, um sich zu retten: Slimène, der rechtzeitig aus der Lehmhütte am Oued-Sefra entkommen konnte, klärt den Tod Isabelles nicht auf. Noch vor dem Begräbnis auf dem muslimischen Friedhof von Aïn-Sefra verlässt er die Stadt.

Der schlichte Stein auf dem Grab Isabelles trägt zwei Namen – ihren ursprünglichen und darüber, in arabischer Schrift, ihren selbst gewählten: Si Mahmoud Es-Saadi.

»Die Welt verändern«
Maria Leitner (1892–1942?)

Von Gislinde Schwarz

Es sind wenige Spuren, die von Maria Leitner geblieben sind, nur ihre Bücher, ein paar Briefe, kaum Erinnerungen. Ich lese kurze, schemenhafte Beschreibungen von denen, die ihr irgendwann und irgendwo begegnet sind; ungenaue Berichte, vage Daten, Halbwahrheiten. Es bleiben jede Menge weiße Flecken. Dabei lebte sie doch im eben erst vergangenen Jahrhundert jahrelang in Berlin, ist aber auch um die halbe Welt gereist, war in Nord- und Südamerika, der Karibik, in Afrika. War Journalistin, Schriftstellerin, immer unterwegs.

Schon ihr Geburtsdatum blieb lange unklar. Maria Leitner machte sich anderthalb Jahre jünger, als sie 1919 – nach dem Sturz der ungarischen Räterepublik – mit gefälschten Papieren über Wien nach Deutschland floh. Bei dieser Änderung blieb sie. Geboren jedenfalls ist sie am 19. Januar 1892 in Varazdin. Damals gehörte die Kleinstadt zu Österreich-Ungarn, heute zu Kroatien.

Maria ist die älteste von drei Geschwistern. Maximilian, den sie auch Maksim oder Miksa rufen, kommt nur elf Monate nach ihr zur Welt. Johann ist drei Jahre jünger. Der Vater verdient als kleiner Bauunternehmer den Unterhalt der Familie, die Mutter ist Hausfrau.

Fünf ist das Mädchen, als die Familie nach Budapest übersiedelt. Hier, in der aufstrebenden Großstadt, gibt es für Leopold Leitner mehr und bessere Aufträge – und für Maria, die gerade die Welt zu entdecken beginnt, unzählige neue Eindrücke. Immerhin lebt sie nun in einer europäischen Metropole, die so gar nichts von der verschlafenen Provinzialität Varazdins hat. Zu Beginn des vergangenen Jahrhunderts hat Budapest längst regelmäßige Buslinien, elektrische Straßenbeleuchtung, die erste U-Bahn auf dem Kontinent. Zeitungen verschiedenster Couleur erscheinen, für jede Haltung, für jeden Geschmack. Noch besteht die k. u. k. Monarchie und in Budapest trifft österreichische Behäbigkeit auf die Hektik eines östlichen Zentrums. Es ist ein Treffpunkt für Künstler und Gelehrte, für Anarchisten, Pazifisten, Kommunisten.

Familie Leitner wohnt in Pest, unweit der Vaci-Utca, jener Straße, die seit Jahrzehnten die Einkaufs- und Flaniermeile der Millionenstadt ist. Marias Schulweg führt an bedeutenden Museen und an berühmten Cafés vorbei. In denen wird der starke ungarische Kaffee serviert und der leichte wienerische mit seinem Sahnehäubchen. Die Gäste reden, diskutieren und streiten über Freud und Marx, über Frauenemanzipation und Konservatismus, über Religion, Kunst und Revolution.

Maria muss jeden Tag voller aufregender Erlebnisse und Fragen nach Hause gekommen sein. Worüber aber wurde in dieser Familie deutschsprachiger ungarischer Juden geredet? Fühlten sie sich zur jüdischen Gemeinde hingezogen oder gingen sie sonntags mit den Kindern in einen christlichen Gottesdienst? Niemand ist mehr da, der Auskunft geben könnte. Maria und ihre Brüder aber, das scheint sicher, wurden nicht orthodox erzogen, besuchten auch keine jüdischen Schulen. Von klein an wuchsen sie zweisprachig auf – deutsch und ungarisch.

Noch ist es nicht erwünscht, dass Mädchen und Jungen gemeinsam unterrichtet werden. Maria kommt nach der Grundschule auf die »Ungarische Königliche Höhere Mädchenschule«, in der ihre Bildung vertieft wird, die sie aber nicht auf ein Studium vorbereitet. Wozu auch? Akademische Berufe oder eine wissenschaftliche Laufbahn sind für Frauen kaum denkbar.

Auf einmal kann ich es mir vorstellen, das zarte Mädchen mit dem dunklen Haar. Gut gekleidet, vielleicht in einer dunklen Schuluniform. Die Bücher in einer Tasche unter dem Arm. Es sind nicht nur Lehrbücher. Maria liest gern und wann immer sie Zeit dazu hat, über ferne Länder und ihre Menschen, über den Orient vielleicht, wo ein Professor Leitner, wahrscheinlich Marias Onkel, lange gelebt und gearbeitet hat. Aber sie ist überhaupt neugierig auf die Welt, auch auf die, die sich hier in Budapest trifft. Maria beginnt, Englisch und Französisch zu lernen, sie will sich verständigen können. Manchmal bleibt sie an einem der Kaffeehaustische stehen, lauscht hitzigen Debatten und langen Gesprächen darüber, wie es zugeht in der Welt.

Maria hat frühzeitig versucht, ihre eigenen Wege zu gehen. Neugierig muss sie gewesen sein, mit einer ordentlichen Portion Abenteuerlust. Kein Hitzkopf, sondern eine, die ruhig, aber bestimmt Ansprüche stellt. Zuallererst an sich selbst. Denn sie will nicht abhängig sein, schon gar nicht vom Geld und Wohlwollen eines Mannes!

Wie schlimm das enden kann, erlebt sie an ihrer Mutter. Immer öfter gibt es Streit, immer seltener kommt der Vater nach Hause. Als die Ehe schließlich geschieden wird, Leopold Leitner endgültig fortzieht, steht die Mutter mittellos da. Ohne finanziellen Rückhalt, ohne jegliche Ausbildung bleiben ihr nur wenige Möglichkeiten. Sie eröffnet eine kleine Hausküche, muss für andere kochen und waschen.

Erfahrungen, die die Tochter geprägt haben. Während die meisten ihrer Schulkameradinnen die höhere Schule als ideale Vorbereitung für eine standesgemäße Partie ansehen, hat Maria Wichtigeres zu tun: Sie will lernen, studieren. In Ungarn ist das für sie nicht möglich – aber in der Schweiz. Von 1910 bis 1913 lebt sie dort. An welcher Universität sie sich einschrieb, welche Fächer sie belegte, ist nicht bekannt. Da sie von den Eltern keine materielle Unterstützung erwarten kann, beginnt sie, für sich selbst zu sorgen, und schreibt Artikel für kleinere Zeitungen.

Nach dem Studium tritt Maria in Budapest ihre erste Stelle an: Mit 21 ist sie bereits Autorin bei dem größten Budapester Boulevardblatt »Az Est« (Der Abend). Sie ist flink, kann kommentieren, Ereignisse einschätzen, ihre Beiträge werden gern gelesen. Als nur Monate später der Erste Weltkrieg ausbricht, schickt die Redaktion die kleine zierliche Frau als Korrespondentin nach Stockholm. Maria unternimmt ihre erste journalistische Reise, als Europa in einen Strudel von Ereignissen hineingezogen wird: Krieg, Revolutionen in Russland, Aufstände. Eine Zeit der Gewalt und Gegengewalt.

Maria pendelt zwischen Budapest und Stockholm. Aber je mehr es auch in Ungarn zu brodeln beginnt, umso mehr zieht es sie ins Zentrum der Ereignisse. Und zu den Brüdern, die sie sehr geliebt haben muss. Vor allem »ihren Johann«, den Jüngsten. Vielleicht sind ihr die beiden jungen Männer auch Ersatz für eine eigene Familie. Auf jeden Fall aber sind sie ihre politischen Gesprächspartner, ihre Vertrauten, ihre Genossen. Ist es nicht möglich, eine völlig neue Welt aufzubauen? Eine ohne Ungerechtigkeit, ohne Armut und ohne Krieg?

Alle drei gehören zum antimilitaristischen Galilei-Kreis, einem wichtigen Treffpunkt junger Linksintellektueller in Budapest. Mit ersten scharfen Kommentaren und aufwieglerischen Essays, mit kleinen Porträts und Novellen nutzen sie die schmalen Handlungsräume, die die Diktatur ihnen lässt. Presse und Literatur im Ungarn der letzten Kriegsjahre bieten Nischen für revolutionäres Gedankengut. Die zugespitzte Situation gerade 1918 aber provoziert mehr und mehr zu praktischen Aktionen, die meist spontan und unorganisiert ablaufen.

So kommt auch der Name Leitner über Nacht in die Schlagzeilen. Am 16. Oktober 1918 versucht Johann ein Attentat auf den ungarischen Ministerpräsidenten. Dessen Tod, so ist die Hoffnung der Gruppe, könnte Auslöser eines Volksaufstandes sein, den Sturz der verhassten Regierung bedeuten. Der Anschlag misslingt, der 22-Jährige wird verhaftet. Seine Angehörigen werden von Journalisten bedrängt, auch Maria. Sie versucht abzuwehren: Ihr Bruder ist kein Anarchist!

Er hatte sich für diesen selbstmörderischen Auftrag gemeldet, weil er glaubte, von allen am wenigsten zu verlieren. Johann ist schon seit Jahren unheilbar lungenkrank, weiß, dass er nicht mehr lange zu leben hat. Durch die Kriegs- und Revolutionswirren wird er schon bald wieder aus dem Gefängnis entlassen.

Im November 1918 wird in Ungarn die Republik

ausgerufen, die Monarchie der Habsburger ist vorbei. Die ständig schwelenden Konflikte in diesem Vielvölkerstaat jedoch bleiben, brechen wieder auf in Demonstrationen, Streiks, kleineren Aufständen. Wie in Russland formieren sich Arbeiter- und Soldatenräte, die der bürgerlich-demokratischen Regierung erst einmal voll vertrauen. Die hat immerhin politische Demokratisierung versprochen, eine Bodenreform.

Johann Leitner gründet mit anderen Genossen die Kommunistische Partei Ungarns, wird sofort danach verhaftet. Er hat inzwischen seinen Namen ungarisiert, nennt sich János Lékai.

Die Republik, in die viele Bürger große Hoffnungen setzten, hat schon im Januar 1919 abgewirtschaftet. Eine sozialdemokratisch-kommunistische Regierung übernimmt die Macht. Nicht wenige ihrer Mitglieder kommen, wie János, direkt aus dem Gefängnis. Nun endlich muss sie doch beginnen, die neue Zeit, über die Maria und ihre Brüder in unzähligen Nächten mit Freunden, Genossen diskutiert haben!

»Begreifst du denn immer noch nicht, dass du nicht ein von den anderen abgeschlossenes Einzelwesen bist? Begreifst du denn nicht, dass die anderen keine Fremden sind? Dass dein Schicksal mit dem ihren zusammenhängt? Du willst das, was um dich geschieht, gar nicht sehen. Du meinst, es geht dich nichts an.

Nur dein eigener Schmerz, dein eigenes Leid gehen dich an. Dein Leid ist winzig, wenn es allein ist, aber es ist ungeheuer, wenn du weißt, dass Millionen und Abermillionen dasselbe wie du erleiden müssen. Begreife, dass du nicht allein bist, dass du viel kleiner, aber auch viel größer bist, als du ahnst.«[1] Zehn Jahre später schreibt Maria diese Zeilen in ihrer Novelle *Sandkorn im Sturm*. Sie klingen wie die Worte einer kommunistischen Agitatorin, die ihre Zuhörer aufklären, aufrütteln will.

Genau darum geht es Maria, als sie – wahrscheinlich 1919 – eine Reise durchs Burgenland antritt. Hier, in der Nähe ihrer Geburtsstadt, hat sie viele Wochen mit den Eltern und Brüdern verbracht, kennt die stille romantische Landschaft, die Menschen, meist arme Leute. Hier nun erlebt sie die »neue Zeit« vor Ort.

In ihrer Novelle berichtet sie davon. Erzählt von Sara, der Jüdin, die als Schwiegertochter eines reichen Gastwirtes doch wie die letzte Magd behandelt wird. Porträtiert die unentschiedene und kraftlose neue Führung und die Bauern, die lieber weiter der scheinbaren Sicherheit großbäuerlicher Bevormundung und Herrschaft vertrauen. Schreibt vom Elend einer Abtreibung, von Mord, von Konterrevolution, von Judenverfolgung. All dem stellt sie die Erkenntnisse des heimgekehrten Heinrich, Saras Ehemann, entgegen: »Das Sterben einer alten Welt ist nicht leicht und die Geburt der neuen noch schwerer … Andere haben für euch gekämpft, und alles, das ganze Land, fiel euch in den Schoß. Deshalb habt ihr dieses große Geschenk nicht wertgehalten, und man konnte es euch wegnehmen, wie ein ... Spielzeug.«[2]

Sie hat nicht überlebt, die neue Zeit. Ganze 133 Tage währt die ungarische Räterepublik, bis zum August 1919. Dann wird sie blutig niedergeschlagen. Es gibt 5000 Tote, 70000 Anführer und Sympathisanten landen im Gefängnis. Und es beginnt eine der schlimmsten Pogromwellen an der jüdischen Bevölkerung um Budapest. Maria Leitner ist doppelt gefährdet: als linke Agitatorin und als Jüdin. Den Geschwistern gelingt die Flucht. Sie kehren nie wieder nach Ungarn zurück.

Von nun an lebt Maria im Exil; kurze Zeit in Wien, bald in Deutschland. In Berlin, wo sie sich viele Jahre aufhält, wohnt sie in Pensionen, bei Bekannten, in Notquartieren. Lebt aus dem Koffer – provisorisch, immer auf dem Sprung. Geld verdient sie erst einmal mit Gelegenheitsarbeiten. Sie schreibt Beiträge für unterschiedliche Zeitungen, übersetzt Märchen. Wie ihre Brüder arbeitet sie weiter aktiv für die Kommunistische Partei. Sie ist eine wertvolle Hilfe für ihre Genossen: Eine Frau, die allein lebt, ohne familiäre Verpflichtungen, die dazu noch mehrere Sprachen spricht und sich selbstsicher bewegt, kann jederzeit überallhin geschickt werden.

1920 fährt sie als Jugenddelegierte Ungarns nach Moskau und nimmt am 2. Kongress der Kommunistischen Internationale teil. Auf einem Foto ist sie zu sehen: eine hübsche, selbstbewusste Frau. Sonst sind fast nur Männer auf dem Bild; als Erbauer der neuen Zeit treten fast ausschließlich sie hervor.

In Moskau lernt Maria den Kommunisten Willi Münzenberg kennen, Sekretär der kommunistischen Jugendinternationale und später erbitterter Stalin-Gegner. Mit seinem »Neuen Deutschen Verlag« hat er ein ganzes Zeitungsimperium begründet. Durch ihn bekommt Maria mehr Aufträge, möglicherweise vermittelt er ihr auch den Kontakt zum Verlag der Jugendinternationale in Berlin-Schöneberg. Dort hat Maria Leitner Anfang der Zwanzigerjahre gearbeitet.

Luise Kraushaar, eine damals gerade 16-jährige Berlinerin, begegnete ihr hier. Fast 50 Jahre später erzählte sie: »Maria Leitner war – soweit ich mich erinnere – täglich im Verlag. Ob sie dort angestellt war, weiß ich nicht. Sie saß immer in einem winzigen Zimmer, in das gerade ein Schreibtisch und ein Sessel hineinpassten ... Hier arbeitete die kleine zierliche Ungarin, immer auf einem untergeschlagenen Bein hockend ... Sie war wenig gesprächig und arbeitete offenbar sehr intensiv ... Der große, geräumige Laden war ein beliebter Treffpunkt für viele kommunistisch gesinnte Menschen verschiedenster Nationalität. In dem großen Ladenraum ging es immer lebhaft zu. Es wurde diskutiert über aktuelle Politik, über kulturelle Ereignisse wurden Erfahrungen ausgetauscht.«³

Als Münzenberg nach 1924 unter anderem die A-I-Z, die Arbeiter-Illustrierte-Zeitung, herausgibt, übernimmt er regelmäßig Artikel von Maria Leitner. Ab und zu verschafft ihr auch der Bruder János kleinere Aufträge aus Amerika. Seit 1922 lebt er in New York, leitet dort die kommunistische Tageszeitung der in den USA lebenden Ungarn.

Aus New York kommt im Frühjahr 1925 die Nachricht, dass János schwer krank ist. Tuberkulose im letzten Stadium – viel Zeit bleibt ihm nicht mehr. Verzweifelt sucht Maria nach irgendeiner Möglichkeit, Geld für die Überfahrt nach Amerika aufzutreiben. Ersparnisse gibt es nicht. Die Journalistin setzt alles auf eine Karte und geht zu einem der renommiertesten Berliner Verlage, zu einem, der Geld hat. Sie geht zu Ullstein.

Wie mag sie in der Redaktion aufgetaucht sein? Wahrscheinlich gut angezogen, mit selbstsicherer Zurückhaltung, weltgewandt und gleichzeitig mit ungarischem, betont weiblichem Charme. Das hat sie gut gekonnt, wenn's darauf ankam.

Seit 1924 gibt der Ullstein-Verlag eine nach amerikanischem Vorbild gestaltete Monatszeitschrift heraus, den »Uhu«. Maria Leitners Angebot, aus den USA zu berichten, kommt zu einem günstigen Zeitpunkt. Inflation und beginnende Weltwirtschaftskrise lassen nicht wenige über ihre Chancen im Ausland nachdenken. Auf Platz Nummer eins der Wunschliste vieler ausreisewilliger Deutscher steht natürlich Amerika, das »Land der unbegrenzten Möglichkeiten«.

Maria, jetzt Anfang 30, möchte dort die Arbeitsmöglichkeiten – vor allem für Frauen – auskundschaften. Sie will nur Reisegeld und Honorar für ihre Beiträge und Bilder, um alles andere wird sie sich selbst kümmern. Für den »Uhu« ein Topangebot. Denn mit den Zwanzigerjahren beginnt die große Zeit der Reportagen. Augenzeugen vor Ort sind gefragt, Tatsachenberichte, eigenes Erleben und Empfinden, Exklusivität. Und dies – möglichst mit Fotos – aus aller Welt. Steht dann noch der Name einer Autorin darunter, dürfte das einen besonderen Eindruck machen. Der Mut, als Frau allein zu reisen, sich in völlig fremder Umgebung ganz selbstständig durchzusetzen, ist immer noch die Ausnahme.

Der »Uhu« nimmt an; Maria kann zu ihrem Bruder nach New York fahren und bis zu seinem Tode bei ihm sein. Beiden bleiben nur wenige Monate. Am 17. Juni 1925 stirbt János.

Maria stürzt sich in Arbeit. Von nun an scheint sie in ständiger Hast zu leben. Reist durch die USA, will immer weiter, immer wieder woanders sein. Nur nicht Atem holen, nur nicht zur Ruhe kommen! Dafür ist sie genau am richtigen Ort: »Ja, es ist ungeheuer, dieses gigantische Durcheinander von Warenhäusern, Fabriken, Banken, Bürohäusern, alles voll Arbeit, Menschen, Hast. Und unten rasen die Autos, Menschen, Hochbahnen, rasen, halten, rasen, halten, ohne Pause. Die Wolkenkratzer sind zum Teil so nahe, dass wir in sie hineinsehen können. Überall sitzen, stehen, gehen Menschen, ein wahrer Schwarm von Menschen. Sie hantieren alle sehr geschäftig. Vielleicht packen sie Kaugummi, oder sie machen Seidenkleider, jeder täglich ein Dutzend, oder Kunstblumen oder Fransen. Ist hier nicht Leere, das Nichts in höchster Potenz, fieberhafte Zwecklosigkeit?«[4]

Ihre Reisen scheinen Maria Leitner kreuz und quer durch die Staaten geführt zu haben. Mal in den Norden, mal in den Süden, dann wieder an die Westküste und immer wieder nach New York. Einige ihrer Etappen: eine Kleinstadt in Pennsylvania, Tennessee, Charleston in South Carolina, Atlanta in Georgia, Tampa in Florida, Washington …

Die ersten Reportagen aus Amerika erscheinen ab 1925 sowohl im »Uhu« als auch in anderen Zeitungen und Zeitschriften des Ullstein-Verlages in loser Folge. Später beginnt dann der »Uhu« mit dem Abdruck einer Serie unter dem Titel *Unbekanntes aus Amerika*.

Aufgemacht sind die Reportagen mit einem Foto, das den Kopf der jungen Frau von der Seite zeigt. Sie wirkt zart, fast zerbrechlich: fein geschnittene Züge, das dunkle Haar kurz geschnitten, eine moderne Pagenfrisur. Sie sieht eher wie eine Gymnasiastin oder Studentin aus als wie eine Frau, die sich selbstbewusst in der Welt bewegt. – Heute ist dieses kleine Bild in dem alten, vergilbten Heft eine der wenigen Aufnahmen, die von Maria Leitner existieren.

Ihrem Auftrag von Ullstein entsprechend, über Jobs in der fremden Welt zu berichten, bewirbt sie sich im »größten Hotel der Welt« in New York als »Scheuerfrau«.

»Wie wischt man eigentlich einen Fußboden auf? Ich frage jedenfalls vorsichtigerweise, wie man dies in Amerika beziehungsweise im Hotel ›Pennsylvania‹ zu machen gewohnt ist. Aber ich merke, dass diese Frage keinen guten Eindruck hervorgerufen hat. ›… knien Sie sich doch hin!‹ Auch das noch. Adieu, Schuhe und Strümpfe. Muss ich aber meine Knie auch noch kaputtmachen? Ich dachte, die Amerikaner sind so praktisch und machen alles mit der Maschine. Zum Glück fällt mir der kleine Teppich ein … da man ihn mir gegeben hat, muss er doch irgendeine Berufung haben … Nur an dem Ausdruck der alten Dame merke ich, dass irgendetwas nicht ganz stimmt. Endlich erklärt sie mir … dass der kleine Teppich keineswegs dazu da sei, meine Knie zu schützen, sondern die Umgebung … vor den Spuren des Eimers.«[5] Das schreibt keine Reisende, die ein fremdes Land betrachtet – Maria ist mittendrin. Mit dem Selbstbewusstsein einer Tochter aus besserem

Hause geht sie ihre Aufträge an – und probiert Grenzen aus. Spielerisch und sehr bewusst.

Als Stubenmädchen soll Maria Fenster putzen. Die »Gnädige« beobachtet sie dabei. »Ich brachte Lappen, Wasser, schleppte eine Leiter heran. Rieb die Fenster. Und ging auf der Leiter ziemlich planlos auf und ab. (Einmal wird sie doch gehen.) Aber sie blieb und beobachtete ziemlich verwundert mein Treiben. ›Was machen Sie denn eigentlich? Sie müssen sich doch heraussetzen‹, sagte sie in einem ebenso selbstverständlichen Ton. Wie, mich heraussetzen, bin ich denn Harold Lloyd? ›Sie haben die Nerven ... 70 Dollar Monatslohn zu verlangen, und können nicht einmal ein Fenster putzen ... Andere Menschen müssen dreißig Stockwerk hoch Fenster putzen.‹ Ich überlegte still: Wenn sie es mir vormacht, dann bin ich bereit, es ihr nachzumachen ... Ich sagte also mit der unschuldigsten Miene der Welt: ›Würden Sie so gut sein und mir zeigen, wie man es macht?‹ Nach dem Blick zu urteilen, den sie mir jetzt zuwarf, muss ich eine große Frechheit begangen haben. Sie ging wortlos zum Telefon und bestellte einen Fensterputzer.«[6]

Maria Leitner jobbt quer durch die Staaten. Immer wieder wechselt sie Städte und Arbeitsstellen, bleibt Tage, Wochen, nie Monate. Tut nichts länger als nötig – und geht, wenn es ihr nicht mehr passt. Sie arbeitet als Kellnerin, Zigarrenmacherin, Tabakarbeiterin,

Hilfsköchin. An Geld fehlt es ihr immer. Und wenn sie mal welches hat, finanziert sie damit die nächste Reise. Die eine Stelle erhält sie nicht, weil ihre Kleidung den Anforderungen nicht genügt, dann wieder kann sie sich die vorgeschriebene Uniform als Dienstmädchen nicht leisten. Und immer sucht sie nach Spuren der Veränderung.

Das pulsierende New York ist eine solche Hoffnung für sie: »Wie sie aufleuchten, die Wolkenkratzer, und unten welches Leben, welche Bewegung, welches Tempo! ... Und sicher bereitet sich auch hier die Zukunft vor.«[7]

Die Zukunft – für Maria Leitner ist es der Sieg der Unterdrückten über die Unterdrücker, über die, die Menschen zu Automaten umfunktionieren, wie in jenem amerikanischen Restaurant, in dem sie eine Weile lang Tische abräumt: »Aber auch hinter den Automaten stehen unsichtbar in dem schmalen, heißen Gang Automaten. Sie legen Sandwiches auf Teller, immer wieder neue, sie verteilen Kuchen und Kompott ... Wir anderen Automaten tragen die schweren Tablette, räumen immer wieder das schmutzige Geschirr ab, das sich alle fünf Minuten auf jedem Tisch von neuem auftürmt. Automaten stehen ganz unten in der Tiefe, Negerautomaten, und waschen Geschirr ... Automaten sitzen an der Kasse und wechseln Fünfundzwanzig-, Fünfzigcentstücke, Dollars in Nickel um ... Und Automaten gehen auf und ab zwischen den Tischen und geben Acht, den ganzen Tag, den ganzen Abend, ob die Essautomaten auch ihre Pflicht erfüllen, den ganzen Tag, den ganzen Abend, und essen, schnell essen.«[8]

Maria Leitner fährt nach Bethlehem, der amerikanischen Stadt mit dem biblischen Namen. In einer Seidenfabrik will sie weben lernen. Welchen Gottesdienst sie denn besuche, wird sie bei der Bewerbung gefragt. »›Ich wollte weben lernen‹, sagte ich ablenkend, wenn auch vielleicht etwas zu schroff, ›und mich nicht über metaphysische Fragen unterhalten.‹«[9] Eingestellt wird die junge Frau daraufhin nicht. In die Fabrik kommt sie erst, als ein Weber sie als sein »Lehrmädchen« mitnimmt. Schließlich werden ja Hände gebraucht. »›Nun ja, die Hände, das sind die Arbeiter‹, erklärt mir der Meister ... die Arbeiter werden einfach Hände genannt.«[10]

Maria lernt es, die dünnen Fäden einzufädeln, sie immer wieder neu zu knüpfen, sich im tosenden Maschinenlärm zu verständigen. Sie lebt mit den anderen Arbeitern in den Slums, steht morgens um sechs auf. Erlebt, wie diese Maschinerie Leben verbraucht – und Leben zerstört.

Ihre Beschreibung ist erbarmungslos. Die Reportage endet mit der Frage: »Aber ein Rätsel quält mich: Warum wollte der Mann in der Seidenfabrik wissen, ob ich an Gott glaube?«[11]

Ja, so war Maria Leitner wohl. Eine Frau, die sehr

genau beobachtet, bis sie Funktionen durchschaut und die Menschen um sich herum kennen gelernt hat.

Sie sucht sich eine neue Stelle – diesmal in einer Schokoladenfabrik. Sie soll Konfekt verpacken und freut sich: Naschen darf sie, so viel sie mag. Allerdings nicht die misslungenen Stücke. Die Verpackerinnen sollen nämlich auch die Arbeit der Frauen kontrollieren, die die Pralinen geformt haben. Dabei fallen Maria immer wieder die von der Kollegin mit der Kontrollnummer 68 auf: »Ich weiß nicht, ob ich deshalb Sympathien für sie empfand, weil ich fühlte, dass ich genauso schiefe, zerquollene Bonbons mit so fleckigem Guss herstellen würde, wenn mich das Schicksal noch ausersehen sollte, Pralinen zu machen. Jedenfalls versuchte ich, soweit es in meiner Macht stand, Nummer 68 zu retten. Ich aß die verdorbenen Stücke … ich verlor die Zettelchen mit der Nummer, ich schmuggelte sogar einige Stücke der tadellosen Nummer 23 und der korrekten Nummer 25 zu, denen das doch nicht schaden kann.«[12] Geholfen hat es nichts. Als Maria am nächsten Tag in die Fabrik kommt, ist die »Nummer 68« entlassen.

Fast immer sind es einfache Frauen, denen sie in ihren Jobs begegnet. Frauen, deren Träumen und Sehnsüchten sie nachspürt. Kein Mitleid für die Gnädigen, für die Reichen. Diese Luxusfrauen verschwinden für die Reporterin Leitner hinter maskenstarren Gesichtern, hinter ihrem Schmuck, hinter eleganten Kleidern und ellenlangen Rechnungen. Sie sind die Ausbeuterinnen, die sich für das Schicksal anderer allenfalls dann interessieren, wenn sie Angst haben müssen, eine gute Dienerin zu verlieren.

Ängste, Verzweiflung und Sehnsüchte – Maria Leitner gesteht sie ihnen nicht zu. Ihre Sympathie gilt ja den kleinen Leuten, ihnen gilt ihre ganze Aufmerksamkeit. Sie zeigt Menschen auf der Suche nach Arbeit, Reichtum und Glück. Die wenigsten finden etwas davon – und schon gar nicht die Frauen. Der neue Job ist nicht besser als der vorige, das billige Tanzkleid zerreißt sofort, der Liebste ist ein Schwindler.

Mit wenigen Worten skizziert sie Porträts, notiert winzige Details. Da ist ein Gespräch im New Yorker Hotel mit einem anderen Zimmermädchen: »›Ja, die Reichen‹, sagt sie, ›ich habe mein ganzes Leben lang für die Reichen gearbeitet, aber ich habe mich dabei immer gut gestanden.‹ Und sie sieht auf sich herab, auf ihre Magerkeit, auf ihre abgearbeiteten Hände, und lächelt zufrieden und heiter. Ist sie ironisch? Sie ist es auf ganz ahnungslose Weise. Oder ist auch diese Ahnungslosigkeit Ironie?«[13]

Und wie fühlt sich Maria Leitner selbst? Wann ruht sie sich aus, mit wem sitzt sie einfach mal bei einem Glas Wein zusammen? Wann kann sie innehalten, nachdenken, mit wem sich beraten? Da ist nichts von Sehnsucht oder Heimweh in ihren Berichten. Es gibt nur wenige persönliche Notizen: dass sie ein Einzelzimmer erbittet, um wenigstens eine Nacht ganz für sich zu sein; dass sie sich ein paar Stunden »Urlaub« gönnt, mit einer flüchtigen Bekannten auf die Millionärsseite von Palm Beach ausrückt, nachdem sie 14 Tage lang zwei alte Amerikanerinnen bedienen musste. »Einen halben Tag lang stand uns der Mund offen ... denn in Palm Beach kostet ein halber Tag genauso viel, wie die zwei Mumien [mir] in zwei Wochen eingebracht haben.«[14]

Maria schließt schnell Bekanntschaften, aber keine scheint anzudauern. Sie ist überall und nirgends zu Hause. Und sie reist offensichtlich die meiste Zeit allein – zumindest ist nie von einer Partnerin oder einem Partner die Rede.

War das Marias Entscheidung: ihr persönliches Glück bedingungslos der »großen Sache« unterzuordnen? Oder war es irgendwann zu spät, nach einem anderen Weg zu suchen? Sie hat gewählt zwischen den beiden Möglichkeiten, die ihr als Frau blieben: sich einer Familie mit ihren bürgerlichen Regeln unterzuordnen – oder unabhängig zu sein. Und allein.

Ihre Freiheit nutzt sie ganz – und dort, wo sie hinwill, kommt sie auch an. Das gilt zumindest für lange Zeit. »Der Angestellte des französischen Konsulats will gerade meinen Pass visieren, da bleibt plötzlich sein Stempel in der Luft hängen, und er sieht mich entgeistert an: ›Wohin wollen Sie fahren? Nach Cayenne? Aber das geht doch nicht so ohne weiteres.‹« Cayenne, die berüchtigte Gefängnisinsel. Was hat eine Frau dort zu suchen? »Es half nichts, dass ich ihn beruhigte, dass ich weder so dumm noch so ängstlich bin, wie ich offenbar ausschaue.«[15] Die Angestellten des Konsulats blieben dabei ... kein Visum für Französisch-Guayana. Maria wählt einfach einen Umweg, beantragt das Visum von Holländisch-Guayana aus – die Sache klappt.

Gewiss, eine Reiseempfehlung ist es nicht, was Maria Leitner später über Cayenne schreibt. Ihre Texte wollen ja auch keine Reiselust wecken. Dabei reist sie durchaus durch reizvolle Landschaften: 1928 ist sie in Kapstadt, im Süden Afrikas, 1931 auf der Tropeninsel Puerto Rico und in Surinam. Sie hält sich in Haiti auf, in Venezuela – und zwischendurch immer wieder in den USA. Für exotische Schwärmereien aber hat Maria Leitner nichts übrig. Nie ist bei ihr die Rede von sanft schwingenden Palmen oder unendlichen Sandstränden: »Wir liegen am Dock und bewundern Afrika. Neger laufen mit menschenhohen Lasten auf Kopf und Rücken hin und her. Sie schwitzen wie in einem Dampfbad, und nebenan schwatzen die Weißen und kommandieren die Neger mit brüllender Stimme.«[16]

Die Schönheit der Natur täuscht für die Journalistin zu oft über die Lage der Menschen hinweg. Für die, die arm sind, gibt es keine Idylle, kein »gelobtes

Land«. Die Welt ist für sie überall ähnlich – funktioniert nach den gleichen Gesetzen.

Ihre Reportagen sollen aufklären, ihre literarischen Texte aufrütteln, die Helden werden bekehrt. So wie Shirley, die irische Wäscherin aus ihrem 1931 erschienenen Roman *Hotel Amerika*, die schließlich aus ihrem Dienstmädchendasein ausbricht, gemeinsam mit Freunden fortgeht: »Ich bin jung, und das ganze Leben steht noch vor mir. Schwer wird es sein, aber ich werde es schaffen, denn ich bin nicht mehr allein.«[17]

Immer verwertet Maria Leitner ihre Berichte doppelt und dreifach. Sie gibt sie nicht nur dem zahlungskräftigen Ullstein-Verlag, sondern auch – leicht verändert – finanzschwachen linken Blättern. 1932 erscheint der Reportageband *Eine Frau reist durch die Welt*. In diesem Jahr beginnt auch in der Arbeiter-Illustrierten-Zeitung der Abdruck ihres Urwaldromans mit dem programmatischen Titel: *Wehr dich, Akato*. Eine amerikanische Aluminium-Gesellschaft beutet die Urwälder Guayanas aus, zerstört sie und die dort lebenden Menschen. Dieser Roman existiert nur als Fragment. Die Fortsetzungen brechen abrupt ab, als die Zeitschrift in Deutschland von den Nazis verboten wird.

1932, als sich dort mitten in Europa alles zuspitzt, ist auch Maria Leitner wieder da, geht auf »Entdeckungsfahrt durch Deutschland«. Sie besucht Gegenden, in denen die Nazis die meisten Stimmen erhalten haben, spricht mit den Menschen, schildert deren Leben, den Hunger, das Elend. »In diesem Strelitzer Dorf zum Beispiel votierten von 160 Wählern 114 für Hitler ... Die Nazis kamen auf die Dörfer, schimpften mit den Bauern und versprachen ihnen das Blaue vom Himmel: keine Zinsknechtschaft, keine untragbaren Steuern mehr, keine hohen Zölle, die die Viehhaltung, die einzige Verdienstmöglichkeit der Kleinbauern, unmöglich macht. – Es leuchtete alles ein. Hier kamen die Retter. Man musste ihnen nur in den Sattel helfen. – Nun aber sitzen sie im Sattel, auch in weichen Ministersesseln, und nichts hat sich geändert.«[18]

Maria beschreibt, welche Gefahr es in einem Dorf bedeutet, Kommunisten zu wählen. Wo jeder vom guten Willen des Gutsbesitzers abhängig ist, wagen das nur die wenigsten. Immer wieder entschuldigt sie die »kleinen Leute«. Sie können doch nichts dafür, die Umstände sind es! Vielleicht begreifen sie noch ihr Tun. Ein naives Vertrauen, eine naive Hoffnung, an die sich Maria Leitner klammert: »Es ist überraschend, wie stark die revolutionäre Stimmung ... unter den Landarbeitern ist. Es ist nicht übertrieben, wenn man sagt, Hass und Wut gegen ihre Unterdrücker lebt in ihnen fast stärker als unter dem städtischen Proletariat. Ein AEG-Arbeiter zum Beispiel weiß, dass er ausgebeutet wird, aber er sieht es nicht, wie die Direktoren und Aktionäre leben, er weiß natürlich davon, aber er sieht es nicht mit eigenen Augen. Die Landarbeiter, die sehen es.«[19]

Wenige Monate später kommen die Faschisten an die Macht. Die Hälfte der »kleinen Leute« hat sie gewählt.

Anfang 1933 erscheint in der »Welt am Abend« ihre Artikelfolge *Frauen im Sturm der Zeit*. Da ist zum Beispiel Rena, eine aus besseren Verhältnissen, die von einer Karriere als Schauspielerin träumt und zur Prostituierten wird. Oder Fräulein Hase, die alternde Sekretärin, die nicht mehr gebraucht wird und diszipliniert verhungert. Aber auch Hertha, das Dienstmädchen, das lieber kämpfen will, statt sich zu verkaufen. Es gibt keine Liebe in dieser Zeit. Entweder sie ist käuflich – oder sie muss an den Umständen zerbrechen. Wie bei den Paaren, die nicht heiraten können oder sich extra scheiden lassen, nur um ein paar Mark mehr Unterstützung zu erhalten. Oder bei Anna, der Hutverkäuferin, die so mühsam die Familie ernährt, weil der Mann arbeitslos ist. Bis sich beide nichts mehr zu sagen haben. Aber er weiß einen Ausweg: »… könnten wir nicht Kameraden sein, statt Feinde? Nur müssten wir erst die Welt verändern.«[20]

Die Welt verändert sich. Aber auf ganz andere Weise, als viele hofften. Hitler ist Reichskanzler, seine Partei hat die alleinige Macht. Auch Marias Roman *Hotel Amerika* kommt auf die Liste der verbotenen

Bücher. Aber es werden nicht nur Bücher verbrannt, es werden Menschen verfolgt, ins KZ gesteckt, umgebracht: Juden, Antifaschisten, Linke. Maria ist in jeder Hinsicht in Gefahr. Sie müsste sich in Sicherheit bringen. Aber sie will nicht fliehen. Sie will aufklären.

1933 spricht sie bei der Sozialdemokratischen Partei Österreichs vor, bittet um materielle Unterstützung für Berichte und Reportagen aus Deutschland. Die Bitte wird abgelehnt.

Zu wem gehörte sie denn eigentlich, die damals 41-Jährige? Ist sie noch Mitglied der Kommunistischen Partei, ist sie es je gewesen? Zählt sie sich eher zu den Sozialdemokraten oder sind ihr solche Unterscheidungen längst egal?

Ich habe mir diese Fragen während meiner Recherchen immer wieder gestellt. Maria Leitner war ständig unterwegs – im Auftrag von Redaktionen, aber auch der Internationalen Arbeiterhilfe. Hat sie sich wirklich »nur« der journalistischen Berichte wegen der Gefahr ausgesetzt, in Deutschland erkannt und verhaftet zu werden? Aus den Unterlagen über sie wird deutlich, dass sie einige politische Informationen besaß. Hatte sie vielleicht schon in den Zwanzigerjahren in den USA noch andere Aufträge, als zu schreiben? Dienten Reportagen auch als Vorwand für Kurierdienste, für Kundschaftertätigkeit?

Von 1934 an lebt Maria Leitner im Pariser Exil. Frankreich ist seit vielen Jahren die Hoffnung unzähliger Emigranten: Russen, die nach der Oktoberrevolution ihr Land verlassen mussten, Liberale, Republikaner und Sozialisten aus dem faschistischen Italien, Spanier, die sich vor Franco in Sicherheit brachten. Und natürlich Juden und deutsche Antifaschisten. Sie alle suchen hier Zuflucht und finden sie erst einmal.

In Paris ist die Journalistin ständig in Geldnöten. Sie lebt in einem winzigen Zimmer einer billigen Pension. Bis 1935 erscheinen nur Nachdrucke früherer Beiträge. Der Abdruck ihres Urwaldromans wird in der nun im Prager Exil erscheinenden Arbeiter-Illustrierten-Zeitung nicht fortgesetzt. Wahrscheinlich brachte die stalintreue Chefredakteurin Lilly Becher die Beiträge Maria Leitners nicht mehr, nachdem deren Förderer Münzenberg zum Verräter gestempelt worden war.

Erst ab 1936 werden wieder Reportagen und Berichte von ihr in Prag, Moskau, Paris und New York gedruckt. Etwa 20 sind es, die nur kleine Honorare bringen und von denen wohl die wenigsten bei ihr ankommen. Maria sucht sich ein noch billigeres Zimmer, beginnt wieder als Dienstmädchen, Sekretärin und Kinderfrau zu arbeiten, diesmal aber, um zu überleben. Abends oder frühmorgens versucht sie zu schreiben – beim Schein einer Kerze.

Sie wagt sich noch mehrmals nach Deutschland –

getarnt als amerikanische oder ungarische Touristin – und berichtet sachlich und nüchtern, wie sich dieses Land zum Krieg rüstet.

IG-Farben produziert Giftgas: »›… es wird schlimm kommen‹, sagen die alten Männer, die in den Anlagen sitzen.«[21] Auch die zu Hunderten auf dem Wasser treibenden toten Fische, gestorben an den neuen furchtbaren Giften, verraten es. Im Sprengstoffwerk Reinsdorf bei Wittenberg gibt es eine Explosion. Hier werden bereits 1935 unterirdisch Waffen produziert. Maria ist vor Ort, spricht mit denen, die alles gesehen haben. Sie nutzt ihre alten Kontakte, hat ihre Verbindungsleute, verwendet auch Wissen aus früheren Reportagen in ihren Beiträgen, die nach nun geltendem Recht in Nazideutschland für einen Hochverratsprozess ausreichen.

Maria Leitner verarbeitet das, was sie in Deutschland erlebt hat, in ihrem Roman: *Elisabeth, ein Hitlermädchen*. Ab 1937 erscheint er in Fortsetzungen in der deutschsprachigen »Pariser Tageszeitung«. Es ist die Geschichte einer jungen Schuhverkäuferin, eines gläubigen BDM-Mädchens, das nicht auf ein Paradies in 100 Jahren warten will, sondern es jetzt sucht, sofort. Eine deutsche Frau will sie sein, die ihre Pflicht tut, eine Familie hat, ihre »Natur erfüllt«. Sie hat einen Geliebten, muss ein Kind von ihm abtreiben lassen. Auch in dieser so gelobten Zeit reicht das Geld nicht für eine Familie. Elisabeth muss zum Arbeitsdienst, nimmt an Gasübungen teil, lernt schießen, erlebt härtesten Drill. Als eine Freundin das nicht mehr aushält, sich umbringt, wehrt sich auch Elisabeth, das Hitlermädchen. Sie wird ausgestoßen, von ihrem Freund verlassen. Ihre Liebe zerbricht an den Umständen.

In den Geschichten, die Maria Leitner bisher schrieb, waren es immer Männer, die einen Ausweg wussten. Nun gibt es keinen Mann mehr, der mit seiner Stärke den Weg zeigt und Rettung verspricht. »Wohin gehöre ich? Das Glück für mich, ja für mich, aber auch für die anderen. Immer nur wollte ich das Glück. Immer nur suche ich das Glück.«[22] Damit endet der Roman.

Maria Leitner hat wohl ihr eigenes Glück immer dem der anderen untergeordnet. Als sie dann dringend Hilfe braucht, ist niemand da, zu dem sie gehen könnte.

1938 wendet sie sich voller Verzweiflung an Hubertus Prinz zu Löwenstein, den Vertreter des »American Guild for German Cultural Freedom«. Die Organisation vergibt Arbeitsstipendien an emigrierte deutsche Künstler und Wissenschaftler – verschafft mitunter auch das rettende Visum für Amerika. Am 13. Juli 1938 schreibt Maria Leitner: »Sehr geehrter Herr ... Beifolgend übersende ich Ihnen die Beantwortung des Fragebogens. Als Referenzen habe ich angegeben: Oskar Maria Graf und Anna Seghers. Allerdings weiß ich nicht, ob Sie genügend über meine gegenwärtige Arbeit orientiert sind. Sollten Sie es ablehnen, eine Beihilfe für mich zu befürworten, wäre ich Ihnen sehr dankbar, wenn Sie mich sofort verständigen wollten. Ich könnte vielleicht inzwischen zwei Exemplare meines Romans *Elisabeth, ein Hitlermädchen* auftreiben und sie an zwei Senatsmitglieder zur Begutachtung schicken. Bitte verständigen Sie mich gleich, wenn das nötig sein sollte. Im Voraus vielen Dank. Mit ausgezeichneter Hochachtung, Ihre ergebene Maria Leitner.«

Alle Briefe schreibt sie mit der Hand, mit runden, weitschweifigen Buchstaben, nur selten setzt sie im Wort ab. Ihre Unterschrift sieht nicht anders aus. Es ist die Handschrift einer Frau, die sich ihrer selbst bewusst ist, es nicht nötig hat, sich herauszustellen. Dennoch, aus ihren Briefen spricht eine devote Haltung. Maria Leitner hat Angst: »Entschuldigen Sie mich bitte, dass ich mich an Sie wende«, »Seien Sie versichert, dass ich keinen Augenblick daran zweifle« und als Abschiedsformel »Ihre ergebene« oder auch »Ihre sehr ergebene Maria Leitner«.

In einem weiteren Brief notiert sie: »Das Stipendium erbitte ich, damit mir meine weitere literarische Arbeit ermöglicht wird. Ich habe einen Roman begonnen, der in Österreich-Ungarn beziehungsweise in den Nachfolgestaaten der Vorkriegs-, der Kriegs- und

Nachkriegszeit spielt. Ich hatte meine Kindheit und frühe Jugend in diesen Ländern verbracht und möchte meine Erlebnisse, die Menschen, denen ich auf meinem Lebensweg begegnete, gestalten.« Und dazu setzt sie in Klammern: »Ganz unpolitisch«.

Eine eigenartige Betonung. Vielleicht hofft sie, dass sich das Buch später besser verkaufen lässt. Aber kann ein Roman über diese Zeit überhaupt unpolitisch sein? Noch eine andere Deutung ist möglich: Maria fürchtet, das Stipendium nicht zu bekommen. Für Kommunisten ist eine Unterstützung nicht vorgesehen. Die Hilfe, die sie von der Organisation erhält, ist ohnehin gering genug. Manchmal sind es 25 oder auch 30 Dollar. Immer wieder muss sie auf sich aufmerksam machen.

7. 10. 1938: »Leider gehöre ich zu jenen Schriftstellern, die, obgleich ich mehrere Bücher veröffentlichte und in der Emigration immer, oft in größter Gefahr, für die antifaschistische Sache gearbeitet habe, nie eine Arbeitshilfe [bekam]. Ich wurde nie unterstützt. Ich musste oft schwere physische Arbeit verrichten, um nicht zu verhungern. Das Ende: ein physischer Zusammenbruch. Ich habe, solange es ging, um keine Hilfe gebettelt, aber sollen deshalb jene, die immer unterstützt wurden, bevorzugt werden, während man mich verhungern lässt?«

28. 1. 1939: »Sie fragen mich, ob ich die Familiengeschichte aus der Österreichisch-Ungarischen Mo-

narchie abschließen konnte. Ganz im Gegenteil, ich halte mit meiner Arbeit genau dort, wo ich hielt, als ich meinen Antrag stellte. Glauben Sie mir, es ist unmöglich, zu schreiben, wenn man kaum zu essen hat und obendrein in ewiger Unruhe lebt.«

16. April 1940: »Ich bin seit einem halben Jahr fast ständig krank. Es begann mit einer schweren Grippe und, in einer ungeheizten Dachkammer, hungernd, ist es schwer, gesund zu werden; besonders, wenn sich obendrein die Weltgeschichte auch in unserem so bescheidenen Privatleben bemerkbar macht. Aber trotz allem, oder vielleicht auch deshalb, habe ich sehr viel gearbeitet.«

Im Juni 1940 beginnt die »Schlacht um Frankreich«, marschieren die deutschen Truppen in Paris ein. Frankreich kapituliert. In einem Waffenstillstandsabkommen verpflichtet sich die neu eingesetzte französische Regierung, deutsche Flüchtlinge »auf Verlangen« an Hitler auszuliefern. Nun beginnt das Kesseltreiben auch hier. Es gibt keinen sicheren Zufluchtsort mehr. Die meisten der unzähligen Emigranten sitzen in der Falle. Auch Maria Leitner. Sie, die ewig unterwegs war, nun kann sie nicht mehr fort. Aus der Reisenden ist eine Gefangene geworden.

Es kommt der Erlass, alle Ausländer »vorsorglich« zu internieren. Maria Leitner wird in das berüchtigte Frauenlager »Camp de Gurs« gesperrt. Es gibt kaum

Essen, wenig Wasser, keine funktionierenden Toiletten, dafür eine Unmenge von Läusen, Flöhen und Wanzen. Für Maria, die immer viel Wert auf ihr Äußeres gelegt hat, muss es grauenvoll gewesen sein. Dazu kommen die Krankheiten. Viele holen sich die Ruhr oder Typhus. Fast zwei Monate verbringt die inzwischen fast 50-jährige Frau hier. Sie nutzt einen kurzen Moment, als die Bewacher fort sind, um mit anderen zu fliehen. Nicht alle Franzosen sind aufseiten der Deutschen, noch gibt es viele, die ein Auge zudrücken, wenn es für sie nicht zu gefährlich ist. Es ist das letzte Mal, dass Maria Leitner die Flucht gelingt. Ohne Gepäck, ohne ihre wenigen Habseligkeiten, ohne ihre Texte und Briefe. Nun hat sie nichts mehr, woran sie sich festhalten könnte. Eine Gejagte ist sie, taucht in Toulouse auf, landet schließlich in Marseille.

Die Gerüchte überschlagen sich – und jedes ist schlimmer als das vorige. Diejenigen, die sich bis hierher retten konnten, sind am Ende ihrer Kraft. Franz Werfel, Lion Feuchtwanger, Heinrich Mann, Marc Chagall, Anna Seghers, Bekannte und unzählige Unbekannte. Sie kommen aus französischen Internierungslagern, waren verhaftet, flohen oder wurden wieder freigelassen. Bei jedem Klingeln, jedem Klopfen zucken sie zusammen. Wann ist es die Polizei, wann werden sie endgültig abgeholt? Steht ihr Name schon auf der Liste der Auszuliefernden? Niemand weiß es. Längst sind die Konten in den Herkunftsländern gesperrt, kommen keine Gelder mehr an, ist jedes wertvolle Teil verkauft. In den Läden ist die Seife ausgegangen, statt Kaffee gibt es ein Gerstengetränk, das Brot ist klebrig. Immer öfter fehlt es am Allernotwendigsten.

Ohne Sicherheit, ohne Geld wagen viele den Weg über die spanische Grenze. Andere verstecken sich, wieder andere zeigen sich bewusst jeden Tag in der Öffentlichkeit. Nicht wenige ertragen die Ungewissheit nicht länger und setzen ihrem Leben selbst ein Ende. 1940 wird Willi Münzenberg erhängt aufgefunden, die Umstände seines Todes sind bis heute nicht geklärt. 1941 stirbt Marias Bruder Maxim in der Sowjetunion, wohin er 1933 emigrierte. Er wohnte im berüchtigten »Hotel Lux«, der Endstation für viele unerwünschte Ausländer in Stalins Reich. Aber die Nachricht vom Tod dieser beiden für sie so wichtigen Menschen wird Maria Leitner wohl nicht mehr erreicht haben ...

Ihre Briefe an die amerikanische Hilfsorganisation, die Vertreter des Landes, in dem sie so viele Jahre verbracht hat, werden immer verzweifelter.

6. Juli 1940: »Meine Lage ist jetzt wirklich schwierig: Ohne Mittel, abgeschnitten, muss ich befürchten, neu interniert zu werden ... Nur aus Amerika könnte jetzt Hilfe kommen.«

12. August 1940: »Hier überstürzen sich die Ereig-

nisse, und man weiß nicht, was der nächste Tag bringen wird ... Ich werde mich kaum noch so lange halten können ... Wie steht es mit der Möglichkeit eines amerikanischen journalistischen Auftrages? – Das Beste wäre natürlich, wenn ich so bald wie möglich fortkönnte, aber inzwischen könnte mir so ein Auftrag einige Sicherheit bieten.«[23]

Krampfhaft sucht sie nach Menschen, die für sie bürgen könnten. Die Einwanderungsquote für die USA ist begrenzt. Eine Chance hat nur, wer ein außerordentliches Besuchsvisum erhält und einen amerikanischen Staatsbürger im Hintergrund hat, der bereit und fähig ist, für alle Unkosten geradezustehen.

»Wäre es Ihnen vielleicht auch möglich, sich in meinem Interesse mit Theodore Dreiser, dem Verfasser von ›An American Tragedy‹, in Verbindung zu setzen? Ich war vor zwei Jahren, als er in Paris war, seine Sekretärin. Einige Monate vor dem Kriegsausbruch hatte er mich nach Amerika eingeladen und mir geschrieben, dass er eventuell bereit wäre, meine Reise zu bezahlen ...«

28. Oktober 1940: »Ich kann Ihnen gar nicht sagen, was für eine sehr große Hilfe das für mich ist und wie sehr zurecht sie kam [sie hat 35 Dollar erhalten – G. S.]. Ich bin gesundheitlich in einem sehr schlechten Zustand und ich hätte kaum noch lange standgehalten. Sie werden es sich sicher denken, dass wir es hier nicht leicht haben, aber von dem Zustand der ständigen Ge-

reiztheit und der unhygienischen Lebensweise kann sich ein Fernstehender kaum eine Vorstellung machen.«

Und am 4. März 1941 (in Englisch): »Ich bin noch immer ohne Antwort von Ihnen ... hier sind Hunger und Angst das Schlimmste. Meine Situation verschlimmert sich aus jeder Sicht. Wie ist dieses Leben auszuhalten? ...«[24]

Es ist der letzte Brief von ihr, der gefunden wurde. Aber Maria Leitner lebt doch in Marseille, der überquellenden Hafenstadt, in der auch so viele andere deutsche Emigranten untergekommen sind! Menschen, die sie gekannt haben müssen, aus der kommunistischen Jugendarbeit, aus dem Bund proletarisch-revolutionärer Schriftsteller. Menschen, die ihr eigenes Leben retten konnten!

Natürlich, wir wissen es längst, auch Verfolgte sind sich nicht einfach deshalb einig, weil sie von einem gemeinsamen Feind gehetzt werden. Und jede Gruppe ist bemüht, zuerst für die eigenen Leute zu sorgen. Wenn sich zu viele ins Rettungsboot drängen, geht es unter ...

Zu wem gehörte Maria Leitner? Wer hatte noch Kontakt zu ihr, als sie nicht mehr aus noch ein wusste? Die Schriftstellerin, die Journalistin – hier scheint niemand mehr etwas von ihr zu wissen und niemand mehr scheint sie wirklich zu kennen.

Es gibt Augenzeugen, die sie gesehen haben, manche wie Anna Seghers und Alexander Abusch haben sogar mit ihr gesprochen. Deren Berichte darüber erscheinen sonderbar unpersönlich, teilnahmslos. Übrigens, auch Luise Kraushaar ist ihr in dieser Zeit begegnet. Jenes Mädchen aus dem Berliner Jugendverlag, in dessen Räumen Maria Leitner lange zuvor ein winziges Zimmerchen gehabt hatte. Luise, selbst auf der Flucht, trifft Maria im südfranzösischen Toulouse, einer Stadt voller Flüchtlinge. »Die Café-Besitzer mussten die vor ihrer Gaststätte gewöhnlich aufgestellten Tische und Stühle hineinnehmen, um der ständig auf und ab wogenden Menge der Passanten Platz zu machen. Man sah katholische Priester von hohem Rang in ihren farbigen Soutanen, bekannte französische Schauspieler, und die bloßen Arme der Frauen waren rot gesprenkelt von Flohstichen.«

In einem dieser Cafés sieht sie Maria Leitner an einem Tisch – ganz allein. »Mir war, als hätte sie sich in den 18 oder 19 Jahren überhaupt nicht verändert. Das gleiche zierliche Figürchen, die gleiche Haartracht, der gleiche – etwas melancholische – verlorene Gesichtsausdruck.«[25] Eine Frau, die unterzugehen scheint im wahnsinnigen Strudel dieser Zeit.

Die letzte Nachricht von Maria Leitner stammt aus dem Frühjahr 1942. In den Aufzeichnungen der Hilfsorganisation des Amerikaners Varian Frey, die in Marseille tätig war und vielen tausenden Menschen half, rettendes Ausland zu erreichen, taucht auch ihr Name auf. Maria hatte sich dorthin um Hilfe gewandt, bekam wohl auch ab und zu ein wenig Geld.

Bei ihrem letzten Besuch erleidet die gerade 50-Jährige im Büro einen schweren Nervenzusammenbruch. Ein Arzt muss gerufen werden. Der lässt sie in eine Zwangsjacke stecken und wegbringen.

»Die Weite des Horizontes muss in uns sein«
Ella Maillart (1903–1997)

Von Luzia Stettler

Eine gewisse billige Literatur spricht von der Notwendigkeit zu entfliehen. Natürlich laufen wir davon, um neue Welten zu entdecken; aber finden kann man eine neue Welt nicht – sie muss aus uns selbst entspringen, von uns genährt werden. Flucht führt niemals zum Ziel.

Antoine de Saint-Exupéry

Diese Worte könnten mein Leben umreißen. Die Weite des Horizontes muss in uns sein, darf nur aus uns kommen. Nur wer Weite begreifen, verstehen kann, kann sie besitzen – wenn er einen Weg gefunden hat, sie auszudrücken.

Ella Maillart

Der Konfirmationsunterricht zog sich in die Länge, Ella musste sich Mühe geben stillzusitzen. Die Sonne tänzelte über die Fensterbank, verhieß einen herrlichen Tag, ideales Wetter für eine Segeltour auf dem See. Miette, ihre Freundin, war jetzt bestimmt draußen und nutzte die günstige Brise, um für die Regatta am kommenden Sonntag zu trainieren.

Und sie, Ella, musste diese endlosen Phrasen des Herrn Pfarrers aushalten. Ob er überhaupt begriff, was er da predigte? Sie hatte schon mehrmals erfolglos versucht, ihn zur Rede zu stellen und dem, was er sagte, Tiefe zu entlocken.

Sie gab sich erneut einen Ruck. Ihre Frage schreckte die anderen Schüler und Schülerinnen aus dem Dämmerschlaf: »In diesem grausamen Krieg haben schon Hunderttausende ihr Leben verloren, Herr Pfarrer. Und Sie erzählen uns vom christlichen Prinzip der Nächstenliebe. Da ist doch ein Widerspruch! Warum tun Menschen einander diese Gräuel an? Wozu sind wir denn überhaupt auf der Welt, wenn wir uns gegenseitig abschlachten?«

Der Pfarrer blickte zu Boden, flüchtete sich in ausweichende Worte, versuchte seine Verlegenheit mit Bibelzitaten zu kaschieren. Doch den aufmerksamen Augen des 15-jährigen Mädchens entging seine Unsicherheit nicht.

Ella lehnte sich im harten Stuhl zurück, den Worten des Pfarrers hörte sie nur noch halbherzig zu. Sie spürte, dass sie hier, in diesem engen Zimmer, keine Antworten auf fundamentale Fragen erhalten würde. Sie war ja bei weitem nicht die Einzige, die der verheerende Krieg beschäftigte. Dutzende von Zeitungsartikeln und Büchern zum Thema hatten sie und ihre Freunde mit Interesse gelesen – so auch Oswald Spenglers Buch *Der Untergang des Abendlandes*.

Und da war doch auch dieses wunderbare Bild eines Künstlers namens Paul Gauguin, das sie in einer Ausstellung bewundert hatte. Es zeigte eine Gruppe von polynesischen Frauen und trug die Inschrift: Wer sind wir? Woher kommen wir? Wohin gehen wir? Der Maler hatte hier ihre eigenen, quälenden Fragen vorweggenommen.

Jahrzehnte später wird sich die Genferin in Interviews mit Journalistinnen und Journalisten immer wieder an diese Episode im Konfirmationsunterricht erinnern. Sie sei damals, mit 15 Jahren, überzeugt gewesen, dass sie irgendwo auf dieser Welt eine Antwort finden musste. Ehe sie nicht Klarheit hatte, wollte und konnte sie keine eigene Familie gründen. »Ich stellte es mir grauenhaft vor, als Mutter ähnlich hilflos wie der Herr Pfarrer vor meinen Kindern zu stehen und deren Fragen mit fadenscheinigen Erklärungen abzutun.«[1]

Diese Suche nach dem tieferen Sinn des Daseins war es, die Ella dann auf Reisen um die halbe Welt trieb. Gut zwei Jahrzehnte später sollte sie endlich in Indien fündig werden: »Dort entdeckte ich, was ich gesucht hatte, aber nicht hatte benennen können, bevor ich mich ihm näherte.«[2]

Auf große Expeditionen brach Ella Maillart jedoch nicht mehr auf, obwohl sie trotz ihres hohen Alters körperlich noch erstaunlich fit war – »dank meiner

Sportlichkeit in jungen Jahren«, wie sie betonte. Sie lebte nach wie vor alleine und kam ohne fremde Hilfe aus. Noch mit 80 hat sie auf Skiern gestanden. Und erst vor kurzem hat sie ihr Fahrrad nach Burkina Faso verschickt, um nicht mehr der Versuchung zu erliegen, in den Sattel zu steigen ...

Ihr Tag ist gefüllt mit Aufarbeiten und Katalogisieren all ihrer Fotografien und Dias, mit Besuchen, mit Korrespondenz und mit Lesen. Gelegentlich hält sie Vorträge, nimmt teil an öffentlichen Veranstaltungen, stellt sich den Fragen von Medienleuten.

Den Winter verbringt Ella Maillart jeweils in ihrer kleinen Zweizimmerwohnung in Genf. Doch sobald die Tage wieder länger werden und der Schnee sich aus dem Unterland in immer höhere Regionen zurückzieht, kehrt sie der Stadt den Rücken und steigt zu ihrem Sommerhäuschen auf 1900 Meter hinauf. »Atchala« heißt das Chalet, das sie 1948 mit Hilfe von drei Bauern selber gebaut hat – »Atchala«, nach dem Namen eines heiligen Berges in Indien. Die urwüchsige und etwas wilde Gegend hier oben bietet Ella das, was sie von Kindheit an stets benötigt hat: die unmittelbare Nähe zur Natur.

Hier, in ihrem kleinen Refugium aus verwittertem Lärchenholz, empfängt sie Bekannte aus aller Welt, sitzt mit ihnen auf ihrem Balkon hoch über dem Val d'Anniviers, und während sie gespannt den zahlreichen Erlebnisberichten lauscht und in Gedanken die

Schauplätze durchstreift, verliert sich ihr Blick in der Ferne der weiß gezuckerten Walliser Alpen.

»Ich habe den Bilderrahmen im Kopf«, sagt Ella Maillart, wenn sie die neuesten Nachrichten aus China, aus Indien, aus Zentralasien oder aus Russland vernimmt. »Ich habe alle diese Länder bereist. Und auch wenn sich die Zeiten seither längst geändert haben, so weiß ich trotzdem sehr genau, wie die Welt dort aussieht. Und das ermöglicht es mir, Zusammenhänge herzustellen.«

Ella Maillart ist heute eine gefragte Persönlichkeit; sie gilt als die große Schweizer Reisepionierin des 20. Jahrhunderts. Ihre eindrucksvollen Fotografien, Dias und Filme werden in Ausstellungen in der ganzen Welt gezeigt, ihre zahlreichen Bücher genießen seit ihrer Neuentdeckung in den Achtzigerjahren große Popularität und gerade auch junge Menschen holen sich immer wieder bei ihr Rat. »Es gibt nach wie vor unzählige unberührte Territorien zu entdecken«, ist sie überzeugt. »Wichtig ist einfach, dass man bereit ist, den Komfort zu vergessen und Vorurteile abzulegen.«

Aber eigentlich möge sie es gar nicht, Rezepte abzugeben, sagt Ella Maillart im Gespräch: »Jeder Mensch muss selber spüren, was für ihn richtig ist.« Sich selber treu bleiben sei das Wichtigste. Aber dazu müsse man halt zuerst herausfinden, »was man überhaupt will«. Und sie zitiert ihr eigenes Lebensmotto aus den Evangelien: »Suchet, so werdet ihr finden; klopfet an, so wird euch aufgetan.«

Wir treffen uns in ihrer Genfer Wohnung. Zuvor hatte sie mir am Telefon ganz offen erklärt, dass sie nun, da sie über 90 sei, ihre Zeit sinnvoll einsetzen müsse und nicht den Rest ihrer Tage mit immer gleichen Interviews verschwenden wolle. »Ich habe doch alles schon so oft erzählt. Sie können meine Antworten in unzähligen Artikeln und auch in meinen Büchern nachlesen.«

Schließlich willigt sie zu einem persönlichen Treffen ein mit der Auflage, dass wir uns genügend Zeit nehmen. Sie wolle auch mich in Ruhe kennen lernen, »wir müssen schauen, ob wir eine Beziehung zueinander herstellen können«. Einmal mehr erweist sich Ella Maillart als ein Mensch, der Halbheiten und Oberflächlichkeit hasst. Selbst ein Interview zu ihrer Person versteht sie nicht als Ein-Weg-Kommunikation: Auch sie stellt hartnäckig Fragen, lobt, wenn sie eine Bemerkung gut findet, und wird zuweilen fast etwas unwirsch, wenn sie das Gefühl hat, für sie Altbekanntes zu wiederholen.

Unsere gemeinsame Liebe zu Katzen baut sofort eine Brücke. Sie freut sich über mein Kompliment zu ihrem Buch *Ti-Puss*, in dem sie voller Zärtlichkeit und Respekt über eine eigenwillige Tigerkatze schreibt. Das Werk war in Indien Anfang der Vierzigerjahre entstanden, als Ti-Puss oft über Monate ihre einzige Begleiterin war. Auf eindringliche Weise lässt die Autorin jene gemeinsame Zeit aufleben, und im stillen Dialog mit diesem Tier reflektiert sie ihre eigenen spirituellen Erfahrungen. »Es war das einzige Buch, das ich mit echter Freude geschrieben habe«, sagt die Genferin fast ein bisschen wehmütig. Wer darauf anspreche, sei zweifellos mit ihr seelenverwandt: »Da ist etwas zwischen uns.«

Im Gespräch wirkt Ella Maillart zäh und zerbrechlich zugleich. Eine unglaubliche Vitalität und Kraft geht von ihr aus, und die wachen, eisblauen Augen lassen etwas von jener inneren Gelassenheit erahnen, die sie in den langen Jahren unterwegs gefunden hat.

Nostalgie schwingt bei aller Erinnerung nicht mit: »Man muss doch in der Gegenwart leben. Nur das Jetzt zählt«, betont sie in ihrer zuweilen burschikosen Art. »Das Leben soll jeden Augenblick neu geschaffen werden. Es ist wunderbar.« Und nach einer kleinen Denkpause fügt sie an: »Heute, am Ende meiner Tage, sehe ich, dass wir von den Umständen geleitet werden. Wir glauben, wir fällen Entscheidungen, aber im Grunde genommen sind es die Entscheidungen, die sich uns aufdrängen.«

Ihre außergewöhnliche Biographie versteht Ella Maillart nicht als Programm und schon gar nicht als Vorbild, dem es nachzueifern gilt; nüchtern meint sie: »Ich habe oft sehr egoistisch gehandelt. Und wahrscheinlich hätte mein Leben auch ganz anders verlaufen können.«

Geboren wurde Ella Maillart am 20. Februar 1903 in Genf – nur ein paar Straßen entfernt von ihrer heutigen Adresse. In ihrer Familie herrschte ein weltoffenes Klima, Vielsprachigkeit gehörte zum Alltag. Ihr Vater arbeitete als Pelzhändler und pflegte internationale Kontakte, ihre Mutter, eine gebürtige Dänin, las viel, vor allem englische Bücher. Und ihr Onkel, Robert Maillart, sorgte weltweit für Aufsehen als Brückenkonstrukteur.

Das Ehepaar Maillart war sehr sportlich und nahm die kleine Ella und ihren älteren Bruder schon von Kindesbeinen an mit zum Skilaufen in die Berge. Dieser Sport galt als sehr exzentrisch und wurde fast nur von ausländischen Gästen, vornehmlich Briten, betrieben.

»Ich war ein eher kränkliches Kind, und meine Eltern waren überzeugt, dass Sport für mich das einzig Richtige sei, um kräftiger zu werden«, erinnert sich Ella Maillart. Sie genoss es, die Hänge runterzuflitzen, den Wind im Gesicht zu spüren, und noch Jahre später kehrte sie im Winter immer wieder in die Berge zurück, nahm sich ein kleines Zimmer in einer einfachen Pension, schnallte Biberfelle unter ihre Skier und unternahm tagelange Touren.

In den Dreißigerjahren gehörte sie sogar vier Winter lang zur Schweizer Nationalmannschaft und bestritt internationale Skirennen: »In der Disziplin der Abfahrt war ich ziemlich gut, für den Slalom hingegen trainierte ich zu wenig.«

Neben den Bergen war es das Wasser, das es »Kini« – wie Ella von Verwandten und Freunden liebevoll genannt wurde – schon als Kind angetan hatte. Weil die Geschäfte mit den Pelzen schlecht gingen, musste die Familie 1912 in eine bescheidene Stadtwohnung umziehen. Als Alternative mieteten die Eltern ein kleines Ferienhäuschen direkt am See. Jede freie Minute verbrachte Ella fortan an diesem Ort: »Dieses Haus hat mein Leben komplett programmiert hin zu einem naturnahen, freiheitsliebenden und etwas unbändigen Leben.«

Ganz in der Nähe lebte die Familie de Saussure. Eines der Kinder, Miette, freundete sich mit Ella an und gemeinsam frönten die beiden Mädchen der großen Seglerleidenschaft. Sie ließen sich von reichen Genfer Geschäftsleuten als »Matrosinnen« anheuern und warteten die Schiffe; die beiden bestritten Regatten und schmiedeten Pläne für große Atlantiküberquerungen.

Von ihrem ersten Taschengeld kaufte sich Ella eine Karte des Südpazifiks. Dieses Inselreich war für sie fortan der Inbegriff vom Paradies. Dort, so stellte sie es sich vor, war die Welt noch nicht so kaputt und verlogen wie in diesem blutigen Europa, dort lebten tatsächlich Menschen, die glücklich waren.

An Regentagen verkroch sich Ella in die große Bibliothek von Miettes Vater und nährte ihre Phantasie mit Reiseberichten, Indianergeschichten und Abenteuerromanen. In diesen Büchern stieß sie in ferne Kontinente vor, eroberte Südamerika, Afrika, Indien und Zentralasien.

Immer deutlicher spürte Ella schon in jenen Jugendjahren, dass ein Leben in der Stadt für sie keine Zukunft hatte. Hier würde sie ersticken. »Skilaufen oder Segeln weckten eine in mir schlummernde Kraft, die mich die vielen Aspekte des Lebens bewusster erleben ließ. Ich erwarb, was jedem Kind vom Lande angeboren ist: nämlich Erdverbundenheit und eine tiefe Zuneigung zu einfachen Menschen«, hielt sie später in ihrem Buch *Vagabundin des Meeres* fest.

Bergleute, Seefahrer, Fischer – zu ihnen fühlte sich Ella hingezogen: »Sie alle haben dieselben wettergegerbten Gesichter, aufgehellt durch klare Augen, die den Anblick einer Gefahr kennen, die keinen Fehler erlaubt. Manchmal leben diese Menschen viele Tage allein. Sie entwickeln eine natürliche Würde, die in scharfem Kontrast zu der Haltung von Stadtmenschen steht ... Und sie vermitteln das Gefühl, dass der Mensch ein wunderbares Geschöpf sein kann.«[3]

Zum Schreck ihrer Eltern stieg Ella vorzeitig aus dem Gymnasium aus. Sie war derart beschäftigt mit der Gründung der ersten Damen-Landhockey-Mannschaft der Schweiz, dass ihr die Zeit für die Schule fehlte. Noch heute erinnert sie sich, dass der Vater ihr damals sehr stark ins Gewissen geredet hatte: »Er machte mir klar, dass mir als Frau nun nur noch der Weg als Ehegattin und Mutter übrig bleibt.« Damals habe sie sich geschworen: »Was auch immer passieren sollte, ich werde meinem Vater beweisen, dass ich mich auch ohne Mann durchs Leben schlagen kann.«

1924 nahm Ella – als einzige Frau in der Schweizer Segler-Equipe – an den Olympischen Spielen in Paris teil. Danach segelte sie gemeinsam mit Miette monatelang auf dem Mittelmeer und schaffte ohne Motor den Törn nach Korsika. Dort trafen sie Seeleute aus der ganzen Welt und freundeten sich mit Alain Gerbault an, der als erster Franzose allein über den Atlantik gesegelt war. Wie viele andere Männer hatten auch ihn die Jahre an der Kriegsfront aus der Bahn geworfen. Er könne in diesem Europa nicht bleiben, gestand er Ella damals: »Mein Land ist dort, wo ich meine Mitmenschen verstehen und lieben kann und wo ich von ihnen verstanden werde.«[4] Gemeinsam spannen die jungen Leute den Traum vom Neuanfang im südpazifischen Inselparadies.

Eine weitere Segelreise brachte Ella und Miette nach Kreta, ein damals noch wilder, unverdorbener Flecken Erde. Hier fand Ella einmal mehr ihre Sehnsucht bestätigt, möglichst im Einklang mit der Natur zu sein: »Mit welcher Intensität lebten wir doch – kaum zwanzig Jahre alt und begierig, die Welt mit eigenen Augen kennen zu lernen! Wissen Sie, wie wichtig alles ist, wenn man für alles allein verantwortlich ist? ... Und wie frei man sich fühlt, wenn man segelt, wohin man will, diesen Hafen oder jene Bucht ansteuert ... wenn man entscheiden kann, ob man auf besseres Wetter warten oder das Risiko eingehen soll, in See zu stechen ...«[5]

Im Gegensatz zu Miette, die ein eigenes kleines Vermögen besaß und sich damit den Segelspaß problemlos leisten konnte, musste sich Ella immer wieder mit Gelegenheitsjobs ein paar Franken verdienen. Als sie an einer Knabenschule in England Französisch unterrichtete, stieß sie in der »Times« auf ein Inserat, in dem gegen Mithilfe an Bord eine Navigationsausbildung versprochen wurde. Ella – damals Anfang 20 – segelte zwar mittlerweile weit besser als mancher Profi und hatte kaum noch Instruktionen nötig, aber jede Chance war ihr recht, von ihren gelangweilten Zöglingen wegzukommen.

In einem ausführlichen Schreiben bewarb sie sich um den Posten. In einem PS am Schluss merkte sie an: »Beim Durchlesen dieses Briefes ist mir aufgefallen, dass kein Hinweis für Sie darin enthalten ist, dass ich eine weibliche Person bin, aber ich denke nicht, dass dies etwas ausmacht, denn in Segelkleidung sehen alle gleich aus.«[6]

Der Satz ist bezeichnend für Ella. Tagtäglich sprengte sie die engen Schranken, die einem Frauenleben damals gesetzt waren. Ihrer Zeit weit voraus, bestimmte sie ihr Leben völlig alleine und scherte sich keinen Deut um das, was andere von ihr hielten. »Bleibe dir selbst gegenüber ehrlich, vermeide eine Lebensweise, die deinen dringenden Wunsch nach Verständnis abstumpfen würde ... Behalte deine Freiheit, bis du weißt, wofür du stehst und wie dein Beitrag für diese Welt aussehen soll«, lautete ihre Devise.[7]

Ihre Eltern haben ihren Willen nach Unabhängigkeit stets gefördert, meint Ella rückblickend. Und dank vielfältiger Literatur habe sie auch Ideen aus anderen Ländern kennen gelernt. »Für frauenpolitische Anliegen habe ich mich allerdings nie interessiert«, gibt sie unumwunden zu.

Aber auch ohne feministische Überzeugung war ihr der Traum vom Glück am häuslichen Herd, wie ihn die meisten ihrer Altersgenossinnen damals hegten, einfach nie attraktiv erschienen. »Mir kamen all diese verheirateten Frauen so furchtbar angekettet vor.« In der eigenen Familie habe sie zudem gesehen, wie belastend zuweilen ein traditionelles Eheleben sein kann. »Vater und Mutter stritten sich oft, und schon als Kind wusste ich, dass die Heirat für mich keine begehrenswerte Zukunft darstellte.« Sie habe wohl auch nie den idealen Partner getroffen für ein dauerhaftes Leben zu zweit, relativiert sie heute ihr Junggesellinnendasein.

Die Bewerbung auf das »Times«-Inserat trug Früchte: Ella wurde zu einem Treffen in einen vornehmen englischen Club geladen. »Mein Cowboyhut saß schräg auf dem rechten Ohr, den Seehundmantel hatte ich mit einem Ledergürtel zusammengebunden, und an den Füßen trug ich gelbe Golfschuhe!«, beschreibt Ella in *Vagabundin des Meeres* ihr Erscheinen zum Vorstellungsgespräch. Sie habe absichtlich flache Schuhe gewählt, aus Angst, hohe Absätze würden einen frivolen Eindruck machen. Die große, schlanke Frau mit ihrer direkten, kumpelhaften Art wusste zu überzeugen. Jedenfalls wurde sie engagiert und verbrachte anstrengende Monate auf See. Sie war die einzige weibliche Arbeitskraft an Bord und musste sich unter all den Männern zuweilen kräftig behaupten.

Ihr damaliger Arbeitgeber, Colonel John Fane Bennett-Stanford, erinnerte sich später, dass die junge Schweizerin als Yacht-Köchin nicht sonderlich begabt gewesen sei und deshalb rasch zur Deckhand befördert wurde: »Es versteht sich von selbst, dass sie das Schiff und die Mannschaft noch vor Ablauf der ersten sechs Stunden an Bord beherrschte; die Passagiere und ich waren ihre ergebenen Diener.«[8]

Als Steuerfrau war Ella in ihrem Element: »Welche Freude ist es doch, zum ersten Mal zu spüren, wie ein

120-Tonnen-Schiff unter den Händen lebt, wenn man bisher nur kleinere Schiffe gesteuert hat«, schildert sie ihr Glück in *Vagabundin des Meeres* und fährt fort: »Wieder einmal spürte ich, dass es meine Bestimmung war, mit Schiffen umzugehen. Mein einziger Gedanke galt der Vorbereitung eines langen Lebens auf See.«

Der lang gehegte Traum von der Segelreise in den Südpazifik rückte in jenen Jahren endlich in greifbare Nähe. Die Equipe – bestehend aus Miette, Ella und zwei weiteren Freundinnen – war aufgeboten, das Schiff lag vor Anker, und es fanden sich sogar noch etliche Sponsoren, die Lebensmittel für die lange Fahrt zur Verfügung stellten. »Nach unserem alten Grundsatz wollten wir versuchen, nicht über unsere Pläne zu reden, solange wir sie nicht verwirklicht hatten.«[9]

Doch das Projekt fiel gleichwohl ins Wasser. Miette de Saussure wurde schwer krank und nach ihrer Genesung heiratete sie. Die Absage der Pazifikreise war ein schwerer Schlag für Ella: »Damals merkte ich, dass es wohl am besten ist, mich alleine durchzuschlagen.«

Es folgten unbeständige Jahre, die immer wieder von Verzweiflung über die eigene Zukunft überschattet waren. Von einem Alltag auf See musste sie endgültig Abschied nehmen und die Alternative eines Lebens an Land schien ihr wenig attraktiv: »Die meisten Menschen leben in einer Welt, die ihnen nichts bedeutet, in der nur materielle Werte zählen. Eine Welt, die offensichtlich niemand unter Kontrolle hat, obwohl der Mensch alle ihre Elemente beherrscht ... eine Welt, für die es sich nicht zu leben lohnt, weil sie die Persönlichkeit eines jeden Menschen zerstört, statt ihr zur Entfaltung zu verhelfen.«[10]

Ella jobbte mal hier, mal dort, erteilte Englischunterricht, saß Modell für einen Bildhauer, tippte Briefe, übernahm kleine Theaterrollen, schrieb Artikel für Genfer Zeitungen.

Fast ein Jahr lebte sie dann in Berlin, wo sie unter anderem als Stuntwoman in Bergfilmen arbeitete. Dort traf sie viele junge Menschen, die ähnlich dachten wie sie. In ihrem Bekanntenkreis wuchs das Interesse am kommunistischen Russland, »wo das Leben anders war und die Vergangenheit abgeschlossen zu sein schien«. Ella wurde von Freunden ermuntert, doch dorthin zu reisen. Sie beschaffte sich ein Visum als Journalistin mit der Verpflichtung, eine Reportage über den jungen sowjetischen Film zu schreiben. Finanziell griff ihr Jack Londons Witwe unter die Arme, die Ella in Berlin kennen gelernt hatte.

Einer neuen Zukunft stand somit nichts mehr im Wege. »Ich war mit unserer westlichen Welt fertig, der der Glaube genommen war und in der nur wachsende Unsicherheit herrschte.«[11]

1930 verließ Ella Berlin in Richtung Moskau. »Ich reise dritter Klasse, beladen mit einem Rucksack voller Haferbrei und etwas mehr als einhundert Dollar in der Tasche. Ich fühlte mich frei ... schrecklich frei.«[12]

Eine solche Expedition war damals alles andere als eine Selbstverständlichkeit, denn die Schweiz erkannte die Sowjetunion völkerrechtlich noch nicht an. Doch Ella Maillart interessierte sich wenig für politische Hintergründe – was ihr als Journalistin in diesen kommunistischen Ländern, wo die Zensur groß geschrieben wurde, noch sehr zugute kommen sollte. Für Ella standen die Menschen im Vordergrund. Mit Kopf und Herz wollte sie sich auf das Abenteuer einlassen.

Voller Neugier stürzte sie sich in den Moskauer Alltag, wurde erstmals mit Wohnungsnot und Warteschlangen vor Lebensmittelgeschäften konfrontiert und stellte staunend fest, dass Frauen genauso selbstverständlich wie Männer auf Baustellen arbeiteten. »Wie gut kann ich verstehen, dass sie dieses harte Leben der erstickenden Büroluft vorziehen!«[13]

Ella engagierte sich in Moskauer Sportclubs, schloss rasch Bekanntschaften und war fasziniert von der Aufbruchstimmung, die sie gerade unter Studentinnen antraf: »Sie sind befreit von den Fesseln, die ›die andern‹ einengten und immer noch einengen ... Sie sind fähig, sich selbst und das Leben auf direkte Art zu begreifen und das zu spüren, was an Wesentlichem in ihnen ist, nämlich das Menschsein.« Und weiter vertraute Ella damals ihrem Tagebuch an: »Ich beneide sie um ihre klaren, eindeutigen Wertvorstellungen. Könnte ich nicht auch endlich so werden wie sie und mein ständiges Hin- und Hergerissensein aufgeben? Wissen, wohin man geht, was man will, ist das nicht der Schlüssel zu einem besseren Leben?«[14]

Mit einer Gruppe von Sportkolleginnen und -kollegen, die sie in Moskau kennen gelernt hatte, unternahm Ella dann eine waghalsige Exkursion ins Kaukasusgebirge. Erstmals kam sie in jenen Tagen in Kontakt mit der beispiellosen Naturschönheit der Sowjetunion und vor ihrer Rückkehr in die Schweiz stellte sie fest: »Ganz Russland und sein riesiges asiatisches Hinterland scheinen mir in Griffnähe ... und ich möchte in allen Richtungen gleichzeitig auf neue Entdeckungen gehen. Aber ich habe kein Geld ... Die Geographie des Landes hat mich in ihren Bann gezogen. Das Leben dieser Breitengrade zieht mich wie eine Magnetnadel an.«[15]

Die Finanzsorgen wurden dann ganz unerwartet gelöst. Ein befreundeter Verleger in Paris forderte sie auf, ihre Russlandabenteuer doch in Buchform herauszugeben.

So entstand Ella Maillarts Erstling *Parmi la jeunesse russe* (mit dem deutschen Titel »Außer Kurs«), dessen Erscheinen 1932 einen regelrechten Skandal auslöste. Weißrussische Emigranten in Genf setzten das Gerücht in Umlauf, Ellas Reise sei von Kommunisten finanziert und zu Propagandazwecken missbraucht worden. Ella blies in einer Genfer Tageszeitung zum Gegenangriff und ermunterte die Stänkerer, doch auf ihrem Bankkonto nachzusehen. Vergeblich würden sie dort nach einem Scheck aus der Hand der Kommunisten suchen.

Für Ella bedeutete die Herausgabe dieses Buches den Anfang eines neuen Lebensabschnittes. Endlich hatte sie ein Metier gefunden, das ihrer Sehnsucht nach Naturnähe und Unabhängigkeit eine finanzielle Grundlage gab. Die publizistische Arbeit ermöglichte es ihr, »die Suche nach einem glücklichen Volk« – wie sie ihre Sehnsucht bezeichnete – professionell zu betreiben. So kehrte Ella dem »modernen Europa, das einen Selbstmord in kleinen Schritten beging«, endgültig den Rücken und erlag der magischen Anziehungskraft des Ostens.

Immer wieder brach sie in den folgenden Jahren zu stets kühneren Expeditionen auf, folgte den Spuren von Dschingis-Khan und Marco Polo und gehorchte nach eigener Aussage »dem Tyrann Abenteuer, der seine Untertanen immer wieder ins Unbekannte stößt«. Dazwischen schrieb sie Reportagen und Bücher, machte Fotos, drehte Dokumentarfilme und hielt in ganz Europa Vorträge über ihre Reisen.

Mit selbst gebastelten Skiern bestieg sie einen Fünftausender, ohne Visum schlug sie sich durch Turkestan, monatelang ritt sie der chinesischen Grenze entlang – ständig getrieben von dem Drang, »die tausend Leben, aus denen sich die Menschheit zusammensetzt, zu verstehen« und ihr eigenes Leben »in Einklang mit dem allgemeinen Leben zu bringen«[16].

Mit der Zeit sei ihre Reisebegeisterung zu einer regelrechten Leidenschaft geworden, erinnert sich Ella Maillart im Gespräch: »Ich wollte immer weiter nach Zentralasien vorstoßen und Menschen aufsuchen, die bislang von unserer Zivilisation noch nicht berührt worden waren.«

1934 schickte sie die Zeitung »Le petit Parisien« in die von Japan besetzte Mandschurei. Ein Jahr später unternahm sie mit dem bekannten »Times«-Korrespondenten Peter Fleming – dem Bruder des James-Bond-Erfinders Ian Fleming – die legendär gewordene achtmonatige Expedition von Peking nach Kaschmir. Nach ihnen fiel der Bambusvorhang, kein Fremder durfte mehr das Land betreten. Erst 50 Jahre später sollte es einer westlichen Expedition erneut gelingen, auf dem Weg Marco Polos in »Chinas Wilden Westen« vorzudringen.

Die »Verbotene Reise« – so auch der Titel von Ella Maillarts Bericht – führte über 7000 Kilometer durch eine der geheimnisvollsten und unzugänglichsten Regionen der Erde: am riesigen Salzsee Kuku Nor vorbei, durch das Land der Tanguten und die berüchtigte Wüste Takla Makan in Sinkiang, dann über das Pamir-

Gebirge, das »Dach der Welt«, nach Indien. Sie reisten auf überfüllten Lastwagen, schlossen sich streckenweise großen Handelskarawanen an, bewegten sich auf Kamelen, Pferden, Yaks oder zu Fuß vorwärts. Sie aßen wie die Einheimischen zum Frühstück und zu Mittag das Tsamba – eine aus Tee, Butter und geröstetem Gerstenmehl zubereitete Teigkugel –, abends landete stets Wildbret im Kochtopf, das Peter während des Tages erlegt hatte.

Monatelang waren die beiden von der übrigen Welt abgeschnitten. Ständig mussten sie damit rechnen, als Spione verhaftet zu werden. Fast in jeder größeren Ortschaft ging das Feilschen mit den Dorfältesten um eine Durchreiseerlaubnis von neuem los, und mehrmals drohte die Expedition »an dieser Beamtenpest« – wie es Ella nannte – zu scheitern. Immer wieder saßen sie fest, weil die Papiere nicht stimmten, keine Kamele aufzutreiben waren oder sich die Führer plötzlich aus dem Staub gemacht hatten.

Ella und Peter übten sich in asiatischer Diplomatie, und mehr als einmal zeigte die Drohung, man würde sich beim Gouverneur beschweren, Wirkung. »Es ist ein gefährliches Spiel, das wir da spielen«, notierte Ella damals in ihrem Reisebericht: »Wer weiß, ob die Mongolen uns nicht an den Kragen gehen werden, um zu verhindern, dass wir Beschwerde führen?«[17]

Peter und Ella, die sich in London kennen gelernt hatten, waren ein sehr ungleiches Paar. Er, der perfekte Brite vom Scheitel bis zur Sohle, mochte selbst in der urwüchsigsten Wildnis nicht auf seine Pfeife verzichten. In Gedanken war er immer auch in seinem geliebten zivilisierten Europa, und er ärgerte Ella ständig mit seinem Drang, möglichst rasch vorwärts zu kommen: »Peter scheint weniger zu fürchten, dass er in einem Gefängnis von Urumtschi enden könnte, als dass er nicht rechtzeitig zurück sein wird, um Birkhühner in Schottland zu jagen«, schrieb sie genervt in *Verbotene Reise* und nannte ihn deshalb auch abschätzig »den Kilometerfresser«. Sie hingegen ging völlig in ihrer neuen Umgebung auf: »Ich habe gar kein Verlangen nach Rückkehr. Mir wäre es viel lieber, wenn die Reise das ganze Leben dauern würde.«[18]

Peter seinerseits hatte für Ellas grüblerische Art und ihre unermüdliche Suche nach dem tieferen Sinn des Lebens wenig Verständnis. Und er machte sich auch häufig lustig darüber. Selbstkritisch gibt sie in ihrem Buch denn auch unumwunden zu, dass sie die Unsitte habe, »Moral zu predigen«, und dass ihre gelegentliche Brummigkeit nicht immer leicht zu ertragen sei: »Peter findet mich zu ernst, und ich verstehe den britischen Humor nicht, was in den Augen eines Engländers ebenso schlimm ist wie der ›Verlust des Gesichtes‹ für einen Chinesen.«[19] Sie waren ausgeprägte Individualisten mit einem harten Schädel, und beide nahmen für sich in Anspruch, eigentlich die treibende Kraft der Expedition zu sein.

Doch bei allen Gegensätzen ergänzten sie sich ideal. Peter konnte Chinesisch, Ella wiederum beherrschte die russische Sprache. Er war sehr geschickt im Umgang mit Behörden, während sie in den Dörfern unterwegs mit ihren medizinischen Ratschlägen viel Sympathie gewann. Abends verflogen die Stunden beim gemeinsamen Kartenspiel oder Diskutieren. Er habe nie unter ihrem Falschsingen und den primitiven Kochkünsten gelitten, räumte Ella ein, und sie sei nicht unverträglich gewesen »hinsichtlich der drei einzigen Fragen, die ihn aus der Ruhe bringen konnten: seine Pfeife, die Jagd und seine Ansichten übers Theater«[20].

Einer Journalistin gestand Ella Maillart später: »Wenn Peter nicht gleichzeitig intelligent und amüsant gewesen wäre, wäre ich niemals mit ihm losgezogen.«[21]

Die große Romanze, die dem Paar nach dieser Reise immer wieder nachgesagt worden war, stellte sie allerdings später in Abrede: »Sicher war Peter ein Mann, auf den die Frauen flogen. Aber wie soll ich mich in jemanden verlieben, der im Herzen Zentralasiens jeden Morgen meckert, weil er seine ›Times‹ nicht hat?« Und auf die insistierende Frage, ob sie sich in den langen, einsamen Nächten zu zweit denn wirklich nie näher gekommen seien, konterte Ella Maillart schmunzelnd mit der Gegenfrage: »Haben Sie schon einmal sieben Monate in Begleitung eines Mannes verbracht, sieben Monate Nacht für Nacht gemeinsam in einem engen Zelt von vier Quadratmeter Fläche? Also – welche Antwort möchten Sie gerne hören?«[22]

Was Ella und Peter zweifellos verband, waren die Freude an der frischen Luft und die Lust am Abenteuer. »Die Herausforderung war wie ein Peitschenhieb, der mich ständig vorwärts trieb. Das Risiko ist es doch, das dem Leben erst seine Würze verleiht«, erklärt sie im Gespräch.

Unterwegs sein hieß für Ella Maillart nicht nur ein Zurücklegen von Kilometern, Reisen waren für sie immer auch Exkursionen an die eigenen körperlichen und seelischen Grenzen: »Schwierigkeiten regten mich an«, gibt sie heute unumwunden zu. Sie habe diese prickelnde Genugtuung gebraucht, die sich einstellte, wenn einmal mehr ein schier unüberwindliches Hindernis bezwungen war. Und diese Unerbittlichkeit mit sich selber verdeutlicht auch ein anderer Satz: »Nur dadurch, dass wir alles fordern, können wir hoffen, das eine zu erlangen, ohne das unser Leben nicht lebenswert wäre.«[23]

Für Peter Fleming war Ella Maillart »zäh wie ein Polarhund«. Unverdrossen verfolgte sie ihr Ziel, nahm Entbehrungen und Strapazen in Kauf. »Beharrlichkeit – auch die des bloßen Wünschens – hat magische Kräfte«, sagt sie selbst.

Wer sich immer wieder der Gefahr aussetzt, muss mit Verlusten rechnen. Und so waren denn auch auf dieser »Verbotenen Reise« durch Zentralasien Licht und Schatten nahe beieinander. Ellas Pferd Slalom, das sie über hunderte von Kilometern getragen hatte, brach kurz vor dem Ziel vor Erschöpfung zusammen. Sie musste den treuen Vierbeiner in der Einsamkeit der Wüste zurücklassen, ausgeliefert dem sicheren Tod. Dass sie das Tier nicht hatte retten können, schmerzt sie heute noch.

Andererseits entdeckte sie gerade auf dieser Reise einmal mehr ihre große Liebe zum urwüchsigen Nomadenleben, »bei dem man wieder den rechten Hunger bekommt, der jeden Bissen zu einem herzhaften Genuss macht, und wieder die gesunde Müdigkeit verspürt, durch die der Schlaf zu einer unvergleichlichen Wonne wird; und dabei immer der Wunsch, vorwärts zu kommen, der sich mit jedem Schritt erfüllt«[24].

Und sie begriff in jenen einsamen Monaten unterwegs, dass sie sich endgültig vom Westen und dessen Lebensidealen gelöst hatte: »Ich hatte Europa vergessen und Europa konnte auch ohne mich auskommen.«

Bei aller Freundschaft zu Peter Fleming schwor sich Ella nach dieser Reise, in Zukunft wieder auf eigene Faust loszuziehen. »Allein durch seine Anwesenheit trägt selbst der einfühlsamste Begleiter dazu bei, dass ich meine alten Gewohnheiten und Reaktionen aufrechterhalte, wogegen ich doch immer versuche, mein westliches Korsett abzulegen.« Nie sei das Alleinsein für sie ein Problem gewesen, erinnert sich Ella Maillart; im Gegenteil, die Einsamkeit habe sie durchwegs als positiv erlebt: »Man profitiert viel mehr, wenn man auf sich selbst gestellt ist. Zu zweit lernt man die Sprache nicht so schnell; man wird von der einheimischen Bevölkerung auch nicht so behandelt, als ob man zu ihnen gehöre, und dringt nicht so tief in das Milieu ein.«[25]

Sie sollte ihr Gelübde dann doch noch einmal brechen: 1939, kurz vor Ausbruch des Zweiten Weltkriegs, trat ein Bekannter an Ella heran mit der Bitte, ob sie nicht die Schriftstellerin Annemarie Schwarzenbach mit nach Afghanistan nehmen könne. Die Tochter aus wohlhabender Industriellenfamilie und enge Freundin der Geschwister Erika und Klaus Mann leide an Morphiumsucht. Diese Reise, fern von den Versuchungen der Städte, solle sie von ihrem Laster losbringen.

Ella zögerte zunächst, ließ sich schließlich aber doch für die Expedition gewinnen: »Annemarie erklärte mir, ihr Vater würde uns einen neuen Ford zur Verfügung stellen. Und diese Aussicht, mich endlich einmal frei bewegen zu können, ohne immer auf einheimische Busse angewiesen zu sein, ließen allfällige Bedenken rasch verfliegen.« Ella selber wollte in Afghanistan – »einem Land, das bisher kaum vom

Abendland verändert worden war« – Europa unter einem neuen Gesichtswinkel betrachten, »um den tieferen Grund unseres Irrsinns zu verstehen«. Einmal mehr erhoffte sie dort der Frage näher zu kommen, warum die westlichen, zivilisierten Zeitgenossen »nicht mehr ihrem inneren Wesen entsprechend leben«[26].

Doch die Reise, die über den Simplon durch den Balkan ans Schwarze Meer, dann durch die Türkei nach Persien und Afghanistan führte, blieb von Annemaries Sucht überschattet. Unbekümmerte Momente, in denen die beiden die Schönheit der Landschaft und die Gastfreundschaft der Leute genossen oder angeregte Gespräche führten, wurden immer wieder durchkreuzt von Annemaries seelischen Abstürzen. »Es kam vor, dass sie an einem Tag der Droge abschwor und am nächsten Tag hemmungslos alles tat, um sich das Gift zu verschaffen«, erinnert sich Ella Maillart. »Sie hatte zwei Seiten, die nicht das Geringste miteinander zu tun hatten. Es war ein dramatisches Kapitel in meinem Leben.«[27]

Packend und einfühlsam beschreibt Ella Maillart in *Flüchtige Idylle* die verschiedenen Etappen dieser schwierigen Expedition und durchleuchtet die Beziehung der beiden so unterschiedlichen Frauen: hier die introvertierte, hochsensible und sich dem Leiden ergebende Intellektuelle Annemarie, dort die temperamentvolle, erdhafte und lebensbejahende Pragmatikerin Ella. Erschütternd ist der Bericht auch deshalb, weil darin bereits ein Tabu offen gelegt wird, das erst Jahrzehnte später als eine der großen gesellschaftlichen Krankheiten erkannt werden sollte: das Drogenproblem.

Ellas Kampf um die süchtige Freundin blieb erfolglos. »Ich habe es nicht geschafft, Annemarie vom Morphium zu befreien, denn ich war zu streng mit ihr«, zieht die Genferin heute selbstkritisch Bilanz. »Dieses empfindsame Mädchen hatte es nötig, dass man es liebte.« Sie seien eben auch gegensätzliche Charaktere gewesen. Während Annemarie lebte, um zu schreiben, war es bei Ella gerade umgekehrt: Sie schrieb, um sich so den Lebensunterhalt zu verdienen. Und sie habe diese Tätigkeit »immer als sehr mühsam und Zeit raubend empfunden«.

Von einem harzigen Entstehungsprozess spürt man bei der Lektüre von Ella Maillarts Büchern allerdings nichts, im Gegenteil. Gerade ihre frische, unkomplizierte, spontane Art, Eindrücke festzuhalten, machen ihre Werke noch heute zu einem Leseerlebnis. Mit den staunenden Augen eines Kindes und dem wachen Verstand einer Erwachsenen nahm die Autorin ihre Umgebung wahr. Sie erschöpfte sich nicht in euphorischen Schilderungen von unberührten Landschaften und Völkern, die den Daheimgebliebenen den Traum von fernen und längst verlorenen Paradiesen schmackhaft machen. »Ich möchte innerlich ganz leer werden, damit die Reise tief in mich einsinken kann«, hieß ihre Devise.²⁸

Sie lebte im Leben der Menschen, die sie traf, im Schmutz, in der Kälte, in unverhofften Schönheiten. »Ich sah auf meinen Reisen zunächst mal nur Essstäbchen, Turbane, Holzsättel, fermentierte Stutenmilch, und alles wurde pflichtgetreu in meinen Büchern notiert«, gestand sie 1951 gegenüber dem englischen Sender BBC. »Inzwischen notiere ich mir viel lieber, was das Verbindende oder den gemeinsamen Hintergrund allen Denkens betont; und ich möchte immer wieder unterstreichen, dass die Sprache, die aus dem Herzen kommt, auf allen Breitengraden die gleiche ist.«

All ihre Reiseberichte zeugen von einer großen Achtung vor den Menschen. »Sie sind wie wir Passagiere auf dem rätselhaften Schiff des Lebens. Je eher wir lernen, gemeinsam für dies Schiff verantwortlich zu sein – statt die Mannschaft dafür verantwortlich zu machen –, umso müheloser wird die Fahrt sein. Besondere Zuwendung brauchen die Reisenden, die feindselig sind, isoliert, überzeugt, dass man ihnen Unrecht tut. Unterschiede müssen übergangen, Gemeinsamkeiten hervorgehoben werden, unser Verständnis muss vollkommen sein und alles durchdringen: Wir müssen von Liebe beseelt werden, es ist die einzig mögliche Lösung für das innere und äußere Chaos, das uns zerstört.«²⁹

Ella Maillart zwang sich, immer wieder genau und vorurteilslos hinzuschauen und dabei ihr eigenes Tun als Globetrotterin und ihre europäische Herkunft zu hinterfragen. Und bei diesen Standortbestimmungen staunt man als Leserin, wie aktuell und unverbraucht sie wirken, obwohl seit ihrer Niederschrift zum Teil schon mehr als 50 Jahre vergangen sind.

Zu einer Zeit, als die meisten im Westen noch blindlings an den Segen der Errungenschaften unserer Zivilisation glaubten und die ganze restliche Welt damit zu beglücken meinten, erkannte die junge Genferin bereits das Unheil, das Fortschritt und Technik den Naturvölkern bescherten. »Sind die Vorteile von Krankenhäusern, Schulen, Zeitungen, Radioapparaten, die der frisch gebackene Fabrikarbeiter zur Verfügung hat, den Verlust des Lächelns wert, das sein schweres, aber ausgeglichenes Leben begleitete?«, fragt sie in *Flüchtige Idylle*. Schmerzhaft empfindet sie zum Teil das Aufeinanderprallen der unterschiedlichen Haltungen: hier die kapitalistische Denkweise des Abendlandes, dort die östliche Lebensanschauung, die auf geistigen Werten aufgebaut ist. »Wann hörten wir auf, unserer selbst würdig zu sein, wann hörten wir auf, den Kopf mit Würde hoch zu tragen? Warum sind überall die althergebrachten Kulturen so schwach geworden, dass sie vor unserem Materialismus zusammenstürzen, der nichts an ihre Stelle zu setzen hat?«[30]

Während in Europa der Zweite Weltkrieg tobte, wohnte Ella Maillart jahrelang in einfachsten Verhältnissen im Süden Indiens. Sie schrieb, meditierte und fand durch den Kontakt mit spirituellen Lehrmeistern endlich wesentliche Antworten auf ihre Frage nach dem Sinn des Lebens. Sie begriff die vielschichtige Dimension der Wirklichkeit, und sie realisierte, dass ein dauerhafter innerer Frieden nicht erreicht werden konnte, »solange wir von einer Vielzahl von Möglichkeiten hin und her gerissen werden. Der Einklang mit sich selbst ist die endgültige Wahrheit: Erst damit ist unsere Suche beendet«[31].

Und sie zitiert Buddha, der einmal gesagt hat: »Das Ende der Welt wird durch keine Reise erreicht. Ich sage euch, dass die Welt in diesem begrenzten Körper mit seinen Sinnen und seinem Verstand liegt, ihr Anbeginn und ihr Ende, und auch der Weg, der zu ihrem Ende führt.«

Die indischen Lehren wurden dann von ganz unerwarteter Seite bestätigt. Nach Europa zurückgekehrt, entdeckte Ella Maillart, dass die Quantenphysik eigentlich nichts anderes sagte als eben: Alles ist mit allem verbunden, das ganze Universum schwingt im ganzen Universum mit. Dass gerade die westliche Wissenschaft zu den gleichen Schlüssen kommt wie die orientalische Weisheit, wie die Mystiker aller großen Religionen, das gibt ihr Hoffnung: »Wir stehen an der Schwelle zu einem neuen, einem eminent wichtigen Zeitalter«³². Sobald, von der Wissenschaft glaubwürdig abgestützt, dieses Bewusstsein des gegenseitigen Kommunizierens allgemein geworden sei, müsse die Welt sich verändern.

Bis Mitte der Achtzigerjahre kehrte Ella Maillart viele Male nach Asien zurück. Sie ging im Auftrag von Zeitungsredaktionen, manchmal stellte sie sich als Reiseleiterin zur Verfügung. Mittlerweile war sie eine bekannte Schriftstellerin, ihre Werke wurden auf der ganzen Welt gelesen. Und ihr Ruf öffnete ihr ungeahnte Türen. »Bücher sind die beste Visitenkarte«, weiß sie heute. »Sie haben mir in mancher schwierigen Situation geholfen.«

Als sie beispielsweise 1950 für die Zeitschrift »L'Illustré« ein Interview mit dem indischen Staatspräsidenten Nehru machen wollte, empfing er sie mit offenen Armen. »Er zitierte Stellen aus meinen Büchern. Als ich ihn mit großen Augen anschaute, drückte er mich an sich und sagte mir, er habe meine Werke während der britischen Gefangenschaft beinahe auswendig gelernt; und sie hätten ihn über viele einsame Stunden hinweggetröstet.«

Nicht nur mit ihren Büchern versteht es Ella Maillart, die Menschen in Bann zu ziehen, sie ist auch eine faszinierende Gesprächspartnerin. Und man spürt, dass dieser Reisepionierin der innere Weg, den sie zurückgelegt hat, weit wesentlicher erscheint als all ihre abenteuerlichen Expeditionen. »Nur die innere Reise ist wirklich«, zieht sie heute Bilanz. Sicher seien all die äußeren Reisen wichtig gewesen, weil sie sie verändert hätten: »Langsam hatten sie mich an das herangeführt, was wirklich von Bedeutung war. Ich habe mich selbst gefunden. Was symbolisch bedeutet, dass ich einen Weg gefunden habe, der mich von meinem lächerlichen ›Ego‹ befreit hat. Jetzt weiß ich, dass es einen Weg gibt zu dem unveränderlichen Mittelpunkt, diesem Kern, der uns allen gemein ist. Und deshalb kann ich aufrichtig versuchen, meinen Nächsten zu lieben, wie mich selbst.«[33] Aber eben: Um seinen Nächsten lieben zu können, müsse man halt zuerst merken, dass er einem ähnlich sei: »Und genau das habe ich auf meinen vielen Reisen festgestellt.«

Es wird schon fast dunkel, als ich mich von Ella Maillart verabschiede. Sie hat mich an diesem Nachmittag auf eine unvergessliche Reise mitgenommen, auf eine Reise durch ihr spannendes Leben.

Während mich der Zug im Gleichtakt heimwärts schaukelt, finde ich im Nachwort zu *Vagabundin des Meeres* meine Eindrücke von Ella Maillart bestätigt. Sie hat diese Zeilen 1940, irgendwo im Süden Indiens, im Schein der Petroleumlampe zu Papier gebracht. Es ist die Antwort auf jene Frage, die ein Pfarrer einem 15-jährigen Mädchen nicht zu geben wusste, und es ist die Weisheit einer Weltenbummlerin, die aufgebrochen war, um am Schluss bei sich selber anzukommen: »Ich weiß, dass ich mich von der äußeren Welt abkehren muss, die nicht die einzige Wirklichkeit ist, und der Kraft lauschen, die in mir liegt. Ich weiß, dass wir in uns einen Funken unsterblicher Energie tragen. Wenn wir wüssten, wie wir ihn anfachen können, anstatt ihn unbeabsichtigt auszulöschen, könnten wir untereinander Bande knüpfen – so stark, dass wir uns nicht länger gegenseitig hassen oder töten könnten … Unsere Macht wäre grenzenlos. Wir sind frei, das zu wählen, was es wert ist, getan zu werden.«*

---

* Ella Maillart ist am 27. März 1997 in ihrer Berghütte gestorben.

Quellenverzeichnis

Lady Mary Montagu

1 Mary Astell, Freundin von Lady Mary Montagu und eine der ersten englischen Frauenrechtlerinnen, schrieb schon 1724 zur ersten Abschrift der »Briefe der Lady Mary Montagu« ein Vorwort.
2 An Lady Rich, Köln, 16. August 1716, Lady Mary Montagu, Briefe aus dem Orient. Frankfurt 1991, S. 22
3 An Gräfin Bristol, Nürnberg, 22. August 1716, ebd. S. 24
4 An Lady Rich, Wien, 20. September 1716, ebd. S. 43
5 ebd.
6 An Gräfin Mar, Wien, 14. September 1716, ebd. S. 36f.
7 An Gräfin Mar, 21. November 1716, ebd. S. 56f.
8 An Gräfin Mar, Prag, 17. November 1716, ebd. S. 55
9 An Gräfin Mar, Leipzig, 21. November 1716, ebd. S. 56f.
10 An Mr Pope, Wien, 16. Januar 1717, ebd. S. 78
11 An Gräfin Mar, Peterwardein, 30. Januar 1717, ebd. S. 84
12 An Mr Pope, 12. Februar 1717, ebd. S. 87f.
13 An Gräfin Mar, Peterwardein, 30. Januar 1717, ebd. S. 81
14 An Abbé Conti, Adrianopel, 1. April 1717, ebd. S. 103
15 An Mr Pope, Belgrad, 12. Februar 1717, ebd. S. 91
16 ebd.
17 An Gräfin Mar, Adrianopel, 1. April 1717, ebd. S. 115f.
18 An Lady Rich, Belgrad, 17. Juni 1717, ebd. S. 161
19 An Abbé Conti, Konstantinopel, 17. Mai 1718, ebd. S. 208
20 An Abbé Conti, Adrianopel, 17. Mai 1717, ebd. S. 144
21 An die Prinzessin von Wales, 1. April 1717, ebd. S. 97
22 ebd. S. 99
23 An Gräfin Mar, Adrianopel, 1. April 1717, ebd. S. 112f.
24 Alexander Pope, Correspondence, 5 Bde., Oxford 1956, Bd. 1, S. 368
25 An Gräfin Mar, Adrianopel, 18. April 1717, ebd. S. 139
26 An Mrs Thistlethwayte, Pera bei Konstantinopel, 4. Februar 1718, ebd. S. 170
27 An Gräfin Mar, Pera bei Konstantinopel, 10. März 1718, ebd. S. 172
28 An Mrs Sara Chiswell, Adrianopel, 1. April 1717, ebd. S. 127f.
29 An Abbé Conti, Tunis, 31. Juli 1718, ebd. S. 218
30 An Mrs Thistlethwayte, Lyon, 25. September 1718, ebd. S. 229

31 An Lady Rich, Paris, 10. Oktober 1718, ebd. S. 233
32 An Abbé Conti, 31. Oktober 1718, ebd. S. 242f.

Verschiedene Ausgaben der »Reisebriefe« der Lady Mary Montagu

Letters of the Right Honourable Lady M–y W—-y M—-e. Written during her Travels in Europe, Asia and Africa. To Persons of Distinction, Men of Letters, etc. in different Parts of Europe. Which contain, ... Accounts of the Policy and Manners of the Turks; Drawn from Sources that have been inaccessible to other Travellers (edited by John Cleland). London: for T. Becket and P. A. De Hondt, 1763; 3 vols.

Diese Ausgabe wurde übersetzt von Ida Pappenheim unter dem Titel: Lady Mary Montague, Reisebriefe. Georg Müller Verlag, München 1927

und von Prof. Eckert unter dem Titel: Lady Mary Montagu, Briefe aus dem Orient. Societäts-Verlag, Frankfurt 1991

Robert Halsband, The Complete Letters of Lady Mary Wortley Montagu, 3Bde. Clarendon, Oxford 1965–67

Literatur über Lady Mary Montagu und ihre Zeit

Isis Barry, Portrait of Lady Mary Montagu. Ernest Benn, London 1928

Christopher Pick (Hrsg.), Embassy of Constantinople, Travels of Lady Mary Wortley Montagu. Century, London 1988

Robert Halsband, The Life of Lady Mary Wortley Montagu. Clarendon, Oxford 1956

Rana Kabbani, Mythos Morgenland, Wie Vorurteile und Klischees unser Bild vom Orient bis heute prägen. Knaur, München 1993

Erdmute Heller und Hassouna Mosbahi, Hinter den Schleiern des Islam, Erotik und Sexualität in der arabischen Kultur. Beck Verlag, München 1993

Paul Fritz, Richard Morton (Hrsg.), Women in the 18th Century, Hakkert, Toronto/Sarasota 1976

Ida Pfeiffer

1 Ida Pfeiffer, Eine Frauenfahrt um die Welt. Bd. 1. Wien 1850, Vorrede
2 Ida Pfeiffer, Reise nach Madagaskar. Marburg 1980, S. 12
3 ebd. S. 14
4 ebd. S. 15
5 ebd. S. 21
6 ebd. S. 22
7 ebd. S. 23
8 Ida Pfeiffer, Reise einer Wienerin in das heilige Land. Frankfurt 1980, S. 75f.
9 ebd. S. 83
10 ebd. S. 125
11 ebd. S. 110
12 ebd. S. 172

13 ebd. S. 181
14 ebd. S. 260
15 Ida Pfeiffer, Reise nach dem skandinavischen Norden. Bd. 2. Pesth 1846, S. 64f.
16 ebd. S. 99
17 Ida Pfeiffer, Eine Frauenfahrt ... Bd. 1. S. 88
18 Ida Pfeiffer, Eine Frauenfahrt ... Bd. 3. S. 128f.
19 Ida Pfeiffer, Eine Frauenfahrt ... Bd. 1. S. 156
20 Ida Pfeiffer, Eine Frauenfahrt ... Bd. 3. S. 125
21 Ida Pfeiffer, Meine zweite Weltreise. Bd. 2. Wien 1856, S. 209f.
22 ebd. S. 75
23 Brief Ida Pfeiffers vom 20. 5. 1853 aus Makassar, Celebes, an Frau von Schwarz. Handschriftenabt. der Wiener Stadt- und Landesbibliothek
24 Ida Pfeiffer, Meine zweite Weltreise. Bd. 4. Wien 1856, S. 104
25 Ida Pfeiffer, Reise nach Madagaskar, S. 253f.

Bücher von Ida Pfeiffer

Reise einer Wienerin in das heilige Land, nämlich: von Wien nach Konstantinopel (Brussa, Beirut, Jaffa, Jerusalem, dem Jordan und todten Meere, nach Nazareth, Damaskus, Balbeck und dem Libanon, Alexandrien, Kairo, durch die Wüste an das rothe Meer, und zurück über Malta, Sicilien, Neapel, Rom u.s.w. Unternommen im März bis Dezember 1842. Nach den Notaten ihrer sorgfältig geführten Tagebücher von ihr selbst beschrieben.) 2 Bde. Jakob Dirnböck, Wien 1844; auszugsweise Neuauflage hrsg. u. bearb. v. Ludwig Plakolb: S. Fischer, Frankfurt 1969, Societäts-Verlag, Frankfurt a. M. 1980

Reise nach dem skandinavischen Norden und der Insel Island im Jahre 1845. 2 Bde. Gustav Heckenast, Pesth 1846; Neuauflage unter dem Titel: Nordlandfahrt. Eine Reise nach Skandinavien und Island im Jahre 1845. Hrsg. und mit einem Vorwort versehen von Gabriele Habinger. Promedia, Wien 1991

Eine Frauenfahrt um die Welt. Reise von Wien nach Brasilien, Chili, Otahaiti, China, Ost-Indien, Persien und Kleinasien. 3 Bde. Carl Gerold, Wien 1850; gekürzte Fassung unter dem Titel: Eine Frau fährt um die Welt. Hrsg. von Brigitte Fürle. Promedia, Wien 1989; 2. von Gabriele Habinger überarbeitete Auflage, 1992

Meine zweite Weltreise. 4 Bde. Carl Gerold's Sohn, Wien 1856; Neuauflage unter dem Titel: Abenteuer Inselwelt. Die Reise 1851 durch Borneo, Sumatra und Java. Hrsg. von Gabriele Habinger. Promedia, Wien 1993

Reise nach Madagaskar. Nebst einer Biographie der Verf., nach ihren eigenen Aufzeichnungen. 2 Bde. Carl Gerold's Sohn, Wien 1861; Neuauflage mit Zeichnungen v. José Kastler: Jonas Verlag, Marburg 1980; Neuauflage unter dem Titel: Verschwörung im Regenwald. Ida Pfeiffers Reise nach Madagaskar im Jahre 1857. Mit einer biographischen Skizze von Hiltgund Jehle. Hrsg. u. bearb. von G. Waeckerlin Induni. Schönbach Verlag, Hannover/Basel 1991

Literatur über Ida Pfeiffer

Hiltgund Jehle, Ida Pfeiffer – Weltreisende im 19. Jahrhundert. Zur Kulturgeschichte reisender Frauen. Münster/New York 1989

Heidemarie Zienteck, Ida Pfeiffer, in: Lydia Potts (Hrsg.): Aufbruch und Abenteuer – Frauen-Reisen um die Welt ab 1785. Orlanda Frauenverlag, Berlin 1988

Isabella Bird

1 Pat Barr, A Lurious Life for a Lady. London 1970, S. 164
2 ebd. S. 166
3 ebd. S. 168
4 ebd. S. 169
5 ebd. S. 171
6 ebd. S. 179
7 Christel Mouchard, Es drängte sie, die Welt zu sehen. Hannover 1990, S. 19
8 Rebecca Stefoff, Women of the World. Boston 1992, S. 31
9 Dorothy Middleton, Victorian Lady Travellers. London 1965, S. 23
10 Isabella Bird, Eine Lady in den Rocky Mountains. Frankfurt 1989, S. 142
11 ebd. S. 35
12 ebd. S. 40
13 ebd. S. 99, 100
14 ebd. S. 71
15 ebd. S. 81–84
16 ebd. S. 155
17 Alexandra Allen, Travelling Ladies. London 1983, S. 240
18 ebd. S. 242
19 Anna Stoddart, The Life of Isabella Bird. London 1907, S. 83
20 Alexandra Allen, Travelling Ladies. S. 236
21 ebd. S. 241
22 George Kingsley, Notes on Sport and Travel. London 1900, S. 171 und 179
23 Pat Barr, A Lurious Life ... S. 184
24 Rebecca Stefoff, Women of the World. S. 41
25 Isabella Bird, Unbetretene Pfade in Japan. Wien 1990, S. 39
26 ebd. S. 97
27 ebd. S. 212
28 ebd. S. 275
29 ebd. S. 266
30 ebd. S. 291
31 Alexandra Allen, Travelling Ladies. S. 245
32 Pat Barr, A Lurious Life ... S. 182
33 ebd. S. 186
34 Dorothy Middleton, Victorian Lady ... S. 39
35 ebd. S. 19
36 Pat Barr, A Lurious Life ... S. 196

37 Rebecca Stefoff, Women of the World. S. 37
38 Alexandra Allen, Travelling Ladies. S. 252
39 Rebecca Stefoff, Women of the World. S. 39
40 Alexandra Allen, Travelling Ladies. S. 256
41 Christel Mouchard, Es drängte sie ... S. 84
42 Alexandra Allen, Travelling Ladies. S. 263
43 Dorothy Middleton, Victorian Lady ... S. 53
44 Anna Stoddart, Life of Isabella Bird. S. 388

Bücher von Isabella Bird

Isabella Bird, Eine Lady in den Rocky Mountains. Ullstein Verlag, Frankfurt 1989
Isabella Bird, Unbetretene Pfade in Japan. Promedia Verlag, Wien 1990

Literatur über Isabella Bird

Anna Stoddart, The Life of Isabella Bird. Murray, London 1907
Dorothy Middleton, Victorian Lady Travellers. Routledge & Kegan Paul, London 1965
Pat Barr, A Lurious Life for a Lady. Macmillan, London 1970
Alexandra Allen, Travelling Ladies. Jupiter, London 1983
Christel Mouchard, Es drängte sie, die Welt zu sehen. Schönbach-Verlag, Hannover 1990
Rebecca Stefoff, Women of the World. Oxford University Press, Boston 1992
George Kingsley, Notes on Sport and Travel. Macmillan, London 1900

Mary French Sheldon

1   Mary French Sheldon, Sultan to Sultan. Freeport/New York 1972, S. 222
2   Henry Morland Stanley, In Search of Livingstone, in: Stanley's Despatches to the »New York Herald«. Boston 1970
3   Mary French Sheldon, Sultan ... S. 1
4   Mary French Sheldon, Herbert Severance. London/New York 1889, S. 7f.
5   ebd. S. 78f.
6   ebd. S. 79
7   Dorothy Middleton, Victorian Lady Travellers. London 1965, S. 95
8   Mary French Sheldon, Herbert Severance. S. 80
9   Henry Morland Stanley, zitiert in: Christel Mouchard, Es drängte sie, die Welt zu sehen. Hannover 1990, S. 313
10 Christel Mouchard, Es drängte sie ... S. 315
11 Mary French Sheldon, Sultan ... S. 14
Die Zitate 12 bis 26 stammen ebenso aus diesem Buch.
27 Alexandra Allen, Travelling Ladies. London 1980, S. 41

28 Jane Robinson, Wayward Women. Oxford 1990, S. 27
29 Catherine B. Stevenson, Victorian Women Travel Writers in Africa. Boston 1982, S. 4

Bücher von Mary French Sheldon

Mary French Sheldon, Sultan to Sultan. Neuauflage: Books for Library Press, Freeport/New York 1972 (Erstausgabe: Boston/London 1892). Das Buch wurde bislang nicht ins Deutsche übertragen; Übersetzung in diesem Beitrag von Petra Heilingbrunner

Mary French Sheldon, Herbert Severance. Saxon, London/New York 1889

Literatur über Mary French Sheldon und ihre Zeit

Alexandra Allen, Travelling Ladies. Jupiter, London 1980
Dorothy Middleton, Victorian Lady Travellers. Routledge & Kegan Paul, London 1965
Christel Mouchard, Es drängte sie, die Welt zu sehen. Schönbach, Hannover 1990
Jane Robinson, Wayward Women. Oxford University Press, Oxford 1990
Henry Morland Stanley, In Search of Livingstone, in: Stanley's Despatches to the »New York Herald«. Trustees of Boston University, Boston 1970 (Originalausgabe 1890: John E. Potter & Company)
Catherine B. Stevenson, Victorian Women Travel Writers in Africa. Twayne's, Boston 1982
Frances Elizabeth Willard/Mary Livermore, American Women. Mast. Crowell & Kirkpatrick, New York/Chicago/Springfield 1973

Lina Bögli

1 Schweizer Frauenblatt, 9. März 1942, Nr. 2
2 Elisa Strub, in einem Nachruf 1942
3 Amy Moser, Erinnerungen an Lina Bögli. Bern 1942, S. 3
4 Elisa Strub, Lina Bögli, Ein reiches Frauenleben. Zürich 1949, S. 7
5 Schweizer Frauenblatt, 9. Januar 1942
6 Elisa Strub, Lina Bögli ... S. 13
7 ebd. S. 17
8 Lina Bögli, Talofa, In zehn Jahren um die Welt. Zürich 1990, S. 6
Die Zitate 9 bis 32 stammen ebenso aus diesem Buch.
33 Berner Volkszeitung, 11. März 1905 Nr. 20
34 Elisa Strub, Lina Bögli ... S. 33
35 Lina Bögli, Immer Vorwärts. Frauenfeld 1915 S. 6
Die Zitate 36 bis 44 stammen ebenso aus diesem Buch.

Bücher von Lina Bögli
Lina Bögli, Vorwärts, Briefe von einer Reise um die Welt. Huber, Frauenfeld 1905. Neuauflage unter dem Titel: Talofa, In zehn Jahren um die Welt. eFeF-Verlag, Zürich 1990
Lina Bögli, Immer Vorwärts. Huber, Frauenfeld 1915

Literatur über Lina Bögli und ihre Zeit
Albert Hauser, Schweizerische Wirtschafts- und Sozialgeschichte. Rentsch, Erlenbach-Zürich 1961
Amy Moser, Erinnerungen an Lina Bögli. Buchdruckerei Fritz Pochon-Jent AG, Bern 1942
Karl Schwaar, Herzogenbuchsee – vom Bauerndorf zum Industriezentrum 1850–1940, in: Jahrbuch des Oberaargaus 1987
Elisa Strub, Lina Bögli, Ein reiches Frauenleben. Schweizer Spiegel Verlag, Zürich 1949

Kate Marsden

1 Alexandra Allen, Travelling Ladies. London 1980, S. 44
2 Kate Marsden, Reise zu den Aussätzigen in Sibirien. Leipzig 1894, S. 155
3 Karl Heinz Wocker, Königin Viktoria. Die Geschichte eines Zeitalters. München 1991, S. 146
4 Florence Nightingale, zitiert in: Wolfgang Genschorek, Schwester Florence Nightingale. Triumph der Menschlichkeit. Leipzig 1990, S. 163
5 Kate Marsden, Reise zu den ... S. 13
6 ebd.
7 ebd. S. 9
8 Marlborough Press, May 7, 1889 (zitiert nach englischer Abschrift vom Original in der Bibliothek des Britischen Museums)
9 Julia Keay, Mehr Mut als Kleider im Gepäck. München 1991, S. 126
10 Kate Marsden, Reise zu den ... S. 14
11 Christa Habrich, Die Arzneimitteltherapie des Aussatzes in der abendländischen Medizin. In: Lepra – Gestern und Heute. Herausgegeben von Richard Töllner, Münster 1992
12 Kate Marsden, Reise zu den ... S. 13
13 ebd. S. 21
14 ebd. S. 20
15 Kate Marsden, zitiert in: Mary Russell, Vom Segen eines guten festen Rocks. München 1987, S. 55
16 Kate Marsden, Reise zu den ... S. 25
Alle folgenden Zitate stammen, wenn nicht anders vermerkt, ebenso aus diesem Buch.
17 in: Alexandra Allen, Travelling Ladies. S. 31

Bücher von Kate Marsden

Kate Marsden, Reise zu den Aussätzigen in Sibirien. Übersetzt von Marie Gräfin zu Erbach-Schönberg. Wilhelm Friedrich Verlag, Leipzig 1894
Original: On Sledge & Horseback to Outcast Sibirian Lepers, London 1892 (Neuauflage Century Hutchinson, London 1986)
Kate Marsden, My Mission on Siberia. A Vindication. Edward Stanford, London 1921

Literatur über Kate Marsden

Henry Johnson, Life of Kate Marsden. London 1895
Alexandra Allen, Travelling Ladies. Jupiter, London 1980
Julia Keay, Mehr Mut als Kleider im Gepäck. Scherz, München 1991
Dorothy Middleton, Victorian Lady Travellers. Routledge & Kegan Paul, London 1965
William Millinship, Heroine of Russia cast out into the cold. In: *The Times*, 15. August 1994, S. 10
Mary Russell, Vom Segen eines guten festen Rocks. Scherz, München 1987

Mary Kingsley

1 Mary H. Kingsley, Travels in West Africa. London 1976, S. 17
2 A. J. Green-Armytage, Maids of Honour. Edinburgh/London 1906, S. 135
3 ebd. S. 137
4 ebd.
5 Robert D. Pearce, Mary Kingsley, Light at the Heart of Darkness. Oxford 1990, S. 23
6 George Kingsley, Notes on Sport and Travel. London 1900, S. 29
7 A. J. Green-Armytage, Maids of ... S. 143
8 George Kingsley, Notes on ... S. 47
9 ebd. S. 204
10 ebd. S. 202
11 ebd. S. 9
12 A. J. Green-Armytage, Maids of ... S. 143
13 Robert Pearce, Light at ... S. 13
14 Mary Kingsley, Travels in ... S. 17
15 ebd. S. 22
16 Catherine B. Stevenson, Victorian Women Travel Writers in Africa. Boston 1982, S. 3
17 Mary Kingsley, Travels in ... S. 13, 14
18 Robert Pearce, Light at ... S. 34, 35
19 Mary Kingsley, Travels in ... S. 11
20 Robert Pearce, Light at ... S. 36, 37
21 Mary Kingsley, Die grünen Mauern meiner Flüsse. München 1989, S. 17

22 Brief an Violet Roy, in: Robert Pearce, Light at ... S. 38
23 Mary Kingsley, Travels in ... S. 21
24 Mary H. Kingsley, West African Studies. London 1899, S. 25
25 Robert Pearce, Light at ... S. 87
26 Brief an Violet Roy, in: Robert Pearce, Light at ... S. 41
27 Robert Pearce, Light at ... S. 44
28 Dorothy Middleton, Victorian Lady Travellers. London 1965, S. 173, und Mary Russell, Vom Segen eines guten festen Rocks. München 1991, S. 271
29 Robert Pearce, Light at ... S. 78
30 ebd.
31 Mary Kingsley, Die grünen Mauern ... S. 137
32 Mary Kingsley, Travels in ... S. 119
33 Mary Kingsley, Die grünen Mauern ... S. 150
34 ebd. S. 154
35 ebd. S. 168
36 ebd. S. 165
37 Albert Schweitzer, in: Robert Pearce, Light at ... S. 53
38 Dorothy Middleton, Victorian Lady ... S. 172
39 Brief an Matthew Nathan, in: Robert Pearce, Light at ... S. 34
40 Robert Pearce, Light at ... S. 40
41 ebd. S. 89
42 ebd. S. 73
43 Mary Russell, Vom Segen ... S. 277
44 Brief an John Holt, in: Robert Pearce, Light at ... S. 29
45 Brief an Matthew Nathan, in: Robert Pearce, Light at ... S. 129
46 Robert Pearce, Light at ... S. 130
47 ebd. S. 135
48 Stephen Gwynn, in: Robert Pearce, Light at ... S. 135
49 Mary Kingsley, Travels in ... S. 53

Bücher von Mary Kingsley

Mary Kingsley, Die grünen Mauern meiner Flüsse, Aufzeichnungen aus Westafrika. C. Bertelsmann Verlag, München 1989

Mary H. Kingsley, Travels in West Africa. The Folio Society, London 1976

Mary H. Kingsley, West African Studies. Macmillan and Co., London 1899

George Kingsley, Notes on Sport and Travel. Macmillan and Co., London 1900

Literatur über Mary Kingsley

Robert D. Pearce, Mary Kingsley, Light at the Heart of Darkness. The Kensal Press, Oxford 1990

A. J. Green-Armytage, Maids of Honour. William Blackwood and Sons, Edinburgh/London 1906

Dorothy Middleton, Victorian Lady Travellers. Routledge & Kegan Paul, London 1965

Catherine B. Stevenson, Victorian Women Travel Writers in Africa. Twayne's, Boston 1982

Mary Russell, Vom Segen eines guten festen Rocks. Goldmann-Verlag, München 1991

Isabelle Eberhardt

1 Isabelle Eberhardt, Sandmeere 1. Berlin/Jossa 1981, S. 318
2 Isabelle Eberhardt in der »Petite Gironde«. Algier, April 1903. Zitiert nach: Eglal Errera, Isabelle Eberhardt. Eine Biographie mit Briefen, Tagebuchblättern, Prosa. Basel 1989, S. 368
3 Isabelle Eberhardt an Ali Abdul Wahab, 28. Februar 1898. In: Isabelle Eberhardt: Briefe an drei Männer. Reinbek bei Hamburg 1993, S. 153. Alle Zitate aus Briefe Copyright (c) 1993 by Rowohlt Taschenbuch Verlag GmbH, Reinbek.
4 Isabelle Eberhardt, Sandmeere 2. Reinbek bei Hamburg 1983, S. 149–157. Alle Zitate aus Sandmeere I + II. Copyright (c) 1983 by Rowohlt Taschenbuch Verlag GmbH, Reinbek.
5 ebd. S. 149f.
6 Alexandre Trophimowsky an Ali Abdul Wahab, 17 März 1889. In: Isabelle Eberhardt, Briefe ... S. 161
7 Isabelle Eberhardt an Abou Naddara, 30. Dezember 1896. In: Eglal Errera, Isabelle Eberhardt, S. 46
8 Augustin de Moerder an Isabelle Eberhardt, 12. November 1895. In: Isabelle Eberhardt, Briefe ... S. 35
9 Isabelle Eberhardt an Augustin de Moerder, 24. Dezember 1895. In: Isabelle Eberhardt, Briefe ... S. 46
10 Isabelle Eberhardt an Ali Abdul Wahab, 22. Juni 1897. In: Isabelle Eberhardt, Briefe ... S. 66
11 Isabelle Eberhardt an Ali Abdul Wahab, 1. Juli 1897. In: Isabelle Eberhardt, Briefe ... ebd.
12 ebd. S. 67
13 Isabelle Eberhardt an Ali Abdul Wahab, ohne Datum, 1897. In: Isabelle Eberhardt, Briefe ... S. 78
14 Isabelle Eberhardt an Ali Abdul Wahab, 1. Januar 1898. In: Isabelle Eberhardt, Briefe ... S. 119
15 Isabelle Eberhardt an Ali Abdul Wahab, 17. Januar 1899. In: Isabelle Eberhardt, Briefe ... S. 188
16 Isabelle Eberhardt, Sandmeere 1. Reinbek bei Hamburg 1983, S. 407. (Das Werk Isabelle Eberhardts wird in der Folge nur nach den Rowohlt-Ausgaben zitiert.)
17 Isabelle Eberhardt, Sandmeere 1. S. 389

18 Isabelle Eberhardt an Ali Abdul Wahab, 28. August 1897. In: Isabelle Eberhardt, Briefe ... S. 86
19 Isabelle Eberhardt, Sandmeere 1. S. 39
20 ebd. S. 140
21 ebd. S. 42
22 Isabelle Eberhardt an Ali Abdul Wahab, 13. Oktober 1897. In: Isabelle Eberhardt, Briefe ... S. 96
23 Isabelle Eberhardt, Sandmeere 1. S. 138–141
24 Isabelle Eberhardt an Ali Abdul Wahab, 13. Oktober 1897. In: Isabelle Eberhardt, Briefe ... S. 97
25 ebd. S. 98
26 Isabelle Eberhardt, Sandmeere 1. S. 209
27 ebd. S. 195
28 ebd. S. 69
29 Lydia Paschkoff an Isabelle Eberhardt, 18. März 1900. Zitiert nach: Eglal Errera, Isabelle Eberhardt. S. 135
30 ebd. S. 137
31 Isabelle Eberhardt, Sandmeere 1. S. 85
32 Zitiert nach: Isabelle Eberhardt, Briefe ... S. 213
33 Isabelle Eberhardt, Sandmeere 1. S. 185
34 Tagebuchaufzeichnung Isabelle Eberhardts. Ohne Datumsangabe. Zitiert nach: Isabelle Eberhardt, Briefe ... S. 234
35 Isabelle Eberhardt an Augustin de Moerder, 10. Dezember 1900. Zitiert nach: Isabelle Eberhardt, Briefe ... S. 216
36 ebd. S. 220
37 Hauptmann Cauvet an seinen Vorgesetzten Pugeat, 25. November 1900. Zitiert nach: Isabelle Eberhardt, Briefe ... S. 224
38 Isabelle Eberhardt, Sandmeere 1. S. 103
39 Isabelle Eberhardt an Augustin de Moerder, 18. Januar 1901. In: Isabelle Eberhardt, Briefe ... S. 230
40 Robert Randau. Ohne Quellenangabe. Zitiert nach: Eglal Errera, Isabelle Eberhardt. S. 340
41 Isabelle Eberhardt, Sandmeere 1. S. 187f.
42 ebd. S. 268
43 Isabelle Eberhardt in der Dépêche Algérienne. Ohne Datumsangabe. Zitiert nach: Eglal Errera, Isabelle Eberhardt. S. 274
44 ebd. S. 284–286
45 Isabelle Eberhardt an Slimène Ehnni, 15. Juli 1901. In: Isabelle Eberhardt, Briefe ... S. 257
46 Petite Gironde, April 1903. Ohne genaue Datumsangabe. Zitiert nach: Eglal Errera, Isabelle Eberhardt. S. 365f.
47 Isabelle Eberhardts Gegendarstellung in der Petite Gironde, April 1903. Ohne genaue Datumsangabe. Zitiert nach: Eglal Errera, Isabelle Eberhardt. S. 367ff.
48 Isabelle Eberhardt, Sandmeere 1. S. 274

Bücher von Isabelle Eberhardt

Isabelle Eberhardt, Sandmeere 1. Tagwerke. Im heißen Schatten des Islam. Rowohlt Taschenbuchverlag, Reihe neue frau, Reinbek bei Hamburg 1983

Isabelle Eberhardt, Sandmeere 2. Notizen von unterwegs. Vergessenssucher. Islamische Blätter. Rowohlt Taschenbuchverlag, Reihe neue frau, Reinbek bei Hamburg 1983

Isabelle Eberhardt, Briefe an drei Männer. Rowohlt Taschenbuchverlag, Reihe neue frau, Reinbek bei Hamburg 1993

Literatur über Isabelle Eberhardt

Edmonde Charles-Roux, Un Désir d'Orient. La jeunesse d'Isabelle Eberhardt 1877–1899. Grasset, Paris 1988

Eglal Errera, Isabelle Eberhardt. Eine Biographie mit Briefen, Tagebuchblättern, Prosa. Lenos Verlag, Basel 1989

Annette Kobak, Wie treibender Sand. Das berauschende Leben der Isabelle Eberhardt. Knaur Taschenbuch, München 1992

Maria Leitner

1   Helga Schwarz (Hrsg.), »Elisabeth, ein Hitlermädchen«. Berlin/Weimar 1985, S. 85
2   ebd. S. 84
3   Aus einem Brief von Luise Kraushaar an Helga Schwarz vom 1. 2. 1985. Auszugsweise veröffentlicht in: Helga Schwarz, Internationalistinnen. Berlin 1989, S. 86
4   Maria Leitner, Eine Frau reist durch die Welt. Berlin 1988, S. 10
5   ebd. S. 6
6   Helga Schwarz (Hrsg.), Elisabeth ... S. 104
7   Maria Leitner, Eine Frau ... S. 10
8   ebd. S. 19
9   Helga Schwarz (Hrsg.), Elisabeth ... S. 89
10 ebd. S. 90
11 ebd. S. 98
12 Maria Leitner, Eine Frau ... S. 26
13 ebd. S. 12
14 ebd. S. 106
15 ebd. S. 38
16 Helga Schwarz (Hrsg.), Elisabeth ... S. 109
17 Maria Leitner, Hotel Amerika. Berlin/Weimar 1974, S. 182
18 Helga Schwarz (Hrsg.), Elisabeth ... S. 145
19 ebd. S. 153
20 ebd. S. 185
21 ebd. S. 212

22 ebd. S. 465
23 Maria Leitner, Briefe an »American Guild for German Cultural Freedom« aus dem Bestand der Deutschen Bibliothek, Frankfurt a. M., Abteilung Exilliteratur/Literaturarchiv
24 ebd.
25 Aus einem Brief von Luise Kraushaar an Helga Schwarz ...

Bücher von Maria Leitner

Maria Leitner, Eine Frau reist durch die Welt. Dietz Verlag, Berlin 1962 und 1988
Maria Leitner, Hotel Amerika. Dietz Verlag, Berlin 1960, und Aufbau-Verlag, Berlin/Weimar 1974
Maria Leitner (Hrsg.), Tibetanische Märchen. Axel Juncker Verlag, Berlin 1923

Literatur über Maria Leitner

Helga Schwarz (Hrsg.), Elisabeth, ein Hitlermädchen. Aufbau-Verlag, Berlin/Weimar 1985
Helga Schwarz, Internationalistinnen. Sechs Lebensbilder. Militärverlag der DDR, Berlin 1989
Helga Schwarz, Maria Leitner – eine Verschollene des Exils? In: Exilforschung. Ein internationales Jahrbuch. Bd. 5, 1987, bei Edition Text und Kritik, München, S. 123f.
Uta Ruge, Antisemitismus und Krieg, Das Leben und Schreiben der Schriftstellerin Maria Leitner. taz vom 10. 5. 1986.

Weitere Quellen

Varian Fry, Auslieferung auf Verlangen. Carl Hanser Verlag, München/Wien 1986
Lisa Fittko, Mein Weg über die Pyrenäen. Carl Hanser Verlag, München/Wien 1985
Sowie ausführliche Gespräche mit Helga Schwarz, der Herausgeberin von »Elisabeth, ein Hitlermädchen«. Sie bemüht sich seit vielen Jahren, dem Leben von Maria Leitner nachzuspüren und die Erinnerung an diese Frau wachzuhalten. Ihr gilt deshalb mein besonderer Dank.

Ella Maillart

1 Wenn nicht anders vermerkt, sind alle Zitate, auch dieses, aus Gesprächen von Luzia Stettler mit Ella Maillart.
2 Vortrag von Ella Maillart im britischen Sender BBC, 1951, verwendet als Vorwort zu Ella Maillarts »Turkestan Solo«. Stuttgart/Wien 1990, S. 18
3 Ella Maillart, Vagabundin des Meeres. Stuttgart/Wien 1991. (c) by K. Thienemanns Verlag, Stuttgart – Wien, S. 234
4 ebd. S. 279

5 ebd. S. 92
6 ebd. S. 26
7 ebd. S. 77
8 ebd. S. 12
9 ebd. S. 93
10 ebd. S. 76
11 ebd. S. 288
12 ebd.
13 Ella Maillart, Außer Kurs. Zürich 1989, S. 22
14 ebd. S. 16
15 ebd. S. 118
16 Ella Maillart, Verbotene Reise. Stuttgart/Wien 1988. (c) by K. Thienemanns Verlag, Stuttgart – Wien, S. 164
17 ebd. S. 125
18 ebd. S. 100
19 ebd. S. 164
20 ebd. S. 18
21 Ella Maillart in einem Gespräch mit Catherine Domain, Ile Saint Louis, Juni 1989
22 ebd.
23 Ella Maillart, Flüchtige Idylle. Zürich 1988, S. 219
24 Ella Maillart, Verbotene Reise. S. 100
25 Vortrag von Ella Maillart im BBC. S. 13
26 Ella Maillart, Flüchtige Idylle. S. 123
27 Weltwoche, 21. 7. 1988
28 Vortrag von Ella Maillart im BBC. S. 13
29 ebd. S. 8
30 Ella Maillart, Flüchtige Idylle. S. 123
31 Vortrag von Ella Maillart im BBC. S. 13
32 Neue Zürcher Zeitung, 20. 2. 1993
33 Vortrag von Ella Maillart im BBC. S. 18

Bücher von Ella Maillart

Außer Kurs. eFeF-Verlag, Zürich 1989

Turkestan Solo. Edition Erdmann, Stuttgart/Wien 1990

Verbotene Reise. Von Peking nach Kaschmir. Edition Erdmann, Stuttgart/Wien 1988

Vagabundin des Meeres. Edition Erdmann, Stuttgart/Wien 1991

Flüchtige Idylle – Zwei Frauen unterwegs nach Afghanistan. eFeF-Verlag, Zürich 1988

Bildnachweis

(1) National Portrait Gallery, London; (2) Historia-Photo, Hamburg; (3, 4) Bildarchiv Österreichische Nationalbibliothek; (5, 14) aus: D. Middleton, Victorian Lady Travellers; (6, 7) Library of Congress; (8) aus: Bögli, Vorwärts; (9) aus: Bögli, Immer Vorwärts; (10) Nachlass Amy Moser, Stiftung Gemeindebibliothek und Dorfarchiv Herzogenbuchsee; (11, 12, 13) aus: Sheldon, Sultan to Sultan; (15, 16) aus: Kate Marsden, Reise zu den Aussätzigen; (17) Liverpool City Libraries; (18) aus: Eberhardt, Écrits intimes; (19) Editions Liana Levi; (20, 21) aus Schwarz, Internationalistinnen; (22) (c) Musée de l'Elysée Lausanne; (23) (c) by Weitbrecht Verlag im K. Thienemanns Verlag, Stuttgart – Wien; (24) (c) Luzia Stettler

Danksagung

Wir bedanken uns bei Katharina Ardagh in London für ihre ebenso engagierte wie fundierte Recherche für unser Buch in englischen Archiven – die Hrsg.

Autorinnenverzeichnis

Susanne Broos, geboren 1958 in Frankfurt am Main, lebt heute noch dort. Nach einem Betriebswirtschaftsstudium und späterem Volontariat arbeitet sie nun als freie Journalistin mit eigenem Büro. Ihre Themenschwerpunkte sind Literatur, Kunst und Frauen in allen ihren Facetten.

Christina Bylow, geboren 1962 in Esslingen, studierte Germanistik in München. Freie Mitarbeit für Tageszeitungen und Hörfunk, Volontariat. Seit 1991 Redakteurin bei der Zeitschrift ELLE in München. 1992 Veröffentlichung einer wissenschaftlichen Arbeit über den Schriftsteller Hermann Broch.

Petra Heilingbrunner, geboren 1958, studierte Sozialwissenschaften und absolvierte eine Ausbildung als Zeitungsredakteurin. Sie arbeitet in München als freie Journalistin u. a. für die »Süddeutsche Zeitung«, »DIE ZEIT«, »Natur« und verschiedene ARD-Anstalten.

Hiltgund Jehle, Dr. phil., geboren 1959, ist Kulturwissenschaftlerin und Ethnologin mit dem Forschungsschwerpunkt Frauen- und Geschlechterforschung. Sie promovierte mit einer Biographie über Ida Pfeiffer (Kulturgeschichte Weltreisender Frauen). Wenn sie nicht auf Reisen ist, lebt und arbeitet sie in Köln.

Christine von dem Knesebeck, geboren 1947 in Hamburg, drei Kinder. Sie studierte Germanistik und Geschichte und lebt heute als freie Autorin in München. Neben journalistischen Arbeiten schreibt sie Bücher für Kinder und Jugendliche, zuletzt ein Libretto für ein Musical.

Gislinde Schwarz, geboren 1953, arbeitete als Redakteurin bei der DDR-Frauenzeitschrift FÜR DICH. Heute ist sie freie Journalistin für Printmedien und Hörfunk. Mitherausgeberin von »Wir wollen mehr als ein Vaterland – DDR-Frauen Aufbruch« (Rowohlt 1990). Sie lebt mit ihren beiden Söhnen in Berlin-Marzahn.

Luzia Stettler, geboren 1958 in Basel, war Kulturredakteurin bei der »Berner Zeitung« und schrieb Reportagen und Porträts für Frauenzeitschriften. Heute ist sie Redakteurin und Moderatorin beim Schweizer Radio DRS in Bern. Spezialgebiete: Frauenpolitik, Feminismus, Kultur, Konsum.

Doris Stump, Dr. phil., geboren 1950, lebt in Wettingen in der Schweiz. Studium der Germanistik und Anglistik in Zürich und in den USA. Dissertation über die Schweizer Schriftstellerin und Frauenrechtlerin Meta von Salis/Marschlins (1855–1929). Forschung und Publikationen zu Schweizer Autorinnen des 19. Jahrhunderts.